曲鲁平 孙 伟 刘洪俊 著

TIJIAO RONGHE BEIJING XIA

XUEXIAO TIYU JIAOXUE

GAIGE DE YANJIU

体教融合背景下
学校体育教学改革的研究

天津社会科学院 出版社

图书在版编目（CIP）数据

体教融合背景下学校体育教学改革的研究 / 曲鲁平,
孙伟, 刘洪俊著. —— 天津 : 天津社会科学院出版社,
2024.3

ISBN 978-7-5563-0946-7

Ⅰ．①体… Ⅱ．①曲… ②孙… ③刘… Ⅲ．①学校体
育－教学改革－研究 Ⅳ．①G807.01

中国国家版本馆 CIP 数据核字(2024)第 016178 号

体教融合背景下学校体育教学改革的研究
TIJIAO RONGHE BEIJING XIA XUEXIAO TIYU JIAOXUE GAIGE DE YANJIU

责任编辑：王　丽
责任校对：杜敬红
装帧设计：高馨月
出版发行：天津社会科学院出版社
地　　址：天津市南开区迎水道 7 号
邮　　编：300191
电　　话：(022) 23360165
印　　刷：高教社（天津）印务有限公司
开　　本：710×1000　　1/16
印　　张：17.5
字　　数：286 千字
版　　次：2024 年 3 月第 1 版　　2024 年 3 月第 1 次印刷
定　　价：78.00 元

前　言

2020年,国家体育总局和教育部联合印发《关于深化体教融合 促进青少年健康发展的意见》,标志着我国体育教育事业正式迈入了体教融合新阶段,为学校体育教学改革指明了更加科学、全面、健康的发展方向。体教融合以促进青少年健康成长为核心目标,注重体育与教育的有机融合,体质健康与文化成绩的相互协调,帮助青少年在体育锻炼过程中享受乐趣、增强体质、健全人格、锤炼意志。体教融合强调以立德树人为根本,充分发挥以体育德、以体强心、以体铸魂的价值功能,通过体育部门、教育部门等协同发力,全面助力青少年健康成长,培养德智体美劳全面发展的社会主义建设者和接班人。然而,体教融合作为一项长期且复杂的系统工程,从其理念创新到深化实践,亟待学校体育教学的系统化改革,既包括教学理念、课程设置、教学方法、师资队伍等学校体育内部的转型升级,也涵盖学校体育与竞技体育、社会体育、家庭体育等外部环境的协同共生。

本书立意于体教融合的时代背景和我国学校体育改革的转型期,主要运用专家访谈法、问卷调查法和数理统计法等研究方法,从理论阐述和现实诉求入手,深入探讨体教融合背景下我国学校体育改革的现实状况。依据相关理论和原则,从体育教师培训、体育课程设置、体育教学内容、体育教学模式和体育课后作业等方面,提出体教融合背景下学校体育教学改革的实施路径。以案例的形式设计中小学体育教师啦啦操培训体系、小学校园体育舞蹈课程、小学快乐体操教学内容、高校公体课羽毛球"SPOC+翻转课堂"等。各章节环环相扣，又独立成章，理论探讨与多案例设计相结合，为学校体育教学改革提供可操作的实施方案，彰显研究成果的实践应用价值。

本书由曲鲁平、孙伟、刘洪俊负责撰写。各章写作分工如下：第一章由曲鲁平撰写，第二章由刘洪俊撰写，第三章由曲鲁平、刘洪俊撰写，第四章由曲鲁平、孙伟撰写，第五章由孙伟撰写，第六章由曲鲁平撰写，第七章由刘洪俊撰写，第八章由曲鲁平、刘洪俊撰写，参考文献和附件由孙伟、刘洪俊撰写。特别感谢李佳希、薛文杰、王昱晴、胡泽琛、李慧等在本书撰写过程中给予的大力支持。全书由曲鲁平、孙伟、刘洪俊共同校对、定稿。

本书的出版由山东省泰山学者工程专项经费资助。

本书参考了大量前人研究成果，在引用过程中难免有所疏漏，如有不妥之处，敬请谅解。同时，谨此对众多专家学者的前期研究成果致以衷心的感谢！

学校体育教学改革是一个长期的系统工程。本书只是在前人研究基础上对某些问题进行了探究性研究，旨在抛砖引玉，让更多的专家、学者关注相关问题。鉴于作者学识和能力有限，加之时间仓促，书中难免存在不足之处，恳请各位读者和专家批评雅正。

目　录

第一章 导论:问题、综述与研究方法

第一节 问题提出

一、选题依据

(一)体教融合——提高学生体质健康的时代使命

2018年9月,教育部首次发布的《中国义务教育质量监测报告》①显示,我国义务教育阶段学生近视、肥胖等问题较为突出。青少年体质健康问题受到社会的广泛关注,而解决青少年体质健康这一问题,不仅是教育部门一家之事,更是政府部门、体育部门以及社会相关部门协同配合的战略工程。青少年作为国家的未来和民族的希望,其健康成长是关系到国家和民族未来的大事,我国是人口大国,青少年体质健康问题一直受到党和国家的高度关切。

2020年,国家体育总局和教育部联合印发的《关于深化体教融合

---

① 中国义务教育质量监测报告[R].北京:教育部基础教育质量监测中心,2018.

促进青少年健康发展的指导意见》①(以下简称《意见》)是新时代下对我国教育事业与体育事业作出的顶层设计与全面部署。《意见》以促进青少年的健康成长为目标,旨在推动青少年文化成绩和体质健康的同步提高,使青少年在体育锻炼过程中享受运动乐趣的同时增强体质,并以此实现磨炼意志、健全人格的目标。体教融合肩负着提高我国青少年体质健康的重要使命,在新时代青少年健康发展中具有重要的战略地位。"努力培养担当民族复兴大任的时代新人,培养德智体美劳全面发展的社会主义建设者和接班人",是习近平总书记对新时代贯彻党的教育方针提出的要求。② 培养德智体美劳全面发展的社会主义建设者和接班人这一教育目标的实现,必然需要全面深化体教融合这一战略举措。

(二) 体教融合——新时代学校体育工作的价值定位

体教融合作为我国新时代背景下的一项复杂的系统工程,既是促进青少年体质健康提高、达成培养德智体美劳全面发展的社会主义建设者和接班人这一根本目标的手段,也是整合我国教育部门与体育部门的各自优势资源,推动新时代学校体育工作改革的动力。《意见》在"加强学校体育工作"部分指出,"树立健康第一的教育理念,面向全体学生开足开齐体育课,开展丰富多彩的课余训练、竞赛活动,扩大校内、校际体育比赛覆盖面和参与度;组织冬夏令营等选拔性竞赛活动,通过政府购买服务等形式支持社会力量进入学校,丰富学校体育活动;加强对学校体育教学、课余训练、竞赛、学生体质健康监测的评估、指导和监督⋯⋯"。《意见》中对学校体育工作提出的多方面要求,不仅是当前学校体育工作发

---

① 国家体育总局,教育部. 关于印发深化体教融合促进青少年健康发展意见的通知 [EB/OL]. (2020 - 09 - 21). http://www. gov. cn/zhengceku/2020 - 09 - 21/ content_5545112. htm.

② 新华网. 习近平主持召开学校思想政治理论课教师座谈会[EB/OL]. [2020 - 05 - 18]. http://www. xinhuanet. com/2019 - 03/18/c_1124250454_2. htm.

展的具体方向,更是在新时代背景下对学校体育工作价值的重新厘定。

从国家、民族和社会的角度而言,学校体育的价值定位即提高国民素质,振奋和强化民族精神。体教融合不仅改变了传统意义上学校教育的发展轨迹与逻辑,也颠覆了学校体育传统的发展观念。要认识到学校体育工作肩负的使命,将学校体育工作摆在重要位置,增强师生参与学校体育工作的紧迫感和使命感。在学校体育工作的具体实践中,只有深化学校体育改革,构建学校体育多主体协同治理体系,形成学校、家庭、社区多元联动机制,树立"健康第一"的教育理念,深化体育与健康课程改革,广泛开展丰富多样的学校体育竞赛活动,注重体育育人功能,激发学生运动动机与兴趣,才能最终实现体教融合赋予学校体育的伟大时代使命。

(三)体教融合——学校体育教学改革的历史走向

体教融合的提出为学校体育教学改革提供了动力和方向,也为学校体育教学改革指明了重点和目标,学校体育的主要目标是促进学生身心全面发展,增强学生体质,并对其进行思想品德教育,使学生能够更好地完成学业。发展青少年体育关键在于学校体育教学,学校体育教学改革也应朝着促进青少年身心全面发展和增强青少年体质健康的方向努力,体教融合为学校体育教学改革带来千载难逢的发展机遇。

体教融合对我国学校体育改革与未来发展具有重要的指导作用。对于新时代背景下的学校体育教学改革来说,树立"健康第一"的体育教学目标,不仅要提高青少年的身体素质,还要促进青少年身心健康发展。在学校体育教学改革中,结合德育教育,帮助学生树立正确的思想观念和价值理念,切实提高学校体育教学质量,促进青少年身心全面发展。随着体教融合理念的不断深入,学校体育教学改革方向逐渐明确,根据青少年发展过程中的不同特点,不断优化体育教学结构,逐步推进体育教学模式的现代化发展,及时解决传统体育教学中存在的问题,让青少年树立自信心的同时开发自我思维、发展自身能力,不断推动自身素质的全面发展。

(四)学校体育教学改革——学校体育发展的动力源泉

强化学校体育的作用是实现素质教育,促进学生全面发展的重要手段与途径。但长期以来,我国学校体育工作开展的质量和效果亟待加强,究其原因,与学校体育教学手段单一、方法陈旧不无关系。从教师角度来看,不少教师在体育教学中对不同年龄、不同学段的学生采用的体育教学内容、教学方法手段等存在较大的随意性,使体育教学出现不适宜、不科学,以及低级重复的现象,直接影响了体育教学效果。从学生的角度来看,体育教学作用的发挥并不理想,学生从小学到大学接受了数十年的体育教育,仍未完整地学会一到两项运动技能。另外,通过体育教学增强学生体质健康的功能也未能充分体现,这些问题的出现使得学校体育的作用受到了质疑。

学校体育教学改革对学校体育的发展具有促进和制约双重作用。当学校体育教学改革开展顺利时,学校体育便能更好地发挥育人作用;当学校体育教学改革处处碰壁,学校体育工作的效果也难以保证。因此,学校体育教学改革的效果会对当前的学校体育工作产生不同的影响,只有不断深化学校体育教学改革,才能使其发挥正向的推动作用,并使其成为学校体育发展的动力与源泉。

(五)学校体育教学改革——体教融合落实的推动力量

体育教学是学校体育工作的重要组成部分,对青少年的健康发展起着至关重要的作用。在当前体教融合不断深化的大背景下,如何发挥学校体育教学的育人功能,促进青少年的全面健康发展,推动体教融合战略的落实,是学校体育教学改革面临的重要课题。体育教学不仅是提高青少年体质健康的重要方法和手段,也是助力体教融合落地的载体,体育教学提升青少年体质健康的教育目标与体教融合促进青少年健康发展的目标高度契合,体育教学作为学校体育和教育的重要组成部分,其发展状态与青少年体质健康的提高、终身体育思想的形成息息相关。因此,学校体育教学改革应紧跟时代发展,积极进行改革与创新,以适应当前社会发展和青少年发展的需要。

体教融合的稳步推进与实施为学校体育教学改革指明了发展方向,同时,学校体育教学与体教融合紧密相连,两者有效融合且相互促进,将学校体育教学改革融入体教融合深化的过程中,符合当前教育的时代性、发展性的要求。当前学校体育教学改革应积极转变发展观念、明确体育教学目标、丰富体育教学内容、优化教学方法与手段、健全体育教学评价体系,将"健康第一"的指导思想融合到体育教学实践的同时,积极推进体教融合的不断深化与落实。

二、研究目的与意义

(一) 研究目的

第一,阐释体教融合背景下学校体育教学改革的理念与特点。

第二,探究体教融合背景下学校体育教学改革的现实需求,为有效落实体教融合和推进学校体育教学改革提供参考和依据。

第三,针对体教融合背景下学校体育教学改革进行案例研究,为学校体育教学改革提供可操作的实施方案。

(二) 研究意义

第一,本研究立意于体教融合的时代背景和我国教育、体育改革的转型期,符合国家、省市、地区和学校的发展需求,丰富体教融合和学校体育教学改革的理论体系,为政府部门相关政策文件的制定提供理论参考。

第二,本研究设计的体育课程改革、体育教学内容改革、体育教学模式、体育课后作业和体育教师培训等案例,可以直接用于学校体育改革和体育教学,促进体教融合相关政策的有效落实,推进学校体育教学改革的实践,彰显研究成果的实践应用价值。

第三,本研究的思路和设计案例,可以为学校体育教学改革提供路径指引,为其他项目教学改革提供借鉴。

第二节　文献综述

一、体教融合的相关研究

(一)体教融合内涵特点的研究

体教融合的提出经历了体教结合、教体结合、体教分离和体教融合的过程,基于不同的时期,学者们对体教融合的内涵特点进行了研究。

单凤霞[①]指出,推进学生全面发展是学校教育一直秉持的大方向,学生在诸多方面教育中得以全面发展,其中体育是实施教育的前提,在教育中起着重要的支撑作用,体育和教育共同达到目标,必然要资源共享、和谐共生、形成合力。刘仲豪[②]指出,"教体结合"并非有助于竞技人才的全面发展,因为即使竞技体育融入学校教育,学生运动员若主观上缺乏文化课学习意识,对文化课学习不重视,同样无助于人才培养,学训矛盾依旧存在。应将"因材施教"理念融入体育和教育,学校兼顾文化课和体育课程培养出最佳发展的人才,帮助学生充分发挥特长,从而取得应有的进步。

刘纯献[③]指出,体教结合的痛处在于既遏制了学校体育教学的作用最大化和意义深远化,也限定了竞技体育精神发扬的价值意义。与此同

---

① 单凤霞,郭修金,陈德旭.让"体教结合"走向"体教共生"[J].体育学刊,2017,24(05):88-92.

② 刘仲豪,陈健.对"教体结合"理论依据的审思[J].湖北体育科技,2018,37(01):76-78+16.

③ 刘纯献等.体教结合的难点、痛点、堵点与体教融合价值引领的闪光点[J].北京体育大学学报,2021,44(9):13-23.

时,体教结合也未能将那个时期的体育有效地为国家政治、经济、社会以及生态文明建设所用,对学生的全面发展并没有起到推动作用,很难被社会认可。如何突破"体教结合"中出现的瓶颈问题就显得尤为迫切和重要。孙国友①指出,"体教结合"虽解决了"体教分离"所造成的局部问题,但尚未从根本上解决学训矛盾现象、体教的貌合神离。高校作为人才培养的重要源地,应积极探索"体教融合"的长效机制,真正贯彻落实"体教融合"理念到高校管理中,关注学生身心健康和文化知识学习的全面发展。初少玲②指出,根据系统整体性原理对"体教融合"社会学原理进行分析时,既要从整体性出发,也要注意其结构与功能的统一。"体教融合"是体育与教育两个领域按照一定结构组成的有机体,并且将彼此没有的功能赋予对方,从而产生新的功能。"体教融合"的不断深化改革是处于动态之中,必然与其环境进行交流,以维护系统的稳定与平衡,所以要用整体性视角去审视改革。同时,合理优化其结构与功能,将体育与教育合为一个完整的有机体,优化设计系统、子系统以及元素的结构和功能,整合社会的教育资源和体育资源,从而形成学校体育与竞技体育相融合的人才培养体系,进而实现青少年知识水平和健康水平共同提高的最终目标。

曲鲁平③指出,体教融合是体育回归教育的本质,将体育与教育深度融合,实现立德树人、以体育人的育人观,解决青少年体质健康和后备人才培养的问题。体教融合背景下,构建体育传统特色学校和青少年业余俱乐部联动机制,促进协同发展,实现"1+1≥2"的功效,进而推动体教融

①　孙国友,顾齐洲.我国高校"教体融合"长效机制构建研究[J].山东体育学院学报,
　　2015,31(05):110-113.
②　初少玲.上海市体教融合的实践探索与理论分析[J].山东体育学院学报,2013,29
　　(03):115-118.
③　曲鲁平、孙伟、凌波等.体教融合视域下体育传统特色学校与青少年业余俱乐部协同
　　发展联动机制的研究[J].天津体育学院学报,2021,36(05):512-519.

合的落实。王广磊①指出,"体教融合"作为我国竞技体育发展的指导思想和行动模式,是中国特色社会主义制度指引下的顶层设计,是建设健康中国、体育强国的重要战略举措。在实施过程中要处理好改革与稳定、政策制定与落实、"体教结合"与"学校教育"之间的关系。

崔佳琦②指出,"体教融合"理论研究深度不足,相关研究内容单一、片面,完整的"体教融合"模式是多种形式展开的,且贯穿培养青少年成长的不同阶段,每个阶段都应配备相应的配套设施,而现有的理论研究宽度与广度都不够,没有真正从国情出发,也没有考虑中国博大精深的历史文化积淀,该模式的有效落实和推进有待进一步推敲和梳理。

(二)体教融合发展路径的研究

自体教融合提出后,多位学者针对体教融合展开研究,其成果主要体现在体教融合的演变历程、发展路径等方面。

毛振明③指出,我国"体教结合"出现转折点,国家将参加大学生运动会的活动工作移交给教育部。2006 年,教育部确认了招收高水平运动员的 235 所高校名单,"体教结合"转变为多学科培养体育人才。"体教结合"在中国多所高校普及,高校既能招收高水平运动员,也能提升运动员文化水平,在一定程度上缓解了学训冲突,为竞技体育人才的培养拓宽了渠道。他同时指出④,"体教融合"的概念是"体"在于前"教"在后,反映了体育界向教育界积极融合的态势。学校体育要跟随体育系统的步伐积

① 王广磊等.新举国体制背景下"体教融合"建设机制研究[J].合肥师范学院学报,2021,39(03):100-103.

② 崔佳琦,王文龙,邢金明.我国竞技体育后备人才"体教融合"培养模式研究述评[J].吉林体育学院学报,2022,38(02):64-72.

③ 毛振明等.体教分离→体教结合→体教融合→体回归教——从中国青少年竞技体育的历史发展看"体教融合"的方向[J].体育教学,2021,41(04):5-7.

④ 毛振明等.从"体教分离"到"体教融合"再到"体回归教"的中国逻辑[J].体育学研究,2021,35(04):1-8.

极开展丰富多彩的体育运动和竞赛活动,支持学校建设青少年体育俱乐部并且完善青少年竞赛系统,还要加强体育传统特色学校发展,大力建设体育教师队伍和教练队伍。树立健康第一的教育理念,推动青少年文化学习和体育锻炼协调发展,加强学校体育工作,帮助学生在体育锻炼中享受乐趣、增强体质、健全人格、锤炼意志,为培养德智体美劳全面发展的社会主义建设者和接班人贡献体育和教育共同的力量,体教结合、体教融合都是过程,其终点应是体回归于教。

王鹏[①]指出,中国新时代的教育和体育面临的现实问题是增强青少年体质和优化竞技体育后备人才体系,中国竞技体育系统外部所处环境复杂且内部结构处于动态变化之中,遵循人才培养规律、借鉴"域外体教融合"成功的经验,结合本土实际情况,创新出"举国体制+"的竞技体育人才培养途径,充分利用社会、学校、体校等优势资源为培养主体赋能。刘波[②]指出,我国体育由分离到融合的过程中,体育系统和教育系统都逐渐意识到竞技体育人才的培养只有回归教育才能实现全面育人的目标。大学在探索体教融合育才的路径上,要从国情出发,结合中国大学竞技体育百余年的历史经验,充分考虑青少年成长各个阶段的规律,遵循全面育人的理念指导,做到以竞赛为中心,培养全面发展的体育人才。曲鲁平[③]指出,体教融合将青少年作为体育与教育的交汇点,体育传统特色学校在促进青少年全面发展的同时,为落实体教融合提供了现实载体。在实践中,应以联动政策为引导,以联动制度为规范约束,以联动资源为载体,共同保障联动机制的有效运行,提升青少年体质健康和后备人才培养,推动

①　王鹏,郝文鑫,郭振.竞技体育后备人才培养的域外实践、共性经验与中国路径分析[J].首都体育学院学报,2022,34(06):620-629.

②　刘波,毕金泽.近代以来中国大学培养竞技体育后备人才的历程及新时代体教融合路径[J].首都体育学院学报,2022,34(06):611-619+640.

③　曲鲁平、孙伟、杨凤英等.体教融合视域下体育传统特色学校协同联动组织机制的构建[J].武汉体育学院学报,2021,55(10):63-69+85.

体教融合的有效落实。

综上所述,纵观体育与教育发展的历史脉络,可分为体教分离、体教结合、体教融合等阶段。体教融合是新时代党中央、国务院深化体育和教育领域改革的一项重大决策部署,是教育事业和体育事业发展的重点改革事项,是教育和体育两个战线的重大政治任务。体育学者们对体教融合的研究已经取得了较为丰硕的研究成果,但是在学校体育工作中体教融合政策的推广和实施还存在一些亟待解决的问题,亦面临着诸多实践挑战。因此,在全面推进体教融合的过程中,应结合我国国情,制定适合我国的中国特色体教融合方案。

二、学校体育教学改革的相关研究

(一)教学改革的相关研究

教学改革就是调整和协调教学活动中学生、教师、知识这三个核心要素关系的活动,其重心是知识与经验关系的处理。

李敏[1]等指出,传统的教学模式已不能符合现代教育的理念及要求,产生了很多问题,学生上课提不起兴趣和热情,教师不知道如何更好地讲授课程,改革势在必行。李金云[2]指出,研究者开始关注学生如何在课堂上实现生存状态、生命意义和生命价值的展现,在教学上逐渐从“认知领域”发展到“生命和生命的整个领域”,提倡以新的视角关注和促进个体生命的发展,关注学生精神世界的建设。教学改革的目的是让学生从课堂中理解生命的意义和价值,并逐渐将知识转化为构建学生精神世界的桥梁。侯玉莹[3]指出,课堂教学改革是对课堂教学中不合理的、落后的理

---

① 李敏,潘福全,康国祥,吴峰.以学生为中心的多种教学方法融合的教学改革研究[J].科技风,2021(10):63-64.

② 李金云.课堂教学改革研究30年:回顾与反思[J].当代教育与文化,2009,1(04):46-60.

③ 侯玉莹.课程教学改革过程中的问题与对策研究[D].南京师范大学,2017.

念、思维方式、行为、制度等进行调适与改进,提升课堂教学质量,促进师生身心全面发展,打造课堂教学新样态,是改革主体根据现状审时度势、选择策略,设计方案、逐步推进的动态实践过程。李银晓[①]指出,转变教学理念、改革教学目标、教学内容、教学方法、教学评价、教学支持条件是实施教学改革的六个方面。改革就是教学形式和内容发生了变化,通过改革,发挥学生的主观能动性,改变原有的教学关系,让师生共同参与,让学生在课程中发挥自己的能力,通过老师的帮助学习到知识。胡万山[②]指出,教育教学改革主要有四个方面的观点:调整教学培养目标,建立合理明确的教学目标体系;改革课程教学,建立以学生为中心的课程教学体系;优化教师队伍结构,提高教师工作效率;完善保障体系,推动教育质量保障体系不断完善。依据人才培养目标,突出主体教育思想,强调人的因素和核心地位,重视作为主体的人的独立性和创造性,打造以学生为中心的课程教学体系。张剑锋[③]指出,在新课改背景和理念下,课堂教学存在的问题主要表现为课程目标缺乏人性化与突出而导致教师教学方向感的丧失,教学内容注重知识和生活化造成教师自我效能感低、教学模式的单一刻板,教学评价的窄化单一与多元化造成教师教学观念模糊等方面。这反映出传统课堂教学模式以教师为中心、以书本为中心、以课堂为中心,忽视了认知学科学生的主动性和积极性,因此,课堂教学改革十分重要。潘懋元[④]提出,一是坚持把立德树人作为教育根本任务,把加强教师队伍建设作为重要内容,把教育改革作为教育发展的动力,把实现中华民

① 李银晓.专业认证背景下师范专业课堂教学改革现状及影响因素研究[D].东北师范大学,2021.

② 胡万山.师范类专业认证背景下教师教育改革的意义与路径[J].黑龙江高教研究,2018,36(07):25-28.

③ 张剑锋.新课改背景下课堂教学文化:变迁、反思与重建[J].贵州师范学院学报,2010,26(01):75-78.

④ 潘懋元.新时代中国高等教育改革与发展:今天、明天与后天[J].高等教育研究,2020,41(09):1-3.

族伟大复兴的中国梦作为青年一代的期望。二是为各级学校发展注入强劲动力,激发办学活力。三是努力探索符合中国国情、凸显中国特色的教育改革新路径。

在国外研究中,为回应时代对人培养的需求,澳大利亚在综合课程改革运动中指出,课程改革旨在使青少年成为成功的学习者,成为自信有创造力的个体。在课程改革中注重培养学生的"共通能力",在课程学习中不再以单一的知识学习为重点,而是培养学生的综合素养,在学习中凸显以理解和解决问题为主的综合能力培养,因此在学校课程内容的选择以及课程的组织形式从学科逻辑为主转向为生活逻辑,重视学生将学习的知识与生活中的实际经验相联系,重视学生在学习中与现实世界的真实情境相联系,培养学生理解并解决在未来现实生活中存在的问题。[①] 为促进教育公平和卓越,为了使所有的年轻人都能成为自信、成功且有创造力的个体,2008 年 12 月澳大利亚教育部制定的《墨尔本宣言》中明确将核心素养纳入国家课程标准。核心素养不仅成为国家课程标准的核心内容,而且采用核心素养来统整八大课程领域,经过调整后最终确定其核心素养主要包括读写素养、数学素养、信息通信素养、批判性和创造性思考素养、个人和社会素养、道德伦理素养、跨文化素养。[②] 美国的教育改革顺应时代的发展,在改革中他们认为未来的社会不能仅依靠知识去就业,更多考量的是采用合作、创新、批判等多种能力解决实际问题,并提出"21 世纪技能",从学习与创新技能,信息媒体与技术技能,生活与职业技能三项技能领域勾画核心素养的框架体系,基于核心素养的课程教学变

---

① Australan Curriculum, Assessment and Reporting Authority. General Capabilities in the Australian Curriculum[EB/OL]. [2017-04-01](2018-12-13). http://www. australiancurriculum. edh. au/f-10-curriculum/general-capabilities/.

② Acara The Shape of the Australian Curriculum(Version 4.0)[EB/OL]. [2018-08-15]. https://acaraweb. blob. core. windows. net/resources/The_Shape_of_the_Australian_Curriculum.

革,通过课程建设和教学模式两个方面进行建设。①

　　课堂教学变革最终是为学生的发展服务,因此对学生学习的研究也是国内外学者关注的焦点。国外一些学者对信息技术对课堂教学变革影响和变化作出分析,针对通信技术的发展如何实现学生学习方式的创新,有学者开展了系列的实证研究。例如,B. H. Zhang 和 C-KLooi 对新加坡一所小学开展转变学校教学与学习实践的创新研究,认为教师和学生信念的转变和课程资源与技术是利用现代信息技术实现随时随地学习的关键所在。② 还有学者在课堂教学中对学生的能力分组开展了探究,如 Dympna Devine 提到,在对爱尔兰一所小学使用能力分组开展课堂教学,结果发现,教师针对能力分组实际上是一种象征性的暴力行为,这对于学习者的学习来说有非常重要的意义,并指出教师经验的长短和持续专业发展的参与度影响学生学习能力的形成。③ 还有一些学者开展各种对学生学习的实验,以此提出提升学生学习效果的方法与途径,如 Cindy Paans 等人对学生在多媒体学习的双向执行功能开展研究,分析探讨执行功能在多大程度上影响小学生多媒体的学习结果,结果发现学习结果中的个人知识转移以及在知识再次分配的质量会影响学生的学习结果。④

　　综上所述,教学改革是一门学问,其核心是调整和协调教学活动中学生、教师、知识这三个核心要素的关系,其目的是改进教学模式提出更先

① Partner For 21stCentury Skills. Assessment:A 21st Century Skills Implemetation Guild[EB/OL]-http://www. 21stCentury Skills. org/documents /21stCentury Skills. Assessment. pdf. 2019.

② B. H. Zhang,C-K Looi. Developing a sustainable education innovation for seamless learning[J]. Procedia-Social and Behavioral Sciences,Volume 15,2011,Pages 2148-2154.

③ Deirdre McGillicuddy,Dympna Devine. "Turned off" or "ready to fly" - ° Ability grouping as an act of symbolic violence in primary school[J]. Teaching and Teacher Education,Volume,70,February 2018,Pages 88-99.

④ Cindy Paans, Eliane Segers, Inge Molenaar, Ludo Verhoeven. Dyadic executive function effects in children′s collaborative hypermedia learning[J]. Learning and Instruction,Volume 60,April 2019,Pages 66-74.

进的教学理念,使学生能够认识到生命的价值与意义。针对"形式主义""唯知识化"的现象及教师教学方向感"迷失"等问题,部分学者也提出了相关解决措施,总之就是要加强教师队伍建设、课堂模式的改进、教师自身素质的提升,构建与时俱进、不断创新的教学改革体系。

(二)学校体育改革的相关研究

学校体育作为学校教育的重要组成部分,对促进学生全面发展、提高学生身体素质具有重要作用。2000 年出版的《体育科学词典》[①]提出,学校体育是有计划、有组织的文化教育活动,以体育锻炼为基本手段,提高学生身体素质,促进学生身心全面发展,提高学生觉悟,形成终身的体育兴趣、习惯和能力。

改革开放以来,在全面贯彻党的教育方针和以人民为中心的发展思想指导下,学校体育改革取得显著成效。学校体育改革不断深化,极大促进了学校体育的改革和发展,并在体育课程与教学指导思想、教材内容、课程组织与教学方法等研究方面取得了较好的成果。学校体育改革的研究比较丰富,学者们从不同角度对学校体育改革进行了分析和研究。

第一种观点是以国家、政府、教育部门为主体的政策和文化改革。闫士展[②]等提出,学校体育改革要实现提高身体素质到立德树人的转变,必须清楚界定体质的概念,学校体育工作的根本任务是提高体质。我国教育事业的根本任务是立德树人,落实立德树人根本任务的重要助力是学校体育。要实现学校体育改革,不同行政部门应当协同推进学校体育制度化治理,狠抓学校体育干部素质,要从学校单一项运动项目的错误认知

---

① 邵伟德,许益芳.学校体育与体育教学两个概念的逻辑学思考[J].天津体育学院学报,2002(03):47-49.

② 闫士展,傅建,王若光.从"提高体质"到"立德树人":扬州会议的历史回顾与学校体育改革的新转向——熊斗寅、曲宗湖、李习友和施永凡学术访谈录[J].体育与科学,2019,40(04):9-17.

中跳出来,保证学生均能享受到学校体育制度带来的福利。李晓栋①等提出,学校体育改革的形成以文化变迁为基础,需要以体育价值观的文化输入为导向,以物质文化和制度文化相匹配,以行为文化为基础。张勇平②等提出,高等学校体育文化改革、建设和发展是高校内涵发展的必然选择,是高校文化改革、建设和发展的重要组成部分,是推动高校建设和发展的内生动力;高校体育文化与高校文化相结合,彰显高校竞争力,具有很强的渗透力,能够有效提升高校文化的活力和软实力。

第二种观点是以学校为主体的教学观念、方法、目标、课程等的转变。毛振明③等提出,在学校体育改革中落实"立德树人""四位一体"需要观念转变、教材建设和方法创新,开创关于学生体质提升"三精准"(精准测量、精准分析、精准干预)的新策略和新方法。体育教学模式上选择"体育走班制教学",应主动思考"体教融合"工作、设计现阶段可以实施的"过渡性改革工作"方案,尽早做好有关"高考体育"的基础性研究。许弘④提出学校体育要解决好制约人才培养的两大重要问题。一是评价教育的问题,二是明确教育改革目标的问题。新时代学校体育改革发展必须以理念为先,实现体育教育观念的转变,加大体育课程改革,促进体育教学质量的提高,加强教师体育队伍建设教育,解决学校体育改革发展中存在的问题,加强学校体育设施建设,改善学校体育办学条件。完善学校体育评价体系,激发学校体育改革发展的内生动力。刘舒鹏⑤等提出学

---

① 李晓栋,吕夏颖.学校体育改革的文化逻辑[J].体育学刊,2018,25(01):89-92.

② 张勇平,张武.高等学校体育文化改革与发展趋向[J].湖北师范学院学报(自然科学版),2015,35(04):45-46.

③ 毛振明,邱丽玲,杜晓红.中国学校体育改革与发展若干重大问题解析——从当下学校体育改革5组"热词"说起[J].上海体育学院学报,2021,45(04):1-14.

④ 许弘.以全国教育大会精神推进新时代学校体育的改革与发展[J].首都体育学院学报,2019,31(02):99-102.

⑤ 刘舒鹏,李延超."健康中国"视角下我国学校体育改革与发展思路研究[J].浙江体育科学,2017,39(04):76-80.

校体育改革应当提高师生以健康优先的课程改革观念,增强师生健康意识,改善学校体育条件,促进体制改革创新,构建学校体育整体化内容体系,充分发挥学校体育在健康中国战略中的价值,推动我国健康事业快速发展。李鸿宜[①]等通过对学校体育面临的机遇、困难和发展特点的分析,得出学校体育改革应尊重个体差异、课程资源选择多样化、对教师核心素养要求高、学习方式方便灵活,挑战传统体育教师的权威等特点。杨文轩[②]提出深化体育课程改革是影响学校体育改革的重大举措,新时代学校体育改革发展必须重视体育在立德树人发展中的重要价值和意义,正视针对学校体育存在的身体健康、学生运动技能习得等问题,贯彻落实国家政策,积极开展学校阳光体育活动,加强学生力量训练。

第三种观点是学校体育改革的主流观点是国家、教育部门、社会、学校、家庭以及学生个人多主体的综合性改革。刘纯献[③]等提出,教育部门应当狠抓落实,学校应当担当作为,贯彻落实党的教育方针,维护其政策的严肃性;社会要营造氛围,把握实施全民健身战略的重点,积极引导青少年参与体育活动;体育教师必须运用立德树人的理念,做到知行合一;学生家长要关心青少年的身心健康;学生自身应当树立全面发展的观点。马孝志[④]提出,学校体育教学改革必须注重体育学科的有效性,注重发挥教师的主体作用,提高教师的道德素质和能力,注重学生在体育教学中的主体地位。要以强有力的政策支持和良好的评估体系来实施目标管理,

① 李鸿宜,王岩."互联网+"视域下学校体育改革特征及趋势[J].吉林体育学院学报,2017,33(06):84-87.
② 杨文轩.课程改革背景下学校体育改革与发展研究[J].体育学刊,2018,25(05):1-4.
③ 刘纯献,刘盼盼.学校体育改革的成就、问题与突破[J].北京体育大学学报,2020,43(02):71-82.
④ 马孝志.学校体育改革与发展学生核心素养[J].河南理工大学学报(社会科学版),2016,17(02):261-264.

同时,还需要建立网络信息平台来推动学校体育改革。周爱光[①]提出,学校体育改革应当面向全体学生,学校应当把"健康第一"的教育理念落到体育教学、课外活动、体育竞赛之中,将学校的体育资源主要用于全体学生的体育活动。黄道名[②]等提出,学校体育改革应建立相应的监测机制,及时检查学校体育动态,落实学校体育政策;明确定位,把"健康"和"教育"作为学校体育工作的出发点和落脚点;落实责任,完善学校领导与教育主管部门齐抓共管的工作机制;强化保障,提升体育教师教学能力和职业使命感;构建学校、家庭、社会体育机制,营造新时代良好体育氛围;精心设计体育项目,提高学生参与体育锻炼的兴趣。姜付高[③]、董德朋[④]提出,全面规划社会公共体育资源,加强公共体育资源配置与优化,特别是体育旅游资源的优化管理,将其作为学校体育资源补充,推进体育旅游、体育健身与体育教育的融合,注重文化自信和文化自觉,发挥学校、社会和公共资源在青少年人才培养质量和社会居民幸福指数方面的作用。

第四种观点是当前正处于世界"百年未有之大变局"和"中华民族伟大复兴的关键时期",学校体育也进入深化改革的新时期。为寻求新的突破,学校体育中许多重大问题亟待解决。

廖上兰[⑤]等指出,"学生体质健康连续下降""多年体育课未掌握一项熟练运动技能"等问题得到社会广泛关注。这些问题的不断重复提出,

---

① 周爱光.体教融合背景下我国学校体育改革的思考[J].体育学刊,2021,28(02):1-6.

② 黄道名,杨群茹,张晓林."健康中国"战略下我国学校体育的改革困境与发展路径[J].体育文化导刊,2018(03):103-107+123.

③ 姜付高.我国体育旅游空间结构演变及其优化[M].北京:人民体育出版社,2024:35-70.

④ 董德朋.公共体育资源配置及居民幸福的健康社会学机制[M].北京:人民体育出版社,2023:156.

⑤ 廖上兰,刘桂海."培养什么人":学校体育改革的理性思考与价值重构——基于我国宏观教育目标演进考察[J].天津体育学院学报,2021,36(02):151-158.

从侧面揭示了我国学校体育改革的现状和困境。刘舒鹏[①]等指出,从"健康中国"视角出发,发现我国仍存在学校体育重视程度不高、发展目标不明确、课程创新不足、课程内容不科学、发展效果不佳、学校分布不均以及城乡之间的体育资源差距大等问题。毛振明[②]等指出,当前学校体育改革仍存在体育德育空泛、失范失责、效果难显等问题,这些也是影响学校体育改革方向的重大问题。刘纯献[③]等指出,青少年体质健康问题依旧严峻,当前改革未能促进学生身心全面发展,部分学校、教育行政部门和政府未能贯彻落实党的教育方针,学校体育仍是教育事业薄弱的环节。徐伟[④]等指出,"一次考试决定一生"的教育体制、学校体育制度政策的落实情况、校长对学校体育工作的重视程度、家长体育观念的正确与否、学生的体育意识和行为、学校体育师资队伍质量是影响学校体育改革与发展的制约因素。黄道名[⑤]等指出,学校片面追求升学率,学校领导重文化课轻体育课,体育老师教学质量受影响,家长忽视孩子的体育锻炼以及学生自身会受到电子游戏等吸引等问题使得学校体育改革难以奏效,发展受到阻碍。

尽管学校体育改革还存在很多问题,但学校体育作为体育教育的重要组成部分,对于促进学生全面发展、提高学生身体素质仍然具有十分重要的意义。基于对学校体育改革现状的调查和讨论,许多学者对学校体

① 刘舒鹏,李延超."健康中国"视角下我国学校体育改革与发展思路研究[J].浙江体育科学,2017,39(04):76-80.
② 毛振明,邱丽玲,杜晓红.中国学校体育改革与发展若干重大问题解析——从当下学校体育改革5组"热词"说起[J].上海体育学院学报,2021,45(04):1-14.
③ 刘纯献,刘盼盼.学校体育改革的成就、问题与突破[J].北京体育大学学报,2020,43(02):71-82.
④ 徐伟,姚蕾,蔺新茂,周珂,丹娟,侯方方,余欣蔚.学校体育改革与发展的制约因素——来自基层的调查[J].北京体育大学学报,2016,39(08):74-80.
⑤ 黄道名,杨群茹,张晓林."健康中国"战略下我国学校体育的改革困境与发展路径[J].体育文化导刊,2018(03):103-107+123.

育的发展和改革方向进行了研究和分析。

颜昶①等提出,引入健康促进理念,学校体育的发展与改革将致力于研究影响健康的社会和行为因素,形成体育生活方式将是实现终身体育目标的核心。以行为干预理论,促进学生塑造科学的体育运动生活方式,形成学校体育健康促进策略,促进学校体育全面改革。王洪全②等提出,在素质教育改革的浪潮下,学校体育教学的指导思想将实现从"增强体质"向"健康第一"再到"终身体育"的转变,"健康第一"和"终身体育"成为当今我国学校体育的主导趋势。付强③提出,现代社会需要的是德、智、体、美、劳全面发展的人才,教育的根本目的是学生的全面发展,学校体育改革必须重视学生发展的全面性、主体性和创造性。曲鲁平④等提出,从生物、社会和心理等因素系统全面地建构青少年体质健康促进模型,设计青少年体质健康促进学校—家庭—社区三位一体模式,制定干预措施,加快学校体育教育理念的更新,推动学校体育改革,提升青少年体质健康水平。

Mc Cracken 指出,美国联邦政府对体育教学的内容并没有进行统一的规划标准,各州根据自己的实际情况进行设置,总的指导要领是以课程绩效导向以及成绩标准进行有效的引导,这样在设置教学内容上可以突出各州的自主性⑤。Vuoriim 提到,在美国的各学校的体育教学目标存在具体化和全面化的特点,美国的学校体育注重学生的全面发展,主要体现

---

① 颜昶,徐丽平.导入"健康促进"理念之学校体育改革展望[J].成都体育学院学报,2008(07):71-73.

② 王洪全.中国学校体育的改革与发展趋势[J].长春师范学院学报,2005(09):126-128.

③ 付强.浅议我国学校体育改革的趋势和热点[J].体育世界(学术版),2010(07):9-10.

④ 曲鲁平.我国青少年体质健康促进模型构建与运动干预研究[M].北京:人民体育出版社,2021:40-47.

⑤ Today's physical education needs to be standsards-based[EB/OL].[2017-01-16].http://www.Educationworld.com/a.ad-min/580.html.

在教学目标的设定以及教学内容的具体实施过程中,课余体育也是推动学生全面发展的重要方面。①

Enney D 和 Chandler T. 以英格兰和威尔士国家体育课程的修订为基础,提出了在体育课程、工作单元和课程设计中应体现出明显的新方向。指出未来学校体育想要在 21 世纪具有教育价值,促进体育学科内部的实质性改变是必要的,建议体育课程应采用的组织框架和教学重点是运动和体育素养、体育活动和健康、竞争、合作、挑战。在体育教学中对这些重点主题进行扩展时,要包含体育活动的身体、心理、情感和社会层面,体现体育教学的多学科性。② 英国教育研究协会成员 Richard Bailey 批判性地研究了关于体育教育和学校体育(PESS)的教育效益的理论和经验基础。他指出学校体育涉及四个广泛的领域,即身体、社会、情感和认知。③

总之,学校体育是以体育锻炼为基本手段,通过影响学生主体,培养合格人才的教育过程。学者们针对学校体育改革主要基于国家政策、教学制度等角度展开,虽然研究范围较广,但也多局限于理论研究,亟待实践改革的探索。

(三)学校体育教学改革的相关研究

1.体育课程设置的相关研究

体育课程作为课程的下位概念,是学校课程的重要组成部分。关于体育课程的概念众说纷纭,如"学科说""活动实践说"等,但尚缺乏统一的界定。体育课程可以理解为实现学校体育目标而规定的体育学习经验

---

① Vuori I M, Lavie C J, Blair S N. Physical activity promotion in the health care system [C]//Mayo Clinic Proceedings. Elsevier, 2013, 88(12):1446-1461.

② Penney D, Chandler T. Physical education: what future (s)? [J]. Sport, Education and Society, 2000, 5(1):71-87.

③ Bailey R, Armour K, Kirk D, et al. The educational benefits claimed for physical education and school sport: an academic review[J]. Research papers in education, 2009, 24(1): 1-27.

体系及结构与进程,也是增强学生体质健康和培养体育能力及为终身体育奠定基础的重要途径,亦是学校体育改革的中心环节。

关于体育课程目标的研究。姚明①认为,专项体育课程的教学目标是使学生在掌握"教学大纲"要求的基本技能的前提下,至少要掌握一个专项技能,并且了解一些相关专业术语和裁判员的知识,了解项目内涵。司云等②认为,体育课程以培养专项体育兴趣为目标,同时提出在当时具有前瞻性的三维目标,如提高学生的专项技术水平、促进学生思想品德的发展、培养学生的终身体育意识。杨向明③通过分析体育课程目标的四种取向的差异及相互关系认为,体育课程目标要有的放矢,符合事物对象的具体条件,并对其进行整合和构建;从课堂教学需求来看,不仅预设课程以"通用目标"和"行为目标"为方向,生成课程也以"生成目标"和"表达目标"为方向,实现体育课程的精髓。人及其功能的实现,才能满足社会对体育事业发展不断变化的需要。朱伟强④提到,我国的学校体育实践也从"教学改革"向"课程改革"改变,明确体育课程目标包括确定目标层次、目标的领域分类、目标的表征形式、确定体育课程目标四个环节,要明确课程目标和教学目标的概念,不能使之混淆。

关于体育课程内容的研究。邵伟德⑤提出,体育课程内容一体化是体育课程理论研究的一大难题,我国体育课程内容体系庞大,但重点和主线缺乏,导致教材的学时不足,每项运动都略知一二,却不能有一项精通,特别是长期以来,大中小学体育课程内容相互衔接问题尚未有效解决,造

---

① 姚明.建议推广专项体育课[EB/OL].[2015-03-09][2015-12-20].http://news.sohu.com/20150309/n409498607.html.
② 司云,苏连勇等.应当科学认识对待专项体育课[J].中国学校体育,1994(9):65-66.
③ 杨向明,张振华.体育课程目标的界说与构建[J].安徽师范大学学报(自然科版),2014,37(03):288-291+296.
④ 朱伟强,潘海波.论体育课程目标[J].山东体育学院学报,2008(06):71-73.
⑤ 邵伟德,齐静,李启迪.体育课程内容体系的逻辑起点、可行性与建构策略[J].北京体育大学学报,2020,43(08):58-66.

成课程内容逻辑起点不明、主题构架不清晰等困惑。于素梅[①]提到,体育课程的核心环节是课程的内容,一体化体育课程内容体系的构建是从幼儿园到大学内容的合理分配,在体系构建过程中要充分考虑满足国家建设和人才需要的国情、校情以及具体情况。同时,体育课程内容的设置是一体化体育课程设置的基础和依据。采用选修和必修的形式,可以保证体育课程内容的有效实施。葛青[②]认为,近年来虽然大学体育课程的改革取得了一定的成效,课程内容多样化、内容逐渐拓宽、区域性特点彰显、艺术性明显,但仍存在课程内容缺少质的变化、体育本质表现不突出、学生兴趣不足等问题。葛青提出选择课程内容应顺应时代发展,促进学生未来发展,因地制宜,合理利用资源,不断完善和丰富体育理论课程内容。

关于体育课程评价的研究。王德慧[③]研究认为,课程评价作为教学评价的重要组成部分,逐渐形成了一个独立的体系,同时考虑到体育课程评价缺乏对课程本身的关注,对课程评价方法和课程评价体系的研究相对不明确以及体验式课程评价研究力量薄弱等问题,提出随着课程改革的深入,对体育课程的研究也会不断提高,体育课程评价的关注度会越来越高,而且更加关注基础理论问题。梁汉平[④]提到,通过对美国公立学校体育课程的分析得出,开设美国体育课程的州和课时都在增加;有少部分州的课程标准在变化,但其课程标准内容变化越来越多,实施临时体育教师资格证书的州越来越多。同时,建议我国体育学习评价内容需要表现出学生的全面发展,在学前教育阶段开设体育课,开发与时俱进的体育在

① 于素梅.一体化体育课程内容体系的建构[J].体育学刊,2019,26(04):16-21.
② 葛青,张秋亚,温杰.我国大学体育课程内容设置现状与对策研究[J].武汉体育学院学报,2012,46(03):87-90+100.
③ 王德慧,龚坚,杨玉茹,宋会君.体育课程评价研究现状及发展趋势[J].首都体育学院学报,2008(05):70-73.
④ 梁汉平.美国中小学体育课程计划的变化及其启示[J].体育学刊,2013,20(01):75-78.

线课程。

总之,体育课程包括课程目标、课程规划、课程结构、课程内容、课程评价等多个方面。随着体育与健康课程标准的颁布和修订,体育课程研究取得了一定成果,但仍存在一些研究不足,如体育课程目标、教材目标和教学目标的概念界定不明确,体育课程评价对象关注度欠缺,研究方法较为单一,研究深度和广度不够等问题,这些不仅制约着我国体育课程的研究进展,也制约着我国学校体育教学改革的有效推进。

2. 体育教学内容的相关研究

体育教学内容是体育教师教学的重要载体,也是学生掌握知识和技能的重要来源。学者针对体育教学内容设计与筛选以及体育教学内容与教学的关系等进行了相关研究。

江广和[1]认为,体育教学内容的设计包括明确教学目标,选择和筛选所需要的内容,对所选择的内容进行整理与编排。同时在设计方法上应注意,要符合学生的认知水平或认知规律,引起学生思想上的共鸣,并转变教学方式,让学生在不知不觉中学习知识和技能,使教学过程更加自然顺畅。谢利民[2]认为,教学内容的设计是教师通过对教材的分析研究,对教学内容进行筛选和编排的过程。教学内容要符合课程标准的要求并有明确的教学目标,教学内容设计或编排的好坏对教学结果有重要的影响作用。曲鲁平[3]认为,体操类教学内容的选择要根据各个学段学生的年龄特征和技术水平选择教学内容,并对教学内容进行合理的编排,衔接好各个学段内容之间的关系,使设计的教学内容具有难度等级性,练习循序渐进地进行,避免难度过高或过低,内容设计的范围要适当,要围绕课程目标而展开。

---

① 江广和. 快乐体操研究[J]. 体育文化导刊,2015(08):56-58+71.

② 谢利民. 现代教学基础理论[M]. 上海:上海教育出版社,2003:68-272.

③ 曲鲁平,王健. 大中小学体育与健康课程中体操类项目的教学设计研究[J]. 首都体育学院学报,2009,21(03):322-325.

　　上述学者从体育教学内容设计的方法、原则以及与教学目标的关系等方面进行了研究,得出教学内容是教学设计的重点,只有设计出合理的学习内容才有利于教学实践的开展。同时紧密结合教学目标,对筛选的内容进行梳理、编排和优化设计,提升体育教学过程的有效性,进而提高教学质量。

　　3. 体育教学方法的相关研究

　　学者关于体育教学方法研究主要集中在体育教学方法的概念、体育教学方法存在的问题、体育教学方法改革等方面,其主要学术观点如下。

　　关于体育教学方法概念的研究。樊临虎[①]指出,体育教学方法是指在体育教学过程中,教师指导学生为达到一定教学目标所进行的一系列活动的方式、途径和手段的总和,教师是主导、学生是主体。周林清[②]等指出,体育教学方法是为达到教学目的、完成任务,运用一系列教学手段组织的由一整套方式组成的师生相互作用的活动,是教师和学生在教学过程中的双边活动,是教师传授知识、学生学习知识的统一体。张学忠[③]指出,体育教学法是指在体育教学过程中,教师与学生在一定的教学原则下相互作用,共同实现体育教学目标,合理组合和使用场所、器材、手段的活动方式。它不仅包括教师和学生在教学活动过程中的隐性思维和心理活动,还包括体育活动器材的使用或示范和身体活动方式等。霍军[④]认为,教学方法是实施课程和教学的方法,是实现教学目标和开展教学活动的途径和手段,是教学理论中的一个重要范畴。在教与学过程中,往往需要不同功能、不同信息传递渠道的教与学方法相互配合,共同完成教学任

①　樊临虎.体育教学论[M].北京:人民体育出版社,2002.
②　周林清,于素梅等.刍议"教学法"与"教学方法"的非等同性[J].北京体育大学学报,2008(02):232-233+241.
③　张学忠.学校体育教学论[M].北京:人民体育出版社,2002:222.
④　霍军.创新教育理念下体育教学方法理论与实践研究[D].北京体育大学,2012.

务。高田①提到,体育教学方法的蓬勃发展,推动我国体育教学的教学质量和教学效率的发展,同时也提高了学生的身体素质和运动能力。上述关于体育教学方法的界定,大都是在继承前人优秀研究成果的基础上提出的,符合时代发展的要求。

关于体育教学方法存在问题的研究。王健②认为,与域外中小学学生的运动技能形成过程相比,目前我国中小学体育教学存在教学方法"成人化"、教学手段"传习式"、教学组织形式"单一化"等问题。樊临虎③认为,当今我国体育教学方法研究以新课改为背景,借鉴新课改的实际需要,体育教学法研究在理论探讨、方法应用、实验研究等方面取得了进步,但仍存在不足。上述研究表明,教学方法的研究走向"形式主义",常常忽视了最重要的"实用性",以及与其他学科相结合的重要性与必要性。

关于体育教学方法改革的研究。王健④指出,体育教学方法应有利于体育能力培养。体育教学法不仅培养学生的身体素质,更注重培养学生的心理素质和社会交往能力等。伍天慧⑤在调查和访谈的基础上,运用系统的观点,对体育过程中常用的基本组织形式和体育方法进行了全面考察,探讨实现的内在关系时应考虑的主要因素,构建与实际体育组织形式和科学体育方法体系相一致的基本思想。曲鲁平⑥提出,随着体教

---

① 高田. 论我国体育教学方法的改革发展与会通[J]. 当代体育科技,2014,4(26):72+74.
② 王健. 运动技能与体育教学[D]. 福建师范大学,2004.
③ 樊临虎. 我国体育教学方法研究 30 年:历程与进展[J]. 体育研究与教育,2017,32(01):1-7+114+113.
④ 王健. 运动技能与体育教学[D]. 福建师范大学,2004.
⑤ 伍天慧. 对高校体育教学过程中的组织形态与体育教学方法的考察[J]. 北京体育大学学报,2004(01):99-100.
⑥ 曲鲁平,李慧,孙伟,等. 情境干扰对运动技能学习不同阶段效果的量效关系[J]. 武汉体育学院学报,2023,57(04):93-100.

融合不断推进,让学生掌握一至两项运动技能成为深化体育教育综合改革的首要任务。运动技能的学习有赖于有效的教学方法,以组块练习为代表的低情境干扰和以随机练习为代表的高情境干扰以不同的练习方式对运动技能学习效果产生不同的影响,在教学过程中,应结合学习实际情况和运动技能类型与特点,采用适宜的教学方法,提高学生技能学习效果。

上述研究表明,随着科学技术的不断进步,体育教学方法的研究应从整体的教学改革方面思考,适应教学的整体趋势和发展潮流。这就要求我们在传统体育教学方法的基础上不断创新,突出教学方法的实用性,应用多学科教学方法,融会贯通,发挥其提高体育课堂教学质量以及培养综合型人才、创新型人才方面的核心作用。

4. 体育课后作业的相关研究

《教育大辞典》①指出,课后作业是根据教师要求,学生在课外时间独立进行的学习活动。体育课后作业是体育教师根据体育课程的内容要求、学生的身心成长特点,所制订的适合青少年学生在课余或节假日进行的体育参与方案。② 多位学者从不同角度对体育课后作业进行了深入研究。

关于体育课后作业对提高学生身体素质以及技能作用的研究。尹彬③提出,体育课后作业的目的在于帮助学生巩固课堂所学知识,并在此过程中增强技能,是体育教学中不可缺少的组成部分。卫钱萍④提出,体育课后作业的内容丰富、形式多样,能有效提高学生的运动能力及身体素

---

① 《教育大辞典》(第三版)编撰出版启动会召开[J].教育学报,2015,11(06):31.
② 陆晓旦,魏昌皓,陈文辉.关于学校体育家庭作业的理论思考[J].青少年体育,2018(05):67+83.
③ 尹彬.体育课课后作业探讨[J].新课程教学(电子版),2020(02):81.
④ 卫钱萍.混合式教学中的课后体育作业[J].现代教学,2021(Z1):122-123.

质。王雷霆①等提出,学生的体质健康已成为全民族发展的大事,国家多个部门、多个时段、多个场合以多种形式向全社会发出信号,要重视青少年的体质健康,学生的课外体育作业已经成为提高学生体质健康的焦点。

关于体育课后作业对学生、家庭乃至社会产生联动作用的研究。李佳川②等提出,体育课后作业有利于丰富学生的课余生活、提升学生的体质健康水平、助力学校体育课程的改革与发展和家庭体育的开展。高亚君③指出,适当布置家庭作业对学生具有积极的影响,一方面可以促进他们掌握相关理论和实践知识,另一方面也可以增强学生体魄,同时还可以提高学生的兴趣,丰富业余生活,对整个家庭和社会而言,也能促进他们的和谐共处。居晓林④建议将课后体育课作业作为推进素质教育的重要组成部分。将课堂教学延伸到学生的课外、家庭、社区和个人生活中,让学生有更多参与和展示的机会,提高参与度,对提高学生综合素质具有促进作用。白海珍⑤提出,学生完成体育作业的过程中,可以促进家庭成员之间的交流和互动,使家庭感情更加牢固,社会更加和谐。体育课作业是党的教育方针的贯彻落实,能够促进学生德智体全面发展,完全符合教育改革和素质教育的发展趋势。

关于体育课后作业对升学考试具有重要意义的研究。李晓丽⑥指出,体育课后作业是提升体育分数的重要途径。体育课后作业改革对社会、家庭和学生个人具有重要意义,但体育课后作业改革在实施过程中仍

① 王雷霆,夏锦阳.家庭体育作业管理与实施[J].青少年体育,2020(03):60-61.
② 李佳川,孙洁,唐金根.对我国青少年学生体育家庭作业相关问题的思考[J].南京体育学院学报(社会科学版),2014,28(05):79-83.
③ 高亚君.体育家庭作业对小学生身体素质影响的实验研究[D].天津师范大学,2019.
④ 居晓林.体育课后作业布置的重要性与必要性[J].考试周刊,2010(50):142-143.
⑤ 白海珍.新课程背景下小学体育家庭作业的内容初探[J].当代体育科技,2019,9(01):155+157.
⑥ 李晓丽.精准扶差:中考体育成绩提升策略探析[J].运动精品,2021,40(06):41+44.

存在较多问题。2019 年出台的《健康中国行动(2019—2030 年)》①正式实施,将促进青少年健康列入重大专项行动。中学生面临严重的升学压力,在课堂之外的每个学科都有相应的课外作业,但体育课外作业却是少之又少。

关于体育课后作业实施存在问题的研究。毛振明②等指出,体育课后作业的实践很早就有过,但效果平平,很多学校的实践也是昙花一现,难以为继。魏宇③指出,体育课后作业布置存在的问题有体育课后作业内容形式单一刻板,检查和评价方式不合理,家长对学生体育课后作业参与度不高,体育课后作业负荷和频率安排不科学。刘金玉④指出,常规的体育课后作业虽然是根据学生的课堂表现有针对性地制定的,但由于缺少监督与激励机制,很难保证学生完成的质量。

关于体育课后作业实施措施的研究。杨紫亦⑤提出,应以丰富体育课后作业内容、增加半结构式的体育课后作业、组织评比、竞赛来加强教师的监控与评价、动员家庭成员一同完成体育课后作业、借助科技化、信息化软件提高作业质量等策略来提高体育课后作业的质量。刘黎⑥提出,重视基于体育健康课程理念的体育课外作业,有针对性地对体育课外

---

① 健康中国行动(2019—2030 年):总体要求、重大行动及主要指标[J].中国循环杂志,2019,34(09):846-858.
② 毛振明,钱娅艳,程天佐.推进"体育家庭作业"开辟学校体育"第二战场"[J].体育教学,2020,40(10):20-22.
③ 魏宇.小学生体育家庭作业布置存在问题及对策研究[D].南京体育学院,2019.
④ 刘金玉.运动类 APP 与大学体育课相结合的教学模式探讨[J].长春师范大学学报,2017,36(12):100-102.
⑤ 杨紫亦.初中体育课后作业质量的影响因素及提升策略[J].教书育人,2021(28):43-45.
⑥ 刘黎.基于健康体育(HBPE)课程理念的体育课外作业对儿童身体素养影响研究[D].上海体育学院,2021.

作业进行布置,完善基于健康体育课程理念的体育课外作业内容。任井伦[1]等提出,以智能学习平台为支撑,解决体育课后作业问题的优势有拓宽课后体育作业设计的新视野,实现"一课多层"的体育作业设计,推出家校合作型的体育作业,提供个性化的体育作业。刘金玉[2]提出,体育App(应用软件)作为一种虚拟学习方式,可以使学生的体育锻炼从"封闭"转变为"开放",将学生的学习方式从被动学习转变为主动思考学习。学生可以通过小组分享、小组交流、点赞互动等方式,提升运动体验,衡量运动过程,让运动成为看得见的对象。总之,学校体育课后作业是具有能动性、创造性、针对性的重要教育环节,对提高学生体质、促进社会和谐发展具有重要现实意义。

综上所述,学校体育课后作业是学校教学中的重要环节,有利于学校体育教学改革的开展,对提高学生体质健康水平、促进学生身心全面发展、创造和谐家庭社会气氛等具有重要作用。目前针对学校体育课后作业改革的研究其多,但是针对学校体育课后作业改革的应用研究还有待深入探讨。学校体育课后作业改革需要落实到实践中才能真正发挥作用。

5. 体育师资培训的相关研究

在我国教育改革不断深化的大环境下,围绕如何培养学生健康体魄问题的学校体育教学改革备受瞩目,体育教师队伍作为学校体育教学改革发展的主力军,体育教师的培训和进修问题亟须深入研究。

关于体育教师队伍建设重要性的研究。朱斌[3]等提出,体育教师作

① 任井伦,李晓庆.智能学习平台支撑体育课后作业的设计研究——以"智慧学伴"为例[J].中小学数字化教学,2022(03):20-24.
② 刘金玉.运动类APP与大学体育课相结合的教学模式探讨[J].长春师范大学学报,2017,36(12):100-102.
③ 朱斌,等.我国中小学体育教师专业素质能力之惑与解决之策:对全面深化新时代教师队伍建设改革的建言(3)[J].首都体育学院学报,2019,31(01):12-16.

为教师队伍不可或缺的人群,其专业素质能力是一个复杂的问题,提高其专业素质能力更是一项系统工程。郭立亚[1]等提出,加强师资队伍建设,必须把提高教师基本素养摆在首要位置。应从加强师德师风建设,完善考核评价体系、加强专业素养建设,构建教师发展平台、加强保障机制建设,优化治理体系等方面来促进我国高校体育教师队伍的良性发展,为培养德、智、体、美、劳全面发展的社会主义建设者与接班人夯实根基,提供坚强后盾。刘朝辉[2]提出,体育教师角色功能在整个教师队伍建设过程中具有基础性的地位。随着我国学校体育教学的不断改革,要切实增强体育教师责任意识与使命感;制定全面提高体育教师专业素质的规划,让学校起到监督执行作用;在教学实践中,加强体育教师教学方式方法讨论会等活动。柏丹[3]等提出,随着党的十九大的胜利召开,学校体育被赋予新的历史任务,体育教师面临着巨大的挑战。

关于体育教师培训必要性的研究。潘建芬[4]等提出,改革发展 30 年,我国学校体育步入法治化、规范化、制度化道路,取得了巨大成就。学校体育领域开展了一系列培训活动,体育教师培训规模、培训范围和质量取得新进展,对加强学校体育建设起到积极作用,对促进基础教育可持续健康发展具有积极推动作用。仇丽琴[5]等提出,教育培训作为高素质教师队伍建设的先导性、基础性和战略性工程,为提升教学质量提供了重要保证。随着新时期体育教育快速发展和社会人才培养质量要求的不断提

① 郭立亚,等.新时代我国高校体育教师队伍建设改革的关键任务与实施路径[J].北京体育大学学报,2021,44(09):105-113.
② 刘朝辉.加强体育教师队伍建设策略研究[J].内蒙古师范大学学报(教育科学版),2014,27(10):171-172.
③ 柏丹,等.新时代背景下学校体育师资培养的再审视[J].上海教育科研,2021(11):52-58.
④ 潘建芬,等.体育教师培训文化透视[J].首都体育学院学报,2010,22(04):48-50+62.
⑤ 仇丽琴,等.我国体育院校体育教师培训内容体系构建研究[J].赤峰学院学报(自然科学版),2015,31(17):176-178.

升,体育教师培训显得尤为必要和紧迫。潘建芬[1]等提出,新时期要全面推进我国体育教师队伍建设,实现体育教师培训可持续、内涵式发展。从不同的角度审视体育教师培训的理念,探索适应体育教师发展、符合体教融合背景体育教师发展规律的科学、高效、专业的体育教师培养方式,也是推进体育教师专业发展和培训工作不断开展的重要基础。另外,随着体育课程学时和内容的不断增加,《健康中国行动(2019—2030 年)》要求在体育与健康课程中开展有关健康知识教育,将健康教育纳入体育教师职前教育和职后培训内容。[2] 在新时代下,体育教师备受关注,肩负着提升青少年体质健康水平和促进其全面发展的使命,体育教师培训尤为重要。

综上所述,新时代体育教师肩负着艰巨的使命、面临着巨大的挑战,体育教师培养备受各界人士的关注。体育教育的多元化对体育教师的能力要求更加严苛,体育教师的培训也要随之多元化,顺应体教融合大背景培训体育教师的教学能力、组织能力、与学生的沟通能力、业务能力等,从而让体育教师能够在学校体育教学工作中顺利完成教学任务,培养出一代代身体健康、人格健全的学生,为学校体育教学改革作出贡献。

第三节　研究方法

一、文献资料法

通过中国知网等数据库,查阅整理体教融合、教学改革、学校体育、体育教学、教学方法、课后作业等相关文献资料,了解当前体教融合和学校

---

① 潘建芬,等.新时期体育教师培训观[J].北京教育学院学报(自然科学版),2010,5(01):39-41.

② 国务院.关于实施健康中国行动的意见(国发〔2019〕13 号)[Z].2019-06-25.

体育教学改革的研究现状,为本研究内容和框架的构建奠定理论基础。

二、专家访谈法

走访国家体育总局相关领导、中小学主管体育的校长、中小学体育部主任和部分高级职称的体育教师,以及部分高校学校体育研究领域的具有副教授及以上职称的学者等 28 人,针对体教融合背景下学校体育教学改革相关问题进行交流访谈。

表 1　专家访谈名单（n=28）

序号	姓名	工作单位	职务、职称
1	王XX	国家体育总局	处长
2	李XX	天津市体育局	局长、教授
3	马XX	天津体育学院	教授
4	张XX	天津体育学院	教授
5	王X	天津体育学院	教授
6	杨XX	天津体育学院	教授
7	王XX	天津体育学院	教授
8	黄X	天津体育学院	教授
9	李X	天津体育学院	教授
10	刘XX	天津体育学院	副教授
11	孙XX	天津体育学院	副教授
12	刘XX	天津体育学院	副教授
13	杨X	天津师范大学	教授
14	林XX	天津师范大学	副教授
15	韩X	天津中医药大学	副教授
16	杨XX	天津中医药大学	副教授
17	盛XX	曲阜师范大学	教授
18	刘XX	曲阜师范大学	教授
19	刘XX	山东体育学院	副教授

序号	姓名	工作单位	职务、职称
20	李XX	南开大学附属小学	高级教师
21	杨XX	天津市耀华中学	高级教师
22	孙XX	天津市北辰区模范小学	高级教师
23	杨XX	天津体育学院	啦啦操国家级教练员、金牌导师
24	伊X	河东区体育局	啦啦操国家级教练员、金牌导师
25	葛XX	南开大学	啦啦操国家级一级教练员、世界亚军
26	王XX	咸水沽第一中学	啦啦操国家级教练员、银牌导师
27	桑XX	天津中医药大学	啦啦操国家级一级教练员
28	叶XX	天津市啦啦操委员会	啦啦操国家级一级教练员、金牌讲师

三、问卷调查法

针对体教融合背景下学校体育教学改革研究的相关问题，设计《中小学体育教师啦啦操培训课程构建调查问卷》《小学开展校园体育舞蹈的调查问卷》《大学羽毛球公选课教学设计反馈调查问卷》，以调查当前中小学体育教师啦啦操课程培训情况、小学开展校园体育舞蹈的情况和大学羽毛球公选课教学设计反馈情况等，为研究设计提供依据。

四、特尔菲法

通过三轮专家调查，进行小学快乐体操教学内容的筛选与优化。首先，在查阅文献资料的基础上，依据《全国快乐体操等级锻炼标准》《快乐体操等级锻炼标准》和《少儿体操器材标准》初步设计调查问卷；其次，访谈国家体育总局、高校和中小学体育等部门，学校体育、体育教学、运动训练和体操教学训练等研究领域的 16 名专家（见表 2），咨询他们关于小学快乐体操教学内容设计的观点，修改问卷；然后，请他们对问卷进行第二轮填写，据此确定其信度和效度；最后，结合二轮问卷中专家的意见再次修改问卷,形成定稿,并将问卷呈送给 16 名专家,请他们再次填写并回收,据此优化筛选小学快乐体操教学内容。

表 2　访谈专家情况一览表(n = 16)

姓名	单位	职称
张 x	天津市体育局	教授
王 xx	国家体育总局	处长
何 xx	河北师范大学	教授
郑 x	山西师范大学	教授
李 xx	曲阜师范大学	教授
王 x	天津体育学院	教授
马 xx	天津体育学院	教授
张 xx	天津体育学院	副教授
孙 xx	天津体育学院	副教授
袁 xx	西安体育学院	副教授
蔡 xx	上海体育学院	副教授
李 x	北京体育大学	副教授
郭 xx	北京市第六十六中学	高级
张 xx	河北省唐山市汉沽第一小学	中级(15 年以上教龄)
孙 x	天津市滨海新区广州道小学	中级(15 年以上教龄)
苑 xx	天津市静海区模范学校	中级(15 年以上教龄)

五、数理统计法

运用 EXCEL2019 和 SPSS 28.0 对调查所得数据进行统计处理,据此分析体育教师培训、体育课程、体育教学模式、体育课后作业四个方面的现状。采用层次分析法和模糊数学中的交互效应方法,对调查数据进行分析处理,以确定快乐体操教学内容对目标支持程度的信息,据此优化小学快乐体操教学内容。

第二章　体教融合背景下学校体育
教学改革的阐释

第一节　体教融合背景下学校体育
教学改革的概述

一、体教融合背景下学校体育教学改革的理念

2020 年 4 月 27 日,中央全面深化改革委员会第十三次会议审议通过《关于深化体教融合　促进青少年健康发展的意见》(以下简称为《意见》),《意见》提出,建议加强学校体育工作,加强体育教师队伍建设,树立健康教育先行理念,广泛开展体育运动,让体育运动向全体学生开放。深化体教融合与以往的体教结合不同,体教融合的重点并非只关注竞技体育的发展,而是进一步推动促进青少年的健康发展。新时期体教融合将学校体育教学改革推向前沿,学校体育教学改革再次成为社会关注的焦点。[①]

实现立德树人根本任务、提升学生综合素质的基本场地是学校体育。

---

① 李乐虎,王健,高奎亭,李可兴.深化体教融合背景下我国学校体育治理的现实困境与路径选择[J].天津体育学院学报,2021,36(05):520-527.

同时,加强学校体育教育是全面实施素质教育、促进青少年全面发展的重要一环,对于全面推进教育现代化、建设健康中国以及优秀人才资源强国,培养学生奋发图强、努力拼搏的坚定意志品质,为培养学生成为有志气、有骨气、有底气实现民族复兴的新时代青年,为弘扬社会主义核心价值观、实现中华民族伟大复兴的中国梦发挥重要作用。改革开放以来,学校体育不断深化改革,在体育教育课程、教材内容、教学指导思想以及课程组织安排等方面都有着巨大的革新,并取得了理想的效果。但是随着时代的进步和发展,学校体育工作体系和体育思想观念随之发生变化,亟须不断改进和完善。2020 年 10 月,中共中央办公厅与国务院办公厅印发《关于全面加强和改进新时代学校体育工作的意见》和《关于全面加强和改进新时代学校美育工作的意见》,并发出通知要求各地区、各部门结合实际认真贯彻落实。为贯彻落实习近平总书记关于教育及体育的重要讲话精神和全国教育大会精神,把学校体育工作放在更加突出的位置,贯彻落实习近平新时代中国特色社会主义思想,充分发挥学校体育育人的独特功能,鼓励学生享受体育运动,增强体质,增强人格,锤炼意志,培养德智体美劳全面发展的社会主义建设者和接班人。不断深化学校体育教学改革,严格落实学校体育课程开设的硬性要求,加强体育课程和教材体系建设,弘扬中华传统体育,教会学生体育知识和运动技能,健全体育竞赛和人才培养机制,全面改善体育教育的办学条件,积极完善推进学校体育评价改革、体育教师岗位、教育督导评价机制,切实加强组织领导和学校体育相关活动组织经费,不断完善体育教育教材、课程设置以及课程目标。

"健康第一"是学校体育工作的根本落脚点,通过让学生认识"健康第一"的思想观念,可以使学生明确学校体育的目的、任务和要求;在学校体育教育的指导下进行体育锻炼,可以使学生掌握运动技能和健康知识;改善学生身体形态和机能水平,提高社会适应能力,从而形成一个以

"健康第一"为核心的自上而下的体育教学目标体系①。学校体育教学进行改革,应解读学校体育教学改革的理念层次,剖析其内在意义,以"健康第一"为宗旨的学校体育教学发挥出完善自身独特作用的功能。经常参与体育运动锻炼可以使学生改善自身的身体形态、身体素质和运动能力,并在其中调节情感、锤炼意志。《关于全面加强和改进新时代学校体育工作的意见》,提出"教会、勤练、常赛"的体育课新模式,形成了体育课程教学改革新趋势,提出了体育教师专业发展的新要求。首先,教会是理解、掌握和能用的综合体现,要上好体育课,就必须立足于教会学生体育健康知识和运动技能;其次,勤练不仅是量的积累,还要注重质的保障,确保每位学生能够进行阳光体育运动;最后,常赛是动员全体学生参加运动比赛,参加各种比赛,把教会、勤练、常赛贯彻到体育课教学改革中,实现思想观念上的"移风易俗"。

体教融合不仅是把体育和教育两个部门资源进行相加,更是观念的改变,是要通过体育和教育来达到育人的目的,使体育在教育人方面的价值达到顶峰,发挥其作用。在体教融合的大背景下,我国学校对体育课程的设置、活动形式、教学内容以及教师队伍的建设作出了大胆的尝试,同时,教育观念也发生了转变,并在这种转变的过程中引发体育教学改革。其学校体育教学改革要进一步挖掘体育与健康课程对学生德育的培养,使学生感受不同的德育情境,培养学生乐于助人、无私奉献等良好的道德品质,推进学校体育立德树人的根本任务,进而实现学校体育培养社会主义建设者和接班人以及发扬体育德育功能的育人目标。在体教融合的长河中,全面推进学校体育教学改革,首先要清楚我国学校体育的时代使命,从多维度探索和研究我国学校体育教学改革所面临的困境,新时期学校体育工作要全面贯彻落实体教融合,必须遵循国家政策。

---

① 徐琳.以"健康第一"为宗旨的学校体育教学改革选择[J].教学与管理,2008(09):115-116.

二、体教融合背景下学校体育教学改革的特点

体教融合政策以"健康第一"为理念，强调顶层设计，不仅关系到教育和体育事业的未来，也关系到国家经济和社会的战略发展。作为党中央、国务院的主要决策部署，体教融合已成为体育事业发展的重大改革项目，承担着培养德智体美劳全面发展的人的重任，是实现社会各界对体育教育理念认知和实践的重要推动力。全面深化体教融合这一重大举措，是改革学校体育和青少年体育管理体制的重要动力。研究表明，义务教育阶段体育课平均参与率不足 20%，语文、数学、外语等"主科"所占体育课平均参与率高达 60% 左右。70% 以上的学生不参加户外体育锻炼，93% 以上的家长反对中小学生放学后离家与同学玩耍。[1] 与发达国家相比，我国初中生参加体育课外活动的比例为 8%，日本为 65.4%，美国为62.8%；我国高中生参加体育课外活动的比例为 10.5%，日本为 34.5%，美国为 53.3%。[2] 这些数据反映出由于体育课程的缺乏、对学校体育关注度低等，学生体质问题依然严峻，体育德育效果难显，学校体育仍旧是学校教学薄弱环节。因此，体教融合背景下的学校体育教学改革刻不容缓。

基于体教融合背景下的学校体育教学改革当高举"健康第一""终身体育"的旗帜，为培养德智体美劳全面发展的复合型人才铺路搭桥。健康是衡量国家发展质量的重要指标，将健康指标融入青少年体育和教育指标体系关系到我国经济、社会、文化等可持续发展。学校体育教学改革应当将"健康第一""终身体育"的思想落实到体育课程、体育教师培训、体育教学方法和体育课后作业之中。在体教融合背景下学校体育教学改

①　季浏，马德浩.新时代我国学校体育改革与发展[J].体育科学,2019,39(03):3-12.
②　钟秉枢.问题与展望:体教融合促进青少年健康发展[J].上海体育学院学报,2020,44(10):5-12.

革主要呈现以下特点。

第一，体教融合背景下学校体育教学改革的效果显著。在社会、家庭、学校、老师、学生等多方协同联动的实践中，学校体育教学的改革效果尤为明显，学生不再受单方面接受体育方面的知识或单方面接受文化知识的教学模式的限制，在体教融合下新的教学模式更能激发学生们的学习兴趣，使学生们更好地进行体育锻炼和文化学习，进而将其培养成德智体美劳全面发展的复合型人才。

第二，体教融合背景下的学校体育教学改革具有广泛性。学校体育教学改革促使学生们的学习能力、自主能力在不断提高，体育教师的专业能力和素质水平也在不断完善，学校的综合教育水平不断增长，进而促进教育事业和体育事业的协同发展，促进社会经济的增长，推动体育强国战略的实施。

第三，体教融合背景下学校体育教学改革具有整体性和全面性。在学校体育教学过程中，彰显体教融合的特征，教学工作以学生为中心，使学生身心得到全面发展，其身体素质能力得到提升，日常体育锻炼习惯得以养成。同时，体教融合还要求关注学生文化课知识的学习以及道德情操培养等全面发展。全体性的特点决定了在学校教学过程中教师对每位学生都是平等的，在此基础上，要根据学生的具体情况采用不同的教学方式和教学方法，充分发展学生的个性。

第四，体教融合背景下的学校体育教学改革具有科学性。运用多维度的评价方法对学生的学习过程、学习目标、参与学习的主动性和对待教学的态度等进行全方位的评价。强调区分对待，使学生的不同个性和不同潜力得到充分发展。改变过去注重运动技巧、动作技术的达标评价，体教融合背景下学校体育教学改革将教学过程和结果评价相结合，充分体现学生在学习过程中对所学知识的掌握情况以及身体素质的发展程度，为后续学情分析和教学活动提供有力的支持。

第五,体教融合背景下的学校体育教学改革具有融合性。在当前国际化社会形势下,国家的发展离不开其他各国的影响,国外先进的体育理念对我国学校体育教学改革起着重要借鉴作用,在此基础上应注意外来思想的本土化,根据我国国情形成具有中国特色的学校体育教学理念。在"科教兴国"战略的指引下,随着学校体育教学工作的不断改善和国内外体育教学交流学习的不断加强,基于体教融合背景的学校体育教学改革和发展将得到更多的支持和服务。

综上所述,体教融合背景下学校体育教学改革发展迅速且效果显著,受益者众多,呈现全体性、全面性的教学模式,形成科学的评价考核体系,并在借鉴国外体育教学经验融合我国现代教育技术的基础上,形成符合我国国情的特色体育教学改革。体教融合是新时代提高青少年体质,建设体育强国的必由之路。体教融合背景下的学校体育改革当将"健康第一"的思想贯彻到实处,使体教融合的各项改革举措得以深化,充分利用现有体育资源,扩大学校体育教学的深度和范畴,使学校体育教学面向全体学生,使学校体育向更深层次发展,以学校体育教学为沟通桥梁,促进社会和谐发展,真正发挥学校体育教学全方位育人的功能。

第二节　体教融合背景下学校体育教学改革的现实诉求

一、青少年体质健康促进的现实诉求

国家之所重者,人才也。党的二十大报告指出,青年强,则国家强,提出了全党要把青年工作作为战略性工作来抓,要做青年朋友的知心人、青年工作的热心人、青年群众的引路人。青少年是中国特色社会主义的建

设者和接班人,是国之栋梁,促进青少年体质健康尤为重要。党和国家一直将加强学校体育工作、发展青少年体质健康作为国家人才培养方针的重要一环。党的十八大以来,以习近平同志为核心的党中央高度重视体育工作,从全局和战略高度谋划和推进体育改革发展,把全民健身提升到更高水平,促进全民健身与全民健康紧密结合,加快体育强国建设。习近平总书记强调,把促进人的全面发展作为体育工作的出发点和落脚点,坚持健康教育为先的理念,加强学校体育工作,促进青少年文化学习和体育锻炼协调发展。为此,提高学生体质,加强人才培养,推进"体教融合",增强体育系统和教育系统的优势、资源互补,为体育强国后备人才队伍培养注入新鲜血液,凸显了教育领域对体育的重视,但即便如此,学生体质健康总体状况仍然令人担忧。

随着社会经济水平的提高和人们生活方式的改变,青少年体质健康已经成为人们关注的焦点之一。体育运动的缺失导致青少年体质下降,已严重影响了其健康水平,肥胖率增高、营养不均衡、心肺功能下降、视力下降等直接影响着青少年的身心成长。儿童青少年超重肥胖已成为全球公共卫生问题,若不重视儿童青少年的超重和肥胖问题,则很有可能伴随着年龄的增长而将该类健康问题延续到成年,成为 2 型糖尿病、心血管疾病、代谢疾病等患病群体。与此同时,青少年体质消瘦也要引起重视,研究发现,儿童青少年长期处于以消瘦为特征的营养不良的状态下,会抑制大脑的正常发育,免疫力下降,从而易患传染性疾病。[①] 青少年视力不良检出率的飙升,也是因为电子产品的不断更新和升级,国内儿童青少年近视率居世界前位,并逐年上升且呈年轻化趋势。近视发病年龄越小,日后越有可能发展为高度近视。[②]

① 季浏,尹小俭,吴慧攀,等."体教融合"背景下我国儿童青少年体质健康评价标准的探索性研究[J].体育科学,2021,41(03):42-54.
② 伍晓艳,陶芳标.加强近视行为风险因素研究弥合应用鸿沟[J].中国学校卫生,2022,43(03):321-324.

2020年9月,《关于深化体教融合　促进青少年健康发展的意见》中提出,树立健康第一的指导思想,面向全体学生,开齐开足体育课,任何文化课不可剥夺学生的体育课。尽管国家出台众多文件强调青少年体质健康问题,强调加强体育课程、体育锻炼和体育活动,但是现实中仍存在体育课开课不足以及课外体育活动时间少的问题,阳光体育一小时的落实也处于困境之中,造成儿童青少年的体质健康状况出现上述问题。身体健康是青少年生活的保障,不健康的饮食、睡眠、昼夜节律、活动习惯对儿童青少年造成影响,再不加以重视则伴随其终生。党的教育方针历来强调培养学生的综合素质,习近平总书记在全国教育大会的讲话中把体育的价值和体育要发挥的作用高度概括为"四位一体"的目标,即通过体育课、体育训练和体育比赛,使学生享受乐趣、增强体质、增强人格、磨炼意志。按照这种概括,为了享受乐趣、增强体质、提升人格、锤炼意志,体育教学的内容必须包括传授学生基本的健康知识、传授学生基本的运动技能、传授学生专项运动技能,锻炼身体,组织经常性的体育锻炼和全民体育比赛,从而满足发展青少年体质发展的需要。

二、体育教师综合素养的刚性需求

为贯彻落实党的十八大和十八届三中全会立德树人的精神,发挥课程培养人才的核心作用,提升综合育人水平,深入推进各级各类学校学生全面发展、健康成长。教育部于2014年《关于全面深化课程改革落实立德树人根本任务的意见》提出要"研究制订学生发展核心素养体系,根据学校学生的生物成长规律以及社会对人才的要求,对培养学生德智体美劳全面发展和社会主义核心价值观进行细化,深入了解各个阶段的核心素养体系,掌握学生能够保证社会发展和长期运动的品格和能力,将核心素养落实到学校体育工作之中,全面启动我国核心素养导向的课程改革"。研究提出运动能力、健康行为和体育品德这三方面共同构成体育与健康学科核心素养。体育教师所具备的综合素养将是有效培养学生核心素养的前提基础,因而体育教师核心素养的提升成为学校体育教学工作的关键。

体育教师核心素养的提升,首先要做到的就是转变教育观念。现代教学观念要求体育教师以"健康第一"为教学指导思想,体育教育不仅要提高学生的身体健康,更要提高学生的心理健康和良好的社会适应能力,实现学生的全面发展。改变以往单调、模式化的课程观,从知情意行等全方面构建完整的课程结构,使学生成为课程结构的中心,充分发挥学生的主动性,在自主学习中激发潜能,提高体育学习能力。在教学活动开展中,构建正确的师生观,改变以往服从性的关系,构建交流的、民主的师生关系,体育教师应该尊重学生、信任学生,做学生学习的帮助者和合作者,积极鼓励学生从事体育锻炼,只有这样才能使学生主动思考、积极参与,不断掌握体育健康的有关知识和方法,最终实现全面发展。

其次,合格的体育教师还应该具备扎实的业务能力。在体育教师的专业成长中,教学基本功是基本的素质,也是上好一节体育课的前提。教学基本功包括选择合适的教学内容、熟练掌握教学方法、及时有效的教学评价等。体育教师在备课时要熟练掌握教学内容,根据教学内容的类型选择合适的呈现方式;善于抓住教学内容的重难点,进行有针对性的教学,提高课堂效率。教学方法的选择决定课程内容的呈现方式,上好体育课要做到理论与实践相结合、演示与练习相结合。教师还要学习先进的教学技术。随着时代的不断发展,越来越多的新技术使用在教育行业。"线上学习""移动学习""数字化学习"等技术不断受到教育工作者的关注,这些技术有助于因材施教,促进学生的全面发展。体育教师要树立终身学习的观念,不断学习新的教学技术,使体育教学活动更加多样化、专业化,使学生通过多种途径建构知识、发展能力。教学评价是了解学生、指导教学的重要途径,体育教师要改变以往单一的评价模式,对学生进行有针对性的、多元化的评价,根据评价不断反思自己的教学方式和方法,及时进行改进,促进学生的全面发展。

最后,核心素养还要求体育教师具备扎实的知识。具有扎实的知识,才能明白"怎么教"。体育教师要树立终身学习的思想观念,避免固步自封。积极参加学校组织的各级各类的培训活动,提高自身的知识水平。体育教师应该不断完善自身的文化修养,养成读书的习惯,充分利用学校的教育资源,不断发展自身的教学知识和能力,不断完善自我、超越自我。同时,体育教师要树立正确的价值观和体育品德,发挥好自身的示范作用,树立自身的职业威信。总之,作为体育教师要不断提升综合素养,努力促进自身和学生核心素养的发展,充分发挥体育教育促进学生多方面健康发展,发展学生个性,培养学生的社会适应能力、创造力、竞争力等多元能力,促进学生全面发展的积极作用。

三、体育课程体系构建的多元需求

《关于深化教育改革全面推进素质教育的决定》明确提出:"学校教育树立健康第一指导思想",不仅明确了学校体育是素质教育的重要内涵,也为未来学校体育课程改革指明了方向和研究路径。对于学校体育而言,体育与健康课程是贯彻立德树人根本任务,实现育人目标的主要载体。体教融合背景下的学校体育课程改革必须调动学生参与体育活动的积极性和主动性,用多种全新学习方法丰富学生的学校体育课程,延伸并深化学校体育课程改革路径,启迪学校体育界对体育课程目标的理论思考和实践探索。

体育课程体系是由特定的课程观、课程目标、课程内容、课程结构和课程活动方式所组成的教学内容和进程的总和,是学校体育课程培养目标的具体化和依托,规定了学校体育培养目标实施的规划方案,是学校体育课程的重要骨骼框架,明确指明了学校体育课程的目标。因此,学校体育课程改革必须以学校体育课程体系改革为依托。基于体教融合背景下的学校体育多元育人课程体系的构建使学校体育课程得以面向全体学生,使学生有更多选择,促进体育课程新目标的生成。丰富多彩的体育活动和体育比赛能够提高学生的身体健康、运动素质和运动技能,能够培养学生自主性学习和锻炼能力,使其养成终身锻炼习惯,激发学生的运动兴趣和专项能力,培养学生的团队合作能力、追求卓越的精神和勇于担当的品质,提高学生的体质健康水平,构建德智体美劳一体化人才培养体系,提高人才培养质量。

随着学校体育改革的不断深化,为了更早实现学校体育的教学目标,适应青少年身心发展的需要,学校体育改革刻不容缓,但学校体育课程体系目前仍存在较多不足。体育在学校课程中仍得不到关注,学校体育课程开展不足,学校体育课程目标不切合实际,体育教师资源短缺,更重要的是,很多地区和学校专任体育教师比例较低,体育场地设施不足等问题依然突出。学校体育课程教学质量受到很大影响,学校体育不仅受制于经济发展,还受到政策制度的影响,各层学校体育课程体系的构建仍存在很大差距,因此,学校体育课程体系亟须不断完善。

四、体育教学模式创新的实践诉求

体育教学模式是在一定的教学思想或教学理念的指导下建立起来的相对稳定的体育教学活动结构和活动方案。常用的体育教学模式有传统类、启发类、选择制类、小群体类和体育锻炼类。传统学校体育教学模式的主要目标是通过学习运动技能达到掌握运动技能的目的,即体育教学过程由体育教师主导,按照运动技术的结构循序渐进,制定详细的教学步骤。虽然在学习过程中可以直接将正确答案教给学习者,但过程简单单调,不重视学生思维的开发,容易忽视学生的主观能动性。启发式的体育教学模式具有主动性和创造性的特点,在体育教师的引导下,充分发挥学生的主观能动性,激发学生的学习热情,提高运动技能学习的效率,但是启发式体育教学适用于具有一定理解能力的学生,不适用于全体学生。选择制类充分体现了学生的主体地位,能满足学生对不同运动项目和器材的需求,但是对体育场地、器材以及体育教师运动技术掌握的多样性与全面性有较高要求。小群体体育教学模式通过体育教学中集体因素和学生间交流的社会性作用,能够增强学生的团结精神和组内竞争力,有助于提高学生的社会适应能力和心理健康水平,促进学生全面发展,但是教学模式效果评价指标缺乏一定的科学性。体育锻炼类教学模式是学生进行多种身体素质练习,通过身体锻炼的方式促进学生身体健康,侧重于发展学生的身体素质,增强学生的体质健康。

体教融合教育模式涵盖了体育教育资源、师资团队和教学体制等多项内容,但当前学校体育教学模式仍以统一化静态教学为主,学校体育教学目标更多停留在促进学生身体健康、完成学校健康指标和教学任务的层面,体育教学只是体育知识和运动技能的累加,并不能使之深化扩展,缺乏创造性和能动性。体教融合背景下的学校体育改革必须转变传统体育教学模式,吸收多元化的教学思想,使学校体育向多元化、动态化发展,即由单一教学模式向多元教学模式发展。多元教育思想下的学校体育教学模式为学校体育改革注入了新的活力,坚持以人为本,以学生为中心,关注每名学生的发展,真正面向全体学生;注重学校体育教学模式的创新,减少学校体育教学中的枯燥性,使学生乐在其中,培养学生体育锻炼的兴趣并使其发展为终身体育思想;坚持以价值理性为取向,满足学生个性发展的需求,促进学生的全面发展。

目前我国学校体育改革内容尚处在孤立分散的状态,尚未建立完整统一的改革体系,学校体育教学内容和课程结构的选择未摆脱原有制度和思想的束缚,学校体育教学改革理论和实践脱节,民族优秀传统体育文化和民族团结力被忽视等问题亟待解决。基于体教融合背景和"健康第一"指导思想,我国学校体育教学模式亟待寻求学校体育改革的新思路,探索创新体育教学模式的新方法,推动学校体育教学从单纯的"身体锻炼"向培养"全面发展"转化,充分发挥学生的主动性和创造性,促进学生的全面发展,培养社会和国家需要的现代化人才。

五、体育课内外一体化的现实需要

学校体育在促进青少年身心全面发展乃至推动健康强国的建设中发挥着重要作用。随着素质教育的不断深化和体教融合的不断推进,学校体育教育理念由传统的促进技能提高转向培养学生的健康理念和终身体育意识,传统体育教学内容和模式已经无法适应新时期学校体育教学改革的需要,只依靠学校体育课已不能满足学生全面发展的需求,摆脱传统教学模式,实施学校体育课内外一体化模式迫在眉睫。

体育课内外一体化能够丰富学校体育教学内容,促进学生课内学习、课外训练和校园体育文化的有机结合,对体育教学课堂形成有效补充,培养学生的终身体育意识。其目的是更好地联系体育课堂理论与实践,实现理论教学与实践教学的有机结合,以人为本,把体育基础理论知识和运动实践结合起来,构建指导教学的完整教材体系,强调健身性与文化性相结合。体育课堂一体化增强了教学内容和教学课程的互动性和多样性,在体育课堂上学生可选择的项目种类和项目器材增加,提高了学生参与体育运动的积极性,激发学生参与体育活动的热情,更好发挥自己的潜力,有效提高体育学习质量,对培养终身体育观念的形成具有重要作用。

但是体育课内外一体化的实施仍需要解决以下问题。首先,体育课内外一体化对体育教师的综合素养提出了更高的要求。这促使体育教师必须不断学习,提高自身的政治和道德素养,深刻领会国家的教学教育方针,掌握必要的专业体育知识和运动技能、体育教学和运动训练的基本原理和规律,提高自己的专业水平,不断吸取大量的先进教学技术和理念,开阔自己的视野,促进教师教学水平的提高。其次,体育课内外一体化对体育场地设施合理分配与利用要求更高。课内外一体化的实施离不开课外体育活动,这就要求社会上的体育场馆能够用于学生体育锻炼,以及学校的体育场地和设施能够在课后对外开放,这就给学校等部门的管理造成一定的压力。但以专业化体育设施为主的体育公园可解决这一问题,不仅可用于学生锻炼,这种普惠性的休闲服务还可覆盖更多人口。① 最后,体育课内外一体化对考核方式和考评机制要求较高。体育课内外一体化应当优化传统考核评价机制,推广学校体育教学改革下的过程化考核评价模式,不同于以结果为价值导向的传统体育教学模式,体育课内外一体化引导考核评价体系逐渐向以过程为价值取向的评价体系转变,确保学生在体育考核评价体系中的主体地位,使学生参与到体育考核评价过程中,使体育考核评价体系更加科学化、人性化、民主化。

体育课内外一体化的实施能够使学校体育课堂教学与课外体育活动实践密切衔接,是落实"健康第一"和体教融合的重要体现和现实载体。结合当前体育教学实际情况,改变传统体育教学方式和观念,充分利用学校课余时间,调动学生进行体育活动的热情和积极性,激发学生进行体育学习的动力,促进学生身心全面发展,将有利于学生终身体育意识的培养和形成。

---

① 董德朋.黄河流域体育文化公园游憩空间构建的生态模式研究[M].北京:经济科学出版社,2023:67.

第三节　体教融合背景下学校体育教学改革的依据

一、体教融合背景下学校体育教学改革的理论基础

(一) 全面发展观

19 世纪 80 年代,马克思、恩格斯基于"和谐发展"理念提出了关于人的全面发展的思想。所谓全面发展观,首先要把人视为一个有独立意识的人,它是在教育和生产劳动的共同作用下脑力和体力自由地发展,亦是人本质上的全面发展。迄今为止,人们所提到的"人的全面发展"无论是内涵还是外延都有了很大的提升,它不仅包括脑力和体力的发展,也包括智力、兴趣、人格等方面的发展,重要的是开始兼顾社会需求和个人需求的全面发展。

2014 年 3 月,教育部在《关于全面深化课程改革,落实立德树人根本任务的意见》提出"德育为先、能力为重、全面发展"的教育理念,要求"各级各类学校必须依据学生核心素养的发展要求来修订课程标准"。2020 年 4 月,中共中央全面深化改革委员会第十三次会议通过了《关于深化体教融合　促进青少年健康发展的意见》(以下简称《意见》),指出深化体教融合促进青少年健康发展,要树立健康第一的教育理念,推动青少年文化学习和体育锻炼协调发展,加强学校体育工作,促进学生身心发展。习近平总书记也在不同场合多次强调,要充分挖掘体育学科的健身育人功能,重视运动能力的培养,促进学生综合发展。体教融合背景下,学校体育教学改革亦要以学生为中心,以学生的全面发展为宗旨,既要充分发展学生的体力和智力,又要和谐发展学生的德智体美。

(二)教育目标分类学说

教育目标分类学说是布卢姆教育理论体系的四大理论之一,具有较高的科学性和实用性,既是制定教育目标和课程标准的指导性理论,也是一种教育评价的工具理论。布卢姆把教育目标分为记忆、理解、应用、分析、综合、评价六个层次,是根据人的认知规律且按照复杂程度逐渐递增的顺序进行划分的。

记忆是一种对基础知识的联想、再现、改造的心理过程,是浅层次的学习过程。其中,基础知识是指普通的或者抽象概念性的知识。理解是一种理智技能,是指在一定情境下能够推断出需要何种基础知识的能力,但也只是"知识的搬运工"而已,并没有达到知识的内化。应用是指知识内化后所形成的在相应的情境下解决问题的能力,主要表现在具体情境中运用所学知识的能力。综合是指将各种零碎的知识进行整合,将其组成一个完整的知识体系的能力。评价是指一种高阶思维学习的阶段,能够对某种目的下采取的系列活动或者选择不同知识价值进行反思。

这六个层次是一个连续统一体,浅层次学习的范畴包括知识和理解,深层次学习的范畴包含应用、分析、综合、评价,深度学习是在理解的基础上批判性地学习新思想和知识,将它们与原有的认知相结合,从而将已有的知识应用到新的情境之中,去做出决策并解决问题的学习。学校体育教学改革要求以学校体育目标为根本,增强学生体质,让学生掌握和运用基本的体育与健康知识和运动技能,形成兴趣和锻炼的习惯,养成良好的心理品质,提高人际交往的能力与合作精神。

(三)掌握学习理论

掌握学习理论的观点主要有三个方面。首先,学生学习的前提必须有必要的认知结构。因为学生的认知结构在数量和质量上存在着差异性,因此要在学习前对学习者进行诊断性评估,评估他们的技能、态度、习惯是否具备学习的前提,甄别学生对教学目标的掌握程度和需要帮助的程度,根据其结果为学生提供与其需求和背景相适应的预期性的知识。其次,学生的积极情绪是掌握学习的内在动因。学生的学习效果与其情感特征高度相关,学习动机较强、对学习感兴趣,可以主动学习的学生学习效果更快更好,要想保证学生的和谐发展就要关注并合理满足学生的情感需求。最后,精通学习的核心是"纠正—反馈系统"。小组教学是掌握学习策略的本质,必须辅之以学生需要的反馈和针对具体个案的纠正帮助。在教学过程中,每一步都要进行评估,评估其有效性,对教学过程中出现的问题进行反馈和调整,以确保所有的学生都可以获得有针对性的帮助。

基于掌握学习理论,体教融合背景下的学校体育教学改革,应关注教学中尽可能让学生感受成功的学习经历,体会成功的喜悦,在提升学生学习兴趣的同时,内在的学习动力也会得到提升,同时注意教学反馈,进而促进教学目标的达成。

(四)维果茨基的最近发展区理论

维果茨基认为,学生的发展有两个层次,一个是现有层次,具体指在独立活动中所达到的解决问题的层次;另一个是学生发展的可能水平,即通过教学获得的效力。这两个层次之间的差异就是最近发展区,学生的教学不能只着眼于他们的过去,而要去启发他们的潜力,关注他们的未来。好的教学应该是走在儿童发展之前,只有这样才能不断提高儿童潜在的发展水平。因此,在教学中要精准把握学生的最近发展区,为他们提供比目前学生能力高的教学内容,振奋精神,发挥潜能,使他们能够超越目前状况,进入下一个发展区。

依据最近发展区的理论观点,基于体教融合的体育教学,无论是体育教学目标的设计、教学内容的选择还是教学方法的运用,都要依据学生潜在的、不断变化的能力,并及时调整相应的教学目标、教学内容和教学方法,使教学系统达到优化,同时要与不同年龄段学生的潜能相适应,让其经过努力能够得以实现,充分发掘学生潜能,支持他们全面发展,实现教学效果的优化。

二、体教融合背景下学校体育教学改革的原则

体教融合背景下,要改变学校体育教学"重体能、轻技能"的状况,实现体教融合的价值目标,增强学生体质,培养体育后备人才,缓解学训矛盾,已然成为学校体育教学改革的必然趋势。在体育教学改革过程中,应遵循师生双主体、传统手段与现代化科技化融合、教师主导与学生主动探究性相结合、课程标准与个体差异性相结合、体育知识积累与实践应用相结合、学生身体锻炼与心理健康共促进等原则。

(一) 师生双主体原则

学生和体育教师是学校体育教学的主体。在体育教学过程中,学生是学习的主体,也是体育教学过程的主体;体育教师是教学的主体,也是体育课程的引导者和促进者。体育教学的目的是提高学生健康水平,掌握和运用基本的运动保健知识和运动技能,养成运动兴趣和锻炼习惯。体育教师在教学过程中,注重培养学生在与人交流对抗比赛中提高人际交往能力,在与队友通力合作取得胜利中体现合作精神,在对抗压力中形成良好的心理品质,养成健康生活态度与习惯。我们知道,体育锻炼对学生个体的自我概念和自我效能感具有积极作用,有利于培养学生坚强的意志品质、顽强的拼搏精神和团队合作精神,同时能为学生文化知识和运动技能的学习积极的心理健康保障。

在体教融合背景下,学校体育教学改革的设计必须坚持以人为本、以学生为本,充分考虑学生的自身情况和个体需求,做到区别对待、因材施教。学校对体育课程的要求不能仅停留在增强体质和增长体育知识的层面,关键是要调动学生学习的积极性与主动性,启发学生参加体育锻炼和技能学习的自觉性与主动性。同时,要根据学生个体差异性,采用不同的

教学方法、教学内容和教学设计,调动其积极思维,启发其参加体育课堂的自觉性和主动性,使其能够主动参与体育锻炼,养成良好的体育习惯,做到体育锻炼生活化。坚持以学生为主体、以学生为中心,注重培养学生面对挫折、面对失败不轻易言弃的意志品质,为学生的体育锻炼奠定良好的身体和心理基础,同时为国家竞技体育后备人才的培养和储备提供优质人才。

(二)传统手段与现代化科技化相融合的原则

随着互联网和信息化的快速发展,5G、大数据、元宇宙、军民融合①等现代化科学技术在教育领域的运用,学校体育教学中亦应在传统教学的同时运用现代科学技术,即将科学化手段用于体育教学,促进教会、勤练、常赛。

体教融合背景下学校体育教学的改革,首先,要以体育教学目标为导向,以网络化工具和现代化科学技术为手段,利用各运动项目教学短视频,促进学生运动技能的学习和掌握,提升学校体育教学效果。其次,要改革体育教学模式,采用虚拟教研室、线上线下相结合、共促共建共享等手段和机制,构建集数字化、现代化、科学化、系统化于一体的体育教学系统。最后,要运用现代科学技术成果助力体育教学活动,将体育科学研究的课题和论文成果运用到教学实践中,体育教学更加现代化,彰显课题研究成果的实践性和实用性。在体育教学中,学生的价值观念也会在体育教学和技能习得过程中逐渐形成,有助于学生接触、了解和关注体育的前沿研究成果。总之,体教融合符合新时代学生培养要求,在学校体育教学全过程均应展现和运用现代科技成果,这样也有利于体教融合的有效落实。

---

① 董德朋,汪毅.助力中国航天微重力环境运动应对理论与实践探索[J]体育科学,2022,42(09):55-71.

(三) 教师主导与学生主动探究性相结合的原则

体教融合的实施要关注青少年的健康发展和体育后备人才培养,为达成这些目标,就对学校体育教学提出了更高的要求,在学校体育教学过程要关注学生的主观能动性和主动探究问题能力的培养和提升。

学校体育教学改革要加强体育教学内容的创新性,加强体育课程教学方法手段的创新,激发学生主动探究问题和解决问题的积极性,让学生充分利用现有的教学资源,完成学习任务,主动参与运动技能的学习。在体育教学过程中,要引导学生发现问题、提出问题、探究解决方法,激发学生技能学习和体育锻炼的兴趣,让学生能够主动提出体育锻炼和技能学习的困惑,并能运用现有网络等手段积极解决问题,能将体育锻炼行动化、生活化,真正爱上体育课、爱上体育锻炼、爱上体育项目,促进体教融合的实施。

(四) 课程标准与个体差异性相结合的原则

不同学生身体素质和心理品质不同,这就要求体育教学改革要尊重学生的个体差异性。体教融合背景下课程标准与个体差异性相结合的原则是指针对全体学生,既要实现体育课程标准大纲的要求,又要做到不同学生有自己的个性化发展;既顺利地实现教学目标,又要培养多样性人才。

在体育教学中,既要关注学生整体的全面发展,又要关注不同学生的个体差异,采用针对性的方法手段进行区别教学。特别是要关注那些学习成绩好,但体育成绩特别差的同学,要让学生体能与智能协调发展,针对这部分学生要激发他们体育锻炼的兴趣,让他们意识体育锻炼与文化课学习同等重要,真正培养德智体美劳全面发展的接班人。

(五) 体育知识积累与实践应用相结合的原则

强调实践运用是体教融合背景下体育教学改革的重要原则。体育是一门以身体运动为基础的学科,实践是体育必不可少的教学途径。体育课程教学对培养参与体育运动的积极性和主动性具有重要作用,体育学科区别于其他知识型学科的最大区别就是更注重实践应用和身体锻炼。

我们知道,实践的应用是在体育知识积累的基础上实现的,体育知识的积累同样重要,包括运动项目起源、运动项目发展、运动技能形成规律,特别是中华体育精神等,掌握系统的体育知识能够更有效地帮助学生学习运动技能,规避更多的体育风险。让学生了解体育精神,促使学生形成坚持不懈、顽强拼搏的道德品质。

(六)学生身体锻炼与心理健康共促进的原则

体教融合强调注重全体青少年的身体与心理健康。面对竞争日益激烈的现代社会,不少孩子出现焦虑、易怒、情绪不安、暴力、抑郁等现象。体教融合背景下,体育教学改革要遵循学生身体锻炼与心理健康共促进的原则,就是引导学生进行身体锻炼的同时,要关注学生心理健康,不仅要关注学生生理问题,而且要关注学生的心理变化。在学校体育教学过程中,体育课堂能够排解学生的不良心绪,学校体育不仅关注学生运动技能的学习、体育知识的积累,也关注学生的心理健康教育,及时处理学生在学习、家庭中的矛盾与问题。

体育教学改革坚决遵循"健康第一"的原则,其中心理健康是体育教学改革的一大重任。学生在学习生活中,心理健康不容忽视。教师在体育教学中,应采用多种方法排解学生青春期、学习压力、恐惧叛逆等不良心绪,遵循"健康第一"的指导思想,切实提高学生身心健康。

第四节　体教融合背景下学校体育教学改革的路径

一、深化体教融合,树立体育教学改革新理念

体教融合背景下,学校体育教学改革工作的推进,构建学校多层面全方位的人才培养体系,增强学生体质健康,确保体育教学目标的达成,发挥体育的育人功能,这些都要基于树立新型的体育教学理念。在实现中华民族伟大复兴的新时代,实现体育大国向体育强国的迈进,有效落实体教融合是必要之措,是发展更快、更高、更强体育精神的坚实基础,深入贯彻体育、教育、健康等主题精神,加快促进体育教学改革。体教融合既作为体育教育改革发展的目标,也作为体育教学改革的背景,贯穿体育教学改革的始终。体教融合为推进学校体育教学改革提供了依据,并对体育事业的发展起到重要导向作用。体教融合背景下,对体育教学提出了更高的要求,并有助于推动培养更高水平后备人才,也树立了将"健康第一"的理念放在"学生全面发展"的首位。这一理念有意识地推动了学生参与体育锻炼、强身健体的目的,为我国培养具有优秀运动员潜质的后备力量提供了新的依据。通过校内社团、组织基础理论体育知识考试等活动作为理念变为实践的途径,能够一定程度上促进学生更好地参与体育、热爱体育,培养学生运动智能、技能等能力,树立健康的意识,不断认识到体育活动带来的健康和快乐体验。

改革是必然的,实践亦是带动更高水平改革的必然。我国体育事业蒸蒸日上,随之而来的必然是学校体育领域的改革,推动竞技体育的高层次飞跃。体教融合是以提高青少年健康成长为目的的融合,体育始终围

绕着健康的话题展开。起初人们运动、参与体育活动的直接目的就是为了提高身体素质,使身体能够始终处于一个健康的状态。现如今,依旧如此。作为体育教育的管理者与参与者,第一要务必然是保证青少年的健康成长,其次是作为后备人才的需要。学校要加强学校体育工作,促进学校体育的快速发展,深入推进体育教学改革,使之更加具有全面性、概括性、集中性,迎合体教融合这一重大体育背景。

学校体育要开设多元化的体育活动相关课程,真正做到青少年身心健康的全面发展,使得成就更加出色的德智体美劳全面发展的青少年或后备人才力量。尽可能地让每名学生都能积极投入到健康运动中去,在兴趣中培养青少年强烈的运动动机,吸引更多的青少年都能够积极主动地自觉地投身于训练和比赛中,成为体育后备人才,努力成为优秀运动员为国争光。从专项运动课程的开展中,逐渐培养学生自身运动技能的形成发展,激发活跃的竞争思维,培养顽强拼搏的体育精神,体会团结协作取得胜利的喜悦,同时也是培养学生个体实践中处理事物和解决问题的能力。体教融合深入研究学校体育活动形式,有组织、有计划地合理安排体育活动内容,将育人贯穿到底。通过组织高水平运动队获得优异运动成绩,为我国竞技体育发展贡献力量。这需要体育教育部门严格把控体育教师的授课方式和知识储备能力,做好体育教师自身的榜样作用,注意自己的言行,善用说服教育,运用自己的知识、能力,对学生进行体育指导,并分享体育内涵。激发学生参与体育活动并且热衷于体育活动的积极性。体教融合是将竞技体育作为学校体育不断改革发展的重要借鉴,从中不断汲取营养,树立和完善体育教学新理念的形成。

竞技体育的精神深入人心,既是时代背景下国家和社会团体的综合实力的表现,也是促进社会和经济迅速发展的必然途径。通过优秀运动员在比赛中追求新的成就和新的突破,激发学生的自我奋斗精神,精神生活得到很大程度上的重视。这些无一不激励着我们每一个人,使我们满怀热情和信心投身于体育活动中。竞技体育中所包含的竞争性、规范性、公平性等基本特点,能够使学生在平时举办的体育活动中更加深刻地体会到竞技体育的体育精神所在,通过与对手的交手和沟通也能一定程度上提高社交能力,拓宽自己的交际圈,通过交流提高自己的能力。通过获得胜利的喜悦能激发自信心,有助于全面发展。通过观看竞技体育比赛,学生可以放松身心、愉悦心情,获得一种特有轻松畅快的感觉和享受,激励学生身心健康地全面发展,通过榜样的树立,从而达到鼓励的作用。

体教融合要求提高体育教师及相关从业者的综合素质教育水平。在体教融合这一时代的大背景下,体育教师应该与时俱进,紧跟时代步伐,加快推进新的教学理念和方法,要从多方面关注体育这一大范畴领域的时代发展趋势,从中汲取灵感,通过阅读优秀体育专家人士的相关作品文献来提升自己的见解,不断提升自我、完善自我,全面提升体育教育能力。体育教师应当转变教学理念,深入研究体教融合知识,通过竞技体育作为教学理念的依据提高教学质量和效率,明确教育目标,完善体教融合知识结构,强化体育教师的综合业务能力,逐步构建更加合理且更具价值的教学新理念。

二、加强师资建设,提升体育思政育人新能力

体育教师作为学校体育教学的推动者,是学校体育改革发展的关键。在体教融合的新形势下,师资队伍建设极为重要,体育教师的综合素质和胜任能力亟待提升。随着时代的发展和社会的进步,体育教师的教学方式和教学方法正在不断革新,而提升体育教师的思政育人新能力也逐渐进入人们的视野。培养优秀的体育教师,需在创新的道路上继续加强统筹,不断培养和提升体育教师的综合育人能力。当今社会所追求的不仅是高度发展的生活水平,还是更加注重健康的研究与改革,作为体育教师必须努力培养后备人才及青少年儿童,及时做出科学的教育决策,合理勾

画出理想且符合实际的体育教育新内容新思路,为国家跻身于世界体育强国培养更多优秀人才,这既是实现体育强国的最佳途径,也是提高国家经济实力和综合国力的集中体现。

在体育师资队伍建设方面,无论是体育进中考、高考,还是把体育作为培养体育后备人才的专业渠道,都是推进体教融合的有效手段,也是我国学校教育考试制度和社会认可方式的重大改革。在此背景下,体育师资队伍的强大与否往往会对学生的未来产生决定性影响。因此,对体育教师的专业水平与综合能力的考核评价显得尤为重要。对于体育教师来说,定期、定量、定性的考核评价往往能激发体育教师的教学热情和效率,适当的压力也能激发体育教师的原动力。体育教师必然要将培养学生以健康、公平、竞争、团结等目的的体育活动放在首要位置。在教学中,筛选竞技体育中适宜学校教学内容进行教学实践和推进,教育学生以实现体育强国和伟大复兴中国梦的理想作为信念支撑及推动学校体育不断发展改革的理想追求。

在体教融合背景下,国家高度重视人才培养和学校体育,这意味着体育教师责任重大,既要培养满足国家需求的人才,又要开展以促进学生体质健康为目的的体育活动。从国家层面积极配合指导实践,培养体育教师切实地从根本上加强学生体育锻炼能力并强调健康的意义,让学生在体育中得到更加充分的展现。新时代的体育教学已不同往日,体育课作为各个阶段学生的必修课,加强体育锻炼并做到劳逸结合,才能促进其健康成长并创造更多的可能性。

最后,加强师资队伍建设,培养体育教师新能力这一概念需要围绕多个方面加以完善,力求最大限度地推动我国体育强国建设。作为培养国家后备力量的阵地,教师必当肩负起国家的重任,结合中国梦、健康中国和中国式现代化建设相结合,对"学生健康方面存在的问题""学生素质的有待提高"等短板进行深刻的摸索与实践,利用师资队伍广阔的外延,逐一解决学校体育教学中遇到的问题,加快推进新时代学校体育改革,力求更快地让学校体育教学在教育中占据更高的地位,时代的进步、科技的发展是我们借鉴的手段。

三、围绕课程改革,拓展体育特色课程新局面

当前学校体育教学课程更多停留在促进学生身体健康,完成学校健康指标和教学任务的层面,体育教学只是体育知识和运动技能的累加,并不能使之深化扩展,缺乏创造性和能动性。体教融合背景下的学校体育改革必须转变传统体育教学课程,吸收多元化的教学思想,使学校体育向多元化、动态化发展。

转变学校体育改革的新思路,探索创新体育教学课程的新局面,拓展学校体育新的实践方向和进步空间,推动学校体育教学从单纯的"身体锻炼"向培养"全面发展"转化。体育教学课程是在一定的教学思想或观念指导下建立起来的相对稳定的体育教学活动结构和程序。常用的体育教学课程有传统类、启发类、选择制类、小群体类和体育锻炼类五类。传统学校体育教学课程的主要目标是通过学习运动技能使学生能够掌握运动技能,即教学过程由教师主导,按运动技能结构循序渐进地传授,制定了详细的教学步骤。虽然学习者被传授了正确的答案,但是学习过程乏味枯燥,不重视学生思维的开发,造成运动技能的干扰现象,容易忽视学生的主观能动性。启发式的体育教学课程具有主动性和创造性的特点,在教师的引导下,充分发挥学生的主观能动性,启发学生对于问题的独立探讨,强调了学生的自主学习过程,充分调动了学生的主动性和积极性,激发了学生的学习热情,提高了运动技能学习的效率。

基于体教融合背景下的学校体育教学课程改革须由单一教学课程向多元教学课程的改革。多元教育思想下的学校体育教学模式为学校体育改革注入了新的活力,坚持以人为本,以学生为中心,关注每一个学生的

发展,因材施教,真正使学校体育面向全体学生;注重学校体育教学课程改革的创新,减少学校体育教学中的枯燥性,使学生乐在其中,培养学生参与体育锻炼的兴趣并使其发展为终身体育思想;坚持以价值理性为取向,满足学生的个性发展需求,促进学生的全面发展。

多元化体育教学课程为我国学校体育改革提供了新的发展思路,尊重学生个体差异促进其个性发展,激发个体主观能动性展现出创新潜能。由此,多元化体育教学课程强调以个性发展为基础,以学生形成丰富的个性为教育旨归。此外,多元化体育教学课程强调主体的能动性、主动性和创造性,同时,多元化体育教学课程还注重课程的差异,使国家课程、地方课程和学校课程相结合,多种教学模式相结合,形成学校体育教学特色,激发学生进行身体锻炼的兴趣,培养终身体育的意识,进一步促进学校体育改革。

目前我国学校体育改革内容处在孤立分散的状态,完整统一的改革体系仍未建立,学校体育教学内容和课程结构的选择未摆脱原有制度和思想的束缚,学校体育教学改革理论和实践脱节,民族优秀传统体育文化和民族团结力被忽视等问题亟待解决。在"健康第一"指导思想下,我国学校体育教学课程需要吸取多元化教育课程,不断创新改革体育教学课程,充分发挥学生的主动性和创造性,促进学生的身心全面发展,培养社会和国家需要的现代化人才。

四、依据体育学情,形成体育教学内容新跨越

在学校教育过程中,体育贯穿学校教育的全过程。但体育的教育效果不尽如人意。学生体质水平普遍不高已成为社会关注的热点问题,学生基本运动技能与专项技能水平不高也成为体育被诟病的主要问题。当然,受应试教育的影响,在各级各类学校实施教育的过程中,体育并未得到原本应该重视的地位,导致在学校教育体系中出现体育被弱化的局面。

我们应该审视体育教育体系中出现的问题,逐步改进体育教育水平和效果,并以此引起社会的重视。造成学校体育弱化、边缘化局面的原因有诸如体育教师在教学过程中的态度欠积极、体育教学内容的安排欠合理等。

中小学阶段是青少年身心发展的关键阶段,身体素质发展的敏感区、体育专项技能学习的最佳区基本都在中小学教育阶段。然而学生体质水平不高、基本运动技能与专项运动技能不强、体育锻炼习惯未养成等学校体育工作中存在的问题,因此,需要严格把控课标、教材、教学计划、教学这条理想主线,认真遴选体育教学内容,合理安排。建立中小学学科交流平台,增加教师培训学习的机会。针对教师对课标内容学习、落实不到位,教学中教学计划安排与课标有差异,教授内容不连续、教学评价单一等问题,有关教育部门应建立教师发展交流平台,多研讨,通过线上线下会议交流学习,通过听、评、赛、课等多种形式,增加教师之间的沟通,探讨自己所带学段、年级体育学习的内容。不同地区、不同学段、不同年级的中小学体育教师定期交流和反馈体育教学内容、方法和手段,增加各体育教师的体育课程知识。

学生对体育教学内容是否有兴趣,决定学生参与体育活动的态度和行为。在选择体育教学内容时,提前考察学生的学习状况和基础,跟上时代需求。上课形式可以根据学生学习基础,分层走班,小学生的兴趣爱好还不太明显,到了初中、高中,学生的体育学习兴趣差异更加明显。利用现有的资源力量,尽可能地满足学生体育学习的需求和诉求。

最后注重教学反馈的时机尤为关键,提早反馈,教师对学生技能的掌握情况做到堂清、日清、周清、月清,并做好记录,注重对学生学习的过程性评价,学期末对学生进行终结性评价。对学生的动作技能掌握情况多加鼓励和关注,启发学生求知、想好的本能,使学生向好的方向充分发展。

五、依托信息技术,创新体育智慧教学新方法

2012 年 3 月,教育部发布了《教育信息化十年发展规划(2011—2020

年)》,指出推进教育信息化的发展,要促使现代信息技术与教育实现融合,以此为助力手段来解决教育现代化发展过程中存在的难点问题,实现教育信息化可持续发展。① 2016 年 6 月,教育部发布的《教育信息化"十三五"规划》,指出教育信息化的推进在当前阶段中还有很多困难以及问题需要解决,要始终坚持以服务全局、深化应用、融合创新、完善机制为教育改革的工作原则,课程改革的推进要以信息化为时代背景来进行设计和推进。② 2018 年 9 月,习近平在全国教育大会的讲话中指出,党的十九大从新时代坚持和发展中国特色社会主义的战略高度,作出了优先发展教育事业、加快教育现代化、建设教育强国的重大部署。③

学校体育经历了体育教育、健康教育、运动教育不同的阶段,学校体育改革稳步推进、成绩斐然,但青少年体质健康形势依然严峻、体育教师人才缺失、体育课程被主课占用等问题的存在说明学校体育教学仍然是学校教育的短板。信息化教育新思路的提出,可以使我们重新审视学校体育教学改革中被忽视或被摒弃的内容和问题,为学校体育改革注入新的活力。

学校体育改革的核心是教学方法和内容的改革,当前我国学校体育教学方法仍存在诸多问题。首先,我国学校体育教学方法在一节体育教学课堂中应用单一。学校体育既有体育的功能又有教育的功能,是体育和教育在学校这一特定环境中相互结合的反映。学校体育教学课程目标不仅要强身健体,更要达到"育人"的目的,通过运动使学生学会体育技能,同时还要加强体育人文社会理论知识的学习,提升学生一般智力水

---

① 《教育信息化十年发展规划(2011—2020)》印发[DB/OL].中华人民共和国教育部. http://www. moe. gov. cn/s78/A16/moe_789/201203/t20120331_133414. html.

② 《教育信息化"十三五"规划》印发[DB/OL].中华人民共和国教育部. http://www. moe. gov. cn/srcsite/A16/s3342/201606/t20160622_269367. html.

③ 《中共教育部党组关于认真学习贯彻全国教育大会精神的通知》[DB/OL].中华人民共和国教育部. http://www. moe. gov. cn/srcsite/A27/zhggs _ other/201809/t20180914_348818. html.

平,促进社会生活必要的社会适应能力的发展。① 另外,体育运动还可以作为体育实践活动的坚实基础。学校体育教学中教师指导思路的转变、学校体育知识理论的更新,都不离开学校体育理论知识的不断深入。

学校体育教学方法存在缺乏实用性和灵活性的问题。学校体育教学不应是动作单一枯燥的简单重复,而是一种引导学习者发挥创造力和主动性的过程。室外教学是学校体育教学区别于其他教学的重要特征,在恶劣天气环境中应当灵活安排教学方法和内容。除了使学生了解和掌握基本体育技能和知识外,也应当注重学校体育教学的实用性,使学生掌握卫生保健、院前急救、健康等方面的基础知识。更要注重在教学过程中遵循学生自然发展的规律,引领探究学习、合作学习、自主学习等多种学习方式,丰富教学方法,根据学生的个体差异,实施以学生为主体的多种教学途径和方法,营造积极愉悦的学习氛围,激发学生参与运动的兴趣,促进学生学习能力的提高。

相对传统的体育教学模式而言,"SPOC+翻转课堂"教学模式具有诸多优势,可以改善当前体育课程教学中存在问题的状况,改变传统的授课和学习方式,实现体育课程教学效率和质量的提高。"SPOC+翻转课堂"的教学模式将网络线上教学与线下实体课堂完美融合,学生先通过线上教学视频的学习对相关理论与技术进行理解和把握,线下课堂便可以有足够的时间来进行相应的练习,教师则可根据每位同学的技术掌握情况进行有针对性的指导,兼顾不同运动水平的学生协同发展,以此来满足学生对学习的差异性需求,提高学生体育课学习的积极性,有利于学生终身体育意识和体育锻炼习惯的培养。

最后坚持学校体育教学方法的创新性,改变单一教学模式,提高体育教学方法和学生的适配度,从个体实际出发,增强学生自主选择教学内容

---

① 董德朋.生命历程视角下居民体育参与打破了健康的阶层不平等吗?——基于CHNS追踪调查的纵向分析[J].上海体育学院学报,2021,45(08):73-86.

和方法的自由度,培养学生终身体育的意识,促进学生体育主体自觉认知和情感的养成,学校体育教学方法的创新可以从多个角度进行。体教融合背景下学校体育教学方法的创新应该是融合的、多元的,试图从单一的角度去解决学校体育教学改革中存在的诸多问题,只会事半功倍。学校体育教学方法的创新应当顺应新时代的需要,以人文关怀为前提,以"健康第一"为指导,构建社会、家庭、学校三位一体的新生态学校体育教学,不断深化学校体育教学改革方向和内容,为学校体育改革添砖加瓦。

六、完善课后作业,构建课内外一体化新体系

"双减"政策背景下,开展体育课后作业是体育课堂教学的有效延续,是提升小学生运动能力、身体素质、运动技能和体质健康促进的重要途径。体育课后作业应坚持以体育课程标准为基准、以体育教材为依托、以学生为主体的建设原则。增强学生体质、锤炼意志,拓展体育课堂教学内容,丰富学生课余生活;增加人际交流,赋能家庭体育意识形成;为全民健身铺路,促进学校体育课程改革。

体育课程内容建设不应局限在校内有限的时间,专业运动技能的学习和运动能力、身体素质的全面提升需要学生主动参加课余体育学习,多样化地培养学生的终身体育意识,促进学生体育锻炼习惯的养成。"双减"政策背景下,体育课后作业开展为学生参与课余体育锻炼提供了有效途径,进而推动学校体育课程改革。

学校体育更加注重改革工作的深入和教学模式的调整,传统体育教学没有从根本上提高学生的体育能力,没有将理论与实践相结合,现在我们应汲取其中的经验教训,将改革放在首要位置,明确了体育教育的最终目标是提高学生的体育核心素养和培养后备人才,所以必须将建设课内外一体化新体系放在我们所要深究的位置,将开设课堂内外一体化的教学模式深入贯彻到体育教育中去。课内外一体化将课内的理论知识教学

与课外的体育训练实践结合起来,在一定程度上做到了完整的衔接,使得课内外一体化的关系更加紧密,不仅可以获得理论知识的学习,深层次地掌握技能方法,而且可以更加真实地深入到体育技能的展示中,通过实践将获得的理论进行更加精准且深刻的印证,使得体育教学工作的效果事半功倍。

课内外一体化教学模式将教育大纲设定的体育教育课程和学生课后进行的体育训练做到一个结合,使其成为一个更加完整的教育整体,在一定程度上保证体育理论知识与课余体育训练实践的结合。该模式的主要特点在于学生可以参与到选择适合自己和自己喜欢的体育项目。体育课是长期存在于各高校的固定的学生体育锻炼方式,而现如今推崇的课后体育活动训练更加深入贯彻适用于学生的体育锻炼方式,在课堂上掌握其体育项目的精髓,课后进行有规律的体育训练,并且通过课后作业等方式更为有效地反馈给学生,最终有效提高教学质量和学生学习能力。在教学形式方面,老师占据主导地位,学生处于被动性。传统的教学方式,削弱了学生的积极性、热情度、参与度等,必然会导致教学质量的下降或者停滞不前。当然,在选拔优秀运动员方面也有所改善,通过与运动队之间更为有效的沟通交流,既保证了选拔的效率又提高了选拔的质量。

课内外一体化教学模式也使得在进行教学编制时首先考虑以学生为主体的教育内容的选择,根据学生的兴趣爱好进行修订与完善,确保教学内容的多样性和针对性。借助科技教育手段,使学生更加清晰地了解复杂的难度动作,有必要地进行理解和拆分,使学生更加理解体育项目其中的内容。通过开展公共课堂、微电影等方式对内外一体化进行补充,确保体育教学一体化教学策略发挥最大的效果和优势作用。学生在经过基础课程和提高课程的学习及熟练掌握后可以在学生进行高级课程学习中与运动队进行混合训练,提高学生自身的综合能力。

建设课内外一体化新体系顺应了当前体育教学的发展趋势,这一通过课内知识和课外体育实践结合的教育整体化,有效地激发了学生参与体育学习的积极性,增强学生身体素养和健康意识,充分贯穿发展课内外一体化这一新体系的应用范围还处在一个较窄的阶段,体育改革创新道路还未真正实现,还需要我们及体育教育从业者们的努力推动和实施发展。在当今体育强国、健康强国的背景下,体育教育也随之改革创新,通过建设课内外一体化新体系,完善课后作业体系,更好地完善学校体育教学改革,巩固体育教育成果。

第三章　基于体育教师培训的案例：中小学体育教师啦啦操培训体系的构建

第一节　中小学体育教师啦啦操培训课程目标的界定

一、啦啦操培训课程目标界定的依据

（一）培训课程目标设置的依据

课程目标是课程设置的依据，也是第一要素。内容的设置要根据所要达到的课程目标来进行选择，关键在于科学合理地将课程内容进行组织和编排。[①] 课程目标既要体现整体性又要体现阶段性的特点，既要整体把握教师参加培训的目的，还要依据教师在培训的各个阶段想要达到什么样的目标。因此，在培训中应该立足于不同阶段的要求来制定课程目标。

（1）依据啦啦操进校园的政策。2016 年，国家体育总局体操中心指出，在 2—3 年的时间内争取让啦啦操运动进入全国五万所学校，丰富校

---

① 尚力沛，程传银.体育学科核心素养导向的课堂教学：目标、过程与策略[J].体育文化导刊，2018(02)：109–114.

园体育项目。同时要为每所学校培养1—2名啦啦操教师,所有学校的体育教师要参加啦啦操培训。目前在中小学校园开展啦啦操运动不仅是为了提高青少年身体素质,还是为了更好地普及啦啦操这项新兴体育项目。啦啦操本身赋有独特的魅力,通过这项运动,在中小学培养出德才兼备的新一代青少年。这直接表现出对于中小学啦啦操培养的价值所在,而身心健康基本素养的质量直接影响新一代人才的培育。所以课程目标的确立要依据国家政策,重视人才培养。

(2)依据中小学体育教师培养目标。中小学体育教师啦啦操培训课程目标的制定还需要结合中小学体育教师的培养目标,即体育教师要具备相应的专业知识、组织能力、身心素质和教学能力和素质等。

(3)依据中小学学生不同水平阶段的特征。中小学学生在不同水平阶段的身体素质及年龄特征等方面所能接受知识的能力是不同的,要根据学生的接受能力,分析哪些动作技能是该年龄段学生应该掌握的,不能把过于复杂的知识强加给学生。因此,在对中小学体育教师啦啦操培训课程目标进行设置时,应该依据中小学生的年龄特征进行设置。

(二)培训课程内容设置的依据

(1)依据培训课程目标。在整个培训课程的构建中,课程目标是课程设置的第一步。依照学生身心发展需求,结合啦啦操项目发展特点,及课程内容设置制定课程学习目标,以保证课程内容的有效实施与教学目标的高质量完成。

(2)依据中小学体育教师学习心理观的要求。参加培训是中小学体育教师专业能力发展提高的过程,也是教师学习的过程。教师的学习在一定程度上与学生有所区别,为更好地制定针对中小学体育教师啦啦操培训课程的内容,我们要依据教师的学习心理来制定课程内容。

(3)依据顺应新知识观的要求。近年来,我国啦啦操运动不断发展,教育部相关文件提出,要将啦啦操运动引入中小学体育课堂,使学生参与运动的同时提高身体素质。这就要求教师要有不断更新啦啦操知识的认识,同时要具备新知识梳理能力,不断地完善、分析并整合,进行定期的删选和更新。通过培训,使中小学啦啦操教师各方面能力得到提高。

(三)培训课程实施的依据

1. 依据终身教育观及教师专业发展观

观念问题是提高教师的价值观,以转变教师的教育教学思想意识的内在驱动力。部分教师认为参加培训就是表面工作、形式主义,这就需要对他们进行正确的引导,促使教师能够从思想上重视培训,在行动上高质量落实培训的效果。协助教师深刻认识到要提高教育教学质量、训练实践的能力,必须要定期接受培训,扩充知识储备、获得教练员等级证书。当前,啦啦操教学中逐渐开始使用教科书学习理论知识,通过教科书可以扩充中小学啦啦操教师的理论水平,对平时在学校的教学做出指导。要培养出能够达到学校人才培养条件的学生,就要根据学校师资力量、学生情况做出相应调整,同时教学方法、教学内容必须做出随时的改变。提高学校教育质量,提升教师专业水平,改革和完善教师已有的知识框架,参与专门的啦啦操培训来不断提高业务能力。啦啦操培训应立足于终身教育观念,牢记教师的职业准则,为社会培养更多的德智体美劳全方面发展的学生。

2. 依据合理化组织,规范化管理

有关部门应该考虑在中小学体育教师啦啦操培训课程建立的过程中,怎样合理、完美地体现培训的价值。当前啦啦操培训课程设置不太合理、组织管理不规范,在实施过程中有许多不完善的地方,导致培训在很多方面都有缺失。而在教育部管理部门看来,只要培训通知发出,就足以强调啦啦操培训是发展中小学体育教师的重要措施,培训期间学员的经费和食宿都有一定的安排,对学员接受培训的时间和考核都有规定。而这些规定不是长期的、稳定的,这样对培训课程实施的有效性并不高。

组织机构是否合理,跟规范化的管理机制和各部门协调配合是不可分割的。教师这个职业可以说身兼数职,在学校他们是尽心尽职的老师,社会上是遵规守法的公民,家庭里是孝顺的儿女或关爱子女的父母,教师一丝不苟地为教育发展贡献力量。他们需要生活,家庭也需要他们,为了提高广大教师接受培训的积极性,可以建立奖励机制,对教师的绩效给予一定的奖励。

(四) 培训课程评价设置的依据

课程评价是中小学体育教师啦啦操培训不可缺少的策略,课程实施的效果必须要有良好的课程评价标准。因此,课程评价要在具体的课程实施中不断改进与完善,保证评价主体的多元化,评价方案的合理化。不仅要对教师最后的培训效果做出评价,还要将其贯穿在整个过程中,要促使教师抓住培训的各个细节,这样才能保证培训的效果,使教师的水平得到提高。

1. 依据中小学体育教师啦啦操培训的目的

中小学体育教师啦啦操培训的目的既是满足体育教师自身素养提升的需求,又是培训评价构建的依据。打牢教师在校园啦啦操教育教学和啦啦操专业方面的理论知识,提高教师的业务水平,帮助教师提高个人的思想境界,促进教师教学能力、基本素养、实践能力、科研能力的提升。因此,课程评价必须结合培养目标,对其进行具体的分类,得出相应的评价标准。

2. 依据培训目标的实现效果

课程目标、内容、实施、评价这四要素紧密相连,既有高低的层级性又有上下的先后性。要确立好课程目标,它决定了课程内容的设置,课程内容的设置由课程实施来体现。同时,课程实施的效果通过课程评价来鉴定。其结构如图3-1所示。

课程内容设置和课程实施效果是课程的核心部分,若要达到预期的

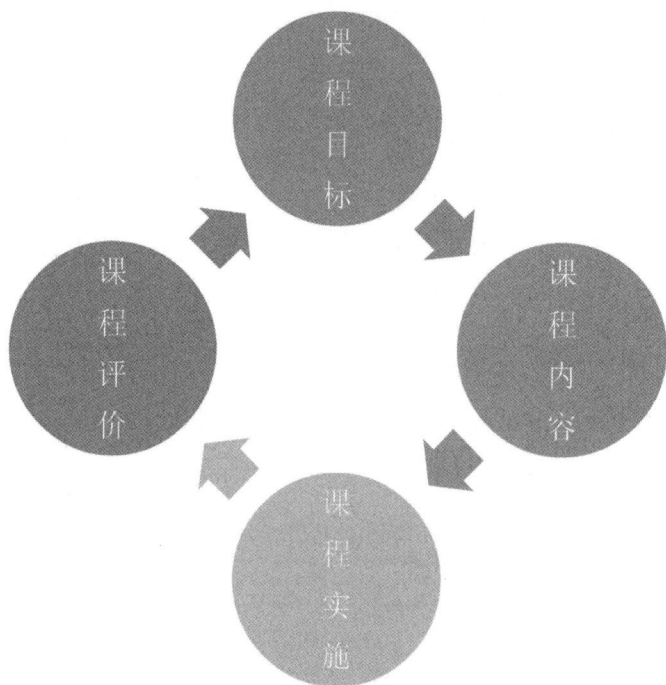

图 3-1 啦啦操培训课程结构示意图

课程目标,主要依靠课程内容的设置和课程实施的效果来体现。如果课程内容的设置不合理,就不能很好地达到课程目标;如果课程实施安排不当,也不会达到理想的效果。

二、啦啦操培训课程目标界定的原则

(一)培训课程目标设置的原则

中小学体育教师参加啦啦操培训,是为了解决在学校教学中遇到的问题,可以说在对教师遇到的问题和将要解决的问题进行一系列探索的过程就是中小学体育教师参与培训的过程。通过培训导师的帮助,能够提高自身的教学能力,有利于更好地运用到教学中,也通过培训学习新知识、掌握新技能,不断提升自己的水平。

1. 理论与实践相结合原则

理论为教师提供最新的啦啦操教学理念。教师通过参加带有理论性课程的培训,提高理论基础、更新专业知识。这些课程有助于教师提升教学水平。实践是指教师要提高实践能力,把在教学中遇到的问题以及学生的需求在培训中积极地与其他教师进行探讨,找到自身存在的问题,进一步提高自己的专业水平,增强教师教学和带专业队训练的经验,使教师的师德修养得到提高,从而提高教师啦啦操教学的能力和学校啦啦操运动队的比赛成绩。因此,制定课程目标时,要遵循理论与实践相结合的原则,既要扎实地学习理论知识,又能够在实践中验证理论知识的学习成果。

2. 连续性与阶段性原则

连续性,顾名思义要注重前后的衔接,要循序渐进地达到目标。参加培训的教师情况不一,要根据教师的实际情况来制定目标,确保上次培训与当前培训的衔接,以及与下次培训之间的衔接,确保教师参加每次培训不能脱节。阶段性,是指在制定培训课程目标时,考虑到教师在不同发展阶段的异同点及个人的特点,根据中小学体育教师专业发展的规律,尽量满足不同阶段教师的不同需求。所以,若要培训的课程目标更加科学合理,课程目标的制定也要把连续性与阶段性结合起来。

(二)培训课程内容设置的原则

1. 整合性与连贯性原则

理论知识与实践课程相辅相成,相互影响。实践是理论的支撑,同时也离不开理论知识的指导。[①] 因此教师在参与啦啦操培训过程中应充分整合两者,不能把理论和实践分开。就像我们从小学过的课程一样,每门课程之间都有联系,并不是相互独立的。在整个培训课程中,它们是一个

---

① 季浏. 对我国 20 年基础教育体育新课改若干认识问题的澄清与分析[J]. 上海体育学院学报,2020,44(01):21-30.

整体。中小学体育教师啦啦操培训课程内容的设置也应该遵循这样的原则,把不同的课程内容设置连贯加以整合,相互影响,前后呼应。在每个级别的内容设置中,前一期培训内容都应该为后一期培训内容奠定基础,后一期培训内容则是前一期内容的延伸。

2. 课程内容的开放性原则

中小学体育教师啦啦操培训课程的设置必须是动态的、开放的。一方面,课程内容要不断吸取处于啦啦操发展前沿的最新知识。另一方面,课程内容的设置还要满足教师的要求,教师在培训过程中也要进行自主、合作、探究式的学习,就自己现有的知识和其他教师相互交流,共同进步。在构建培训课程时,无论是课程目标、内容、实施还是评价等方面,都不应该局限于传统的培训内容,要构建一个开放、符合中小学体育教师发展的培训课程。

(三)培训课程实施的原则

1. 灵活多样的原则

中小学体育教师啦啦操培训课程的实施途径要灵活多样。一方面,教学形式要结合教师的个人需求,以及互联网技术的巧妙应用,不能一直停留在集中培训的形式上。可以建立自主学习小组,由小组长带领探讨研究型的知识。线上和线下相结合,让教师能够发挥主体作用。运用网络技术可以将理论知识与专业技能相整合,目的是丰富教师的理论知识,促进专业技能的发展,提高教师的综合素质。另一方面,中小学体育教师啦啦操培训课程内容必须与时俱进,必须结合参加培训的教师的实际情况,结合中小学校园啦啦操教育发展需求,结合学生的需求,及时予以改进。以实际需求为中心,随着具体实践的变化而调整,为了解决新问题重新建构课程。

2. 个性化原则

个性化原则是指参加培训的教师每个人的自身条件是不一样的,应遵循教师的个体差异性，课程实施过程中要因材施教。通过对参加啦啦操培训的中小学体育教师基本情况进行分析可以看出，啦啦操教师队伍基本情况主要由学历层次、年龄结构、对"一校一球一操"政策的了解程度、有无啦啦操运动经历、有无参加啦啦操培训等组成，由于每一位教师具备的因素各不相同，所以对中小学体育教师啦啦操培训课程的实施要求也很高。这就说明实施教师培训应尽可能地根据教师当前的水平和需求，突出教师的个性化原则。

在课程实施过程中，要根据中小学啦啦操的教学内容以及不同级别教练员培训的不同教学内容的特殊性和教师自身的学习需求，专门开设相关的课程。为了巩固教师的啦啦操理论知识，要在集中培训中处理和解决体育教师共有的、广泛存在的问题。由于每位教师的学习时间、学习能力方面的条件有限，在课程结构上科学分配实践性课程、专业性课程和修养性课程的比例，以此满足不同教师啦啦操教学的学习。

（四）培训课程评价设置的原则

1. 综合性评价原则

综合性评价，是指在培训考核中要对教师的理论知识和技术能力进行比较系统的、综合的评价。体现评价工作的目的和价值，是建立培训课程评价的根本性原则。因此，课程目标是课程评价的出发点，会贯穿课程始终。要以全面提升教师教育水平为宗旨，加强教学实用性为宗旨，激励教师主动接受培训为宗旨，鼓励教师创新为宗旨。

2. 阶段性评价原则

阶段性评价包括诊断性评价、形成性评价和总结性评价，贯穿整个培训过程。诊断性评价是在培训前进行的，导师要对学员进行培训前的基本功测试，以便对教师的整体情况进行摸底。形成性评价是在培训过程中，为了促使教师能够及时发现问题、处理问题，对教师进行考核，使评价工作关注到教师参与培训的全流程，并且能够对教师参加培训的每个阶段都做出评价。总结性评价是在培训结束对教师做出考核。把评价过程贯穿整个培训课程,这样才能提高教师参与培训的效果。

三、啦啦操培训课程目标界定的内容

(一) 课程目标应需系统规划

一方面,课程目标的设置要对整个中小学体育教师啦啦操培训过程做一个系统的规划。通过相关调查得知,课程内容缺乏系统性,不同级别的培训都只是一次性、集中性的,而目前的三级教练员培训与一级教练员培训还安排在一起进行,培训内容的设置也是相同的,只是最终获得的证书级别不同。所以,只要课程目标没有做出系统的规划,那么课程内容的设置就不合实际,导致实施的效果也会降低。课程目标应该进行系统规划,这样才能提高中小学体育教师啦啦操培训的时效性和针对性,因此才能建立完善的课程目标。

另一方面,中小学体育教师前来参加培训的需求各不相同,应在培训前做好调查,尽可能满足大部分教师的需求,遵循教师专业发展的规律,系统规划教师的培养目标,促使中小学体育教师啦啦操培训课程成为一个有机的整体。

(二) 课程目标应满足教师个人需求

通过问卷调查得出,参加培训的部分教师认为学习需求得不到满足,课程目标针对性不足,因此一些参与培训的教师面临消极的心态而不是主动地去接受培训,这样培训变得没有价值,也失去了意义。与此同时,啦啦操的培训目标不能适应所有教师,导致有效性降低,教师在培训中不能及时获取新的知识技能,不能掌握新知识并应在以后的教学中。此外,也有一些有经验的教师觉得培训目标的设置缺乏深度,达不到他们的要求,感觉培训的目的太过浅显,因为他们根据自身的情况来评判培训的课程目标。因此,在培训前要对教师的基本情况进行大致的了解,尽量根据大多数教师的需求来确定培训目标,既要满足教师个人的需求,又要激发教师参加培训的兴趣,让教师积极面对培训任务。这样才有助于满足教师接受啦啦操培训的目的要求,更有利于激发教师参加培训的积极性。

图 3-2　体育教师啦啦操培训目标

(三) 课程目标的具体界定

结合目前啦啦操培训的现状和研究需要,在确定培训课程目标过程中主要遵循以下几个方面。第一,将笼统的啦啦操培训目标和内容细化,对每个级别、不同性质的培训设置不同培训内容,以达到针对性的目的。第二,通过实践性课程、专业性课程和修养性课程三种不同类型的课程培训,以满足个性化的需求。第三,根据啦啦操教师在三级教练员、二级教练员、一级教练员三个不同级别的训练,在不同层次上应该具备什么素养,确立中小学体育教师啦啦操培训课程目标,课程也要依据课程目标来设置。

1. 初级维度层次上的培训为啦啦操三级教练员培训

"世界是什么样的?"这是初级维度上的培训要告诉受教育者的。该层次的教育是要让教师汲取大量的基础知识储备,为更高级的培训晋升做好准备。教师在培训中获得基本知识、学习并掌握基本技术要领是中小学体育老师啦啦操培训的第一层次的要求。在本维度中,内容设置以实践性课程为主。首先,要把教师的基本功放在首位,如学习啦啦操的基本概念、36个基本手位、基本步法等,教师必须做到动作规范,准确无误。其次,要掌握啦啦操的基本技术要领及教学方法,在培训课程中要转换角色,既是一名受训者,也要作为一名教师来实践。最后,以学校大课间推广套路为主,并且能够熟练掌握爵士、花球、街舞三个啦啦操舞种的推广套路。

2. 中级维度层次上的培训为啦啦操二级教练员培训

只有取得三级教练员资格证一年以上的教师才可参加二级教练员培训。"世界为什么是这样?"这是中级维度上的培训需要告诉受教育者的。该层次的培训要求教师要不断进行思考,自我反思,还要让教师的思维能力以及团队管理能力得到训练,为问题的解决找到合适的手段。在本维度中,内容设置以专业性课程为主,学校专业队的建设离不开教师的组织管理,在专业性课程的内容设置中,除了要具备三级教练员基本的条件以外,还要学习团队建设、队伍集训管理、服装道具以及啦啦操校园规定套路等。首先是团队建设,啦啦操是一项集体项目,体现了学生的集体主义观念和团队精神,要培养每一个学生的集体责任感,更好地展现一个团队的力量。教师还要学习运动员的选材、团队规则的制定等方面的工作。其次是服装道具。俗话说"佛靠金装,人靠衣装",服装道具在作品中可以起到很大的画龙点睛之功效。最后,在已规范熟练掌握推广套路的基础上,学习啦啦操不同舞种的规定套路。

3. 高级维度层次上的培训为啦啦操一级教练员培训

同样要求只有取得二级教练员资格证一年以上的教师才可参加一级

教练员培训。"怎样让世界变得更美好？"这是高级维度的培训需要教育者思考的问题。鼓励教师运用之前培训中收获的知识和技能大胆创新，以更好地达到这个层次培训的目的。在本维度中，内容设置以发展性课程为主，在三级和二级培训课程的基础上适应高级维度培训目的的需要，鼓励教师开动创新思维，要积极地探索实践，提高啦啦操教师的创编能力和高难度技术动作的教学能力，还要培养和训练教师啦啦操教育教学及研究的基本能力，增强教师的科研意识，让教师不停留在专业技术方面的提高，还要能够掌握最新的科研动态。在培训过程中，改进自己的教学方法，不断增强创新意识，思维要灵活、多变。中小学体育教师啦啦操培训课程的基本模型如表3-1。

表3-1　中小学体育教师啦啦操培训课程

目　标	维　度	具体内容
啦啦操三级教练员	初　级	实践为主； 学习基本功； 基本技术要领与教学方法； 校园大课间推广套路
啦啦操二级教练员	中　级	学习团队建设； 队伍集训管理； 服装道具； 啦啦操校园规定套路
啦啦操一级教练员	高　级	啦啦操动作及队形创编； 高难度技术要领与教学方法； 参加啦啦操交流会； 进行啦啦操科研

初级、中级、高级这三个维度的培训与不同培训课程彼此之间并不是独立存在的，而是相互促进、相互依存的，对于参与培训的教师来讲既有不同又有关联。将中小学啦啦操教师现有的知识转化为啦啦操教师的基本能力，并且展现中小学校园啦啦操教师的能力，最终实现提高啦啦操教育质量的目的，有创新性地开展教育教学工作。因为阶段性特征，小学和初中的学生对技能的接受能力存在一定的差异，不同的层次包括教师自

身能力的层次、年龄层次、所授学段的层次,因此教师对接受培训的目的各不相同。所以要把三个级别的培训内容有区别、有针对性地设置,具体课程具体对待,使每一名参加培训的教师都具备教授这三种课程的能力,应对不同层次目标的培训对象划分不同的培训要求。设置相应的中小学体育教师啦啦操培训课程内容,使其更具适应性、更具实用价值,并且能够在培训过程中达到最好的培训效果。课程目标通过以人为本的培训理念,从针对性和个性化的角度出发,从教育教学、专业培训和教师能力三个方面发展,既体现了目前对培训的系统规划,也突出了对教师个人需求的满足。

第二节　中小学体育教师啦啦操 培训课程内容的安排

一、啦啦操培训课程内容的设置

教师在接受啦啦操培训时,希望课程能够做到以下四点:第一,参加培训是为了提高专业水平和教学能力,因此,培训课程内容要符合教师实际需求,根据教师面对的不同学段学生身心发展特点,有针对性地促进教师的发展。第二,培训课程的内容要符合当今国内外啦啦操发展的特点,不仅能在培训中学到动作技能方面的知识,还要关注啦啦操的发展动态,能够借鉴国外啦啦操发展的优秀成果,通过参加培训能够开阔视野、增长见识。第三,培训的内容不能太过于笼统,舞蹈啦啦操跟技巧啦啦操的技术有很大的区别,要根据不同项目的不同特点分项目设置教学内容,而不能把两个完全不同技术的啦啦操项目安排在一起培训。第四,培训内容的设置要根据教师在工作中遇到的实际问题,密切联系实际,汇总教师平时在教学中遇到的问题,在培训课程中通过案例分析,教师互相探讨,以解决在教学中遇到的问题。

目前,基于"一校一球一操"背景下,根据对课程目标、内容的分析,本研究把课程分为三种。实践性课程,把学校大课间和校本课程作为主要的活动,可以有助于教师在教学的过程中发现不足,找到解决问题的方法。专业型课程,以学校的专业队训练为主,目的是提高中小学体育教师的啦啦操专业知识、专业能力、专业素质及比赛成绩。发展性课程,目的是使中小学教师关注啦啦操最新发展动态,培养教师的科研能力和职业道德素养。

(一) 实践性课程的设置

当前,中小学校园啦啦操教师在教育教学过程中进行以实践课程为主的教学,要想改变这一现状,就要让理论与实践相结合,把课程的实践价值作为设置啦啦操培训课程内容的首要准则,在此基础上,结合理论知识的学习来设置课程内容。无论是舞蹈啦啦操还是技巧啦啦操,教师应该及时发现自己在教学中遇到的问题,在培训中教师之间相互探讨,互相学习,共同进步,总结出比较好的教学方法,能够在以后的教学中合理地运用,不断地提高教学水平。

本书将实践性课程内容分为案例式课程和参与性课程两部分。案例式课程主要是教师把在教学过程中遇到的问题在培训中提炼出来与导师、同学一起讨论、交流,这样分享教学经验不但提升了自己的教学技能,也能让其他老师在以后的教学中避免类似情况的发生。啦啦操训练主要以实践为主、理论为辅,实践活动是课堂主要的教学任务,要求学生要参与其中。所以,只有通过多种形式调动学生的积极性,让学生全程投入到训练中,才能尽可能地发挥出啦啦操训练带给学生的积极作用。所以,参与性课程主要运用情境性教学模式,在培训中教师充当在教学上的主导角色,结合实际学习,让教师之间有互动,其他学员和讲师来进行点评。

所以,这就要求教师要有对知识进行重构的能力,运用不同的方式来回应完全处于变化中的教学情境要求。通过抽象概念与案例相结合来培养认知弹性,重视真实案例的运用。

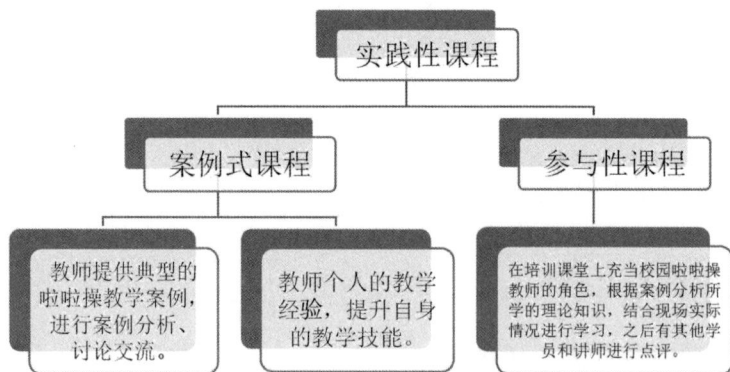

图 3-3 实践性课程的设置

(二) 专业性课程的设置

中小学体育教师啦啦操培训课程的实施,要依据现代啦啦操运动发展的步伐,认识啦啦操运动前沿理念的内容,根据专业要求进行。在每一期培训之前,为了突出培训的时效性和针对性,从体育教师的能力看来,由于来自不同渠道的教师会有不同的需求,所以应该对报名参加培训的教师进行摸底调查。啦啦操专项毕业的体育教师和非啦啦操专项毕业的体育教师在自身技术水平以及教学能力方面会有较大的差异。在二级教练员培训中主要设置专业型课程内容,旨在通过培训,在已有的基础上能够更好地发展校队,提高比赛名次。教练员必须了解比赛规则,充分掌握啦啦操的特点,在编排与训练中要有创新意识,不断地学习以获得大量最新信息,能以敏锐的目光跟踪国外训练理论和方法、技术发展的新方向,才能带好一支专业的啦啦操运动队。教师要想提高学生的运动成绩,就要重视啦啦操训练的有效性,合理安排训练内容及训练负荷。只有教师结合学生学习的特性以及学生的心理发展特点来开展创新型啦啦操训练,才能保证啦啦操训练的有效实施。在啦啦操动作、队形编排中,要依据新颖性、灵活性、巧妙性原则。充分考虑啦啦操队形变换次数、变换路线、变换图形、变换方法等,学习最新裁判法,保证啦啦操队形变化与竞赛规则相符。所以,要让教师更好地完成培训任务,达到预期目的,必须充分掌握教师在各个方面最需要提高的环节,这是实现课程目标的基础,也是制定培养方案的重要前提。

```
                    专业性课程
    ┌──────┬──────┬──────┬──────┬──────┐
 啦啦操技术  啦啦操    啦啦操动作、 啦啦操    技术、技巧
          专业队建设  队形编排    裁判法    训练方法
```

图 3-4　专业性课程设置

(三) 发展性课程的设置

通过理论与实践的结合,在课程内容的设置中首先要提高自身的职业水平和道德修养,发挥自身的引导与促进作用。培养优秀人才,离不开教师,职业素养是教师必须要提高的一项能力。其次,关注啦啦操最新理念、研究成果,要求教师能够与时俱进。最后,提高教师的科研水平及理论创新能力也是非常必要的。要鼓励教师参加啦啦操报告交流会,使他们对校园啦啦操教育教学科研的认识得到增加、对科研的意识得到提高,体会到中小学校园啦啦操的发展与科研方向,提升对啦啦操教学与训练

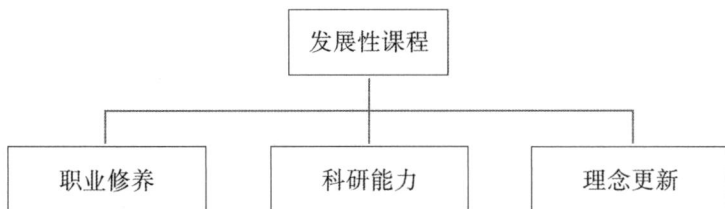

```
                发展性课程
    ┌──────────┼──────────┐
 职业修养      科研能力      理念更新
```

图 3-5　发展性课程设置

的实践以及科研能力,对啦啦操教学做出评价和改良,增强教师的创新精神。

二、啦啦操培训课程内容的优化

中小学体育教师大致可分为三类:第一类是来自体育院校啦啦操专项毕业的体育教师,这部分教师具备较好的专业理论知识,有专业技能基础,啦啦操运动水平较高,但是不够深入了解校园啦啦操教学的基本理论。第二类是体育专业但不是啦啦操专项毕业的体育教师,这类教师更了解体育课程的基础知识,但自身所具备的啦啦操水平不高,甚至没有接触过专业的啦啦操训练。第三类是非体育专业毕业的体育教师,更多的是因为学校缺乏师资,把其他学科的教师调到体育岗位,他们根本没有接触过啦啦操运动,但是这种情况的教师较少。再根据这三类教师参加培训的次数来看,按照 0 次、1—2 次、3—4 次、5 次及以上这四种情况来划分,可以把教师分为 12 种情况。在培训课程中,这 12 种情况的体育教师应该设置相应的课程内容。

啦啦操教学要求教师既要考虑体育与健康课程的要求,具备利用啦啦操运动对学生施教的教学能力,又要结合啦啦操项目的特点,还要考虑不同学段学生身心发展的特点。将合适的教学方法运用到实际的教学当中去,是一项复杂多元性的活动。这就说明教育理论知识与教学实践、啦啦操专业理论与啦啦操实践是不可分割的,必须紧密结合在一起。

(一) 啦啦操培训课程应将实践性课程与发展性课程相结合

从来自体育院校啦啦操专项毕业的体育教师来看,他们都具备较高的啦啦操运动水平,对啦啦操的有关知识理解得比较深入。在对这类教师的培训课程进行设置时,应该加强对国内外啦啦操发展现状分析,校园啦啦操教育教学标准规范解读,校园啦啦操发展政策规划学习,校园啦啦操教学、校本课程的学习等。因为啦啦操运动本身是一项较为复杂的活动,所以在培训中需要侧重培养教师对知识重构的能力。在培训中可以通过设置相关的案例和概念。除此之外,在培训中鼓励教师多交流、多沟通,让教师能够更好地以理论知识为基础,深入研究啦啦操教学,让教师逐渐形成独特个性的经验教学。

(二)啦啦操培训课程内容应将实践性课程与专业性课程 相结合

中小学体育教师啦啦操培训课程内容的选择应结合教师在学校工作的过程和啦啦操的专业特点,教师除了学习啦啦操专业知识、团队建设、增强职业道德修养以外,还要把专业融入实践中,让教师掌握的专业知识能够足够支撑啦啦操教学。教师的教学实践水平提高以后,就要上升到"怎样去带好一支专业训练队伍""怎样更好地为学校专业队服务"。教师应该从学生的兴趣出发,紧抓学生不同年龄段的特点,运用相应的教学导入工作来培养和激发学生的兴趣爱好,通过实践性课程与专业性课程相结合的教学,以学生为主体、教师主导,发挥教师的主观能动性,展示自己的创新能力。

(三)中小学体育教师啦啦操培训课程内容应结合教师的 教学需求

教师要想进行有效的教学,一是自身要有足够扎实的知识经验来支撑教学,在培训中学到的内容要根据学生的实际情况,重新调整教学设计的知识结构框架,保证学生能够及时学到实用的知识。二是在教学实践中要合理运用培训中学习到的新理念、新知识,把更全面的教学内容带给学生。所以,在每一期的培训开始之前要对前来参加培训的教师进行初步的调查,了解教师当前的基础水平和专业能力,以及教师对于参加培训的诉求,这样才有利于提高培训的实效性和针对性。

第三节 中小学体育教师啦啦操 培训课程实施的设计

一、啦啦操培训课程实施的途径

课程实施的过程是课程目标得以实现的过程,是课程内容付诸实践的过程。中小学体育教师啦啦操培训的实施应结合体育教师的能力及教学水平等方面进行。可以通过教师的需求和专业发展的需求,采用多种途径、多种形式去开展培训。为了更好地实施中小学体育教师啦啦操培训,不仅是集中培训这一种途径,还有很多途径可供选择,比如,采取专家讲座、研讨交流、课题研究、校内及校外资源结合等多种形式来增强培训的实效性,所以,在中小学体育教师啦啦操培训课程的实施中有多种途径可供选择。

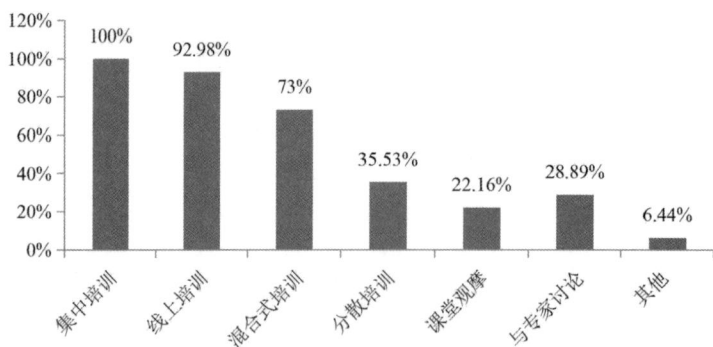

图 3-6 中小学体育教师对参加啦啦操培训课程实施方式的意向

对于一次培训的质量来说,选择正确的课程执行方法是非常重要的,单调的课程实施方式可能过于乏味,没有办法调动教师的情绪,但是过于复杂多变的实施方式反而会导致参加培训的教师束手无策,在培训中学到的新知识没有足够的时间去消化吸收。通过问卷调查得知,所有教师都认为集中培训是啦啦操培训途径中必选的方式,92.98%的教师认为中小学体育教师啦啦操培训应该设置线上的培训课程,也有73%的教师认为线上线下混合式的培训也可以作为一种实施途径。课程实施的形式要以课程内容为依据,能够针对教师个性,提高专业技能的培训可以集中培训、线上线下结合培训这样的实践型培训方式进行;针对教育理论知识、提高科研水平的培训可以通过讲座或是线上交流研讨的方式进行;针对啦啦操教学理念更新、教师职业素养等必备部分的培训可以采用线上培训与线上线下混合式的方式。本书课程构建内容实施途径主要从以下几个方面进行。

(一)集中培训

集中培训是教师培训成本投入与效益最大化产生的最佳选择,也是目前培训方式中常用的培训措施。在集中培训实施之前,先要做到了解教师培训前期的需求有哪些,想要提高培训的效果必须了解教师的个人需求,这是课程内容设计与编排的首要前提,及时把握和了解教师的动态,了解教师通过培训想要解决的问题,充分了解教师现阶段的学习需求,通过了解到的情况来进行培训课程设计与编排。此外,学校要根据教师的实际情况,鼓励符合条件的教师在指定的时间到指定的地点积极参加集中培训,提高教师专业水平的同时,也开阔其视野,提高教学能力,知识技能得到不断更新。

(二)分散培训

分散培训主要是到基层中小学分散组织培训。基层中小学包括县乡镇一级的普通中小学和农村中小学。基层,就是相对偏远的乡镇地区,这些地区大多交通不发达,经济也相对落后于城区,导致当地的学生接受教育的程度跟城区有偏差,他们接收信息不方便,认识新鲜事物的能力受到限制。近几年啦啦操在中国发展得较为火热,但是乡镇跟市区的发展还存在一定的差距,有的乡镇中小学条件相对落后,缺乏师资。为了让乡镇中小学也能跟上时代步伐,把这项新兴体育项目更好地在中小学发展下去,目前的送培到基层(也称公益送培,如图3-7)就是在天津市静海区体育局有关部门的组织下,把整个区中小学体育教师组织到一起参加培训。再者,教师每天工作的地点在学校,就要充分利用好学校的资源,根据学校发展的需求,自主学习一些啦啦操方面的知识,既能培养学生又能提升自己。这种方式灵活多变,不受时间和空间的限制。

图3-7 全国啦啦操送培到基层——静海站

(三)线上培训

随着互联网技术的发展,人们的学习方式不再拘泥于传统,打破地域与时空的限制也变成可能,新的教育方式孕育而生。现在的网络远程教学应用很多领域,比如抖音平台上的直播教学、各种教育机构的培训等,远程教学成了当今社会的主流方式,教师跟学生足不出户就可以实施教学,逐渐成为学习的重要组成部分。目前网络培训得到了发展与推广,各中小学已经开始普及互联网和多媒体技术,教师可以按照自己的需求,挑选出一些适合自己的培训内容借助学校雄厚的网络资源进行学习。同时,还可以借助网络培训平台,定期组织大家一起研究、共同探讨,最后管理者对教师统一审核考查。现在的小程序功能也已广泛应用,小程序功能无须下载应用软件(App),解放了手机内存,只要下拉微信界面即可随时搜索,方便快捷。教师可以利用小程序自主学习视频套路,学习新知识。线上培训的优点有很多。第一,可以化解参加培训和工作时间相冲突的矛盾。第二,可以满足个人的需求,教师最了解自己哪一方面有所欠缺,根据需求选择想要提高的课程。第三,教师参加啦啦操培训的费用能够节省。因此,中小学体育老师啦啦操培训方式可以选择网络授课方式进行是不可否认的。如图3-8就是啦啦操教学在小程序中的应用,首先,可以长按识别小程序二维码即可加入页面,页面由五部分内容组成:首页部分为小程序简介;课程部分就是教师可以利用小程序平台可学习到的视频,包括啦啦操的基本功、基本技术技巧、成套套路以及一些服装化妆方面的知识等;搜索界面可供教师在教学中遇到不会的动作可随时搜索视频教学,以及培训之前的预习,每个规定套路视频中都录制好了分解动作,这样有助于教师对动作的自主学习;商城里主要设置了一些啦啦操训练服装、比赛服装、道具等用品,教师也可在商城里直接选购;我的界面主要是对教师个人利用小程序的后台监控,比如观看记录、缓存记录、签到打卡等内容的设置。

图 3-8　啦啦操在小程序中的应用

（四）线上线下混合式培训

所谓混合式培训,主要是指将在线上培训和传统的培训结合起来的一种"线上"+"线下"培训途径。线上教学灵活方便、生动全面,随时随地都可以学到新的知识,减少教师参加培训的枯燥,但是一旦教师的自觉性不强,就不能主动地学习,达不到理想的效果,而且线上培训减少了教师之间的沟通交流;线下培训能够让教师之间沟通交流的机会增多,面对面的讨论,可以互相学到彼此擅长的方面,教师能够对学到的知识进行实践,不断地提升自身的专业水平和实践能力,但是培训时间必须根据相关部门的时间安排,不能自由安排,能够获取的知识量就会相对减少。这就意味着,无论是线上还是线下培训,都有自己的优缺点。通过两种组织形式的有机结合,正好可以相互配合,把二者的优点彰显出来,使缺点互补。传统的培训方式受时空限制,而线上的培训方式受限于互动方式。中小学体育教师啦啦操培训课程采用线上线下混合式培训,这种培训方式能够满足教师的多元化学习需求,无论是对教师水平能力的提升,还是发展,都有着非常重要的作用。另外,线上线下混合式培训更符合现代教育的发展趋势。

二、啦啦操培训课程实施的时间

通过对 12 位专家进行访问，其中 10 位专家都一致认为培训课程实施的时间应安排在寒假或者暑假进行，时长为 7 天，7 天的时间里，每天理论课程与实践课交错进行，做到劳逸结合，保证培训的效果。

第四节　中小学体育教师啦啦操
培训课程评价的设置

中小学体育教师啦啦操培训课程实施评价的核心是突出评价的发展性功能。评价的目的是改进培训中遇到的问题，而不是想要去证明什么。

一、啦啦操培训课程评价主体的设置

中小学体育教师啦啦操培训课程实施的评价主体由培训导师和教育部相关职能部门组成。在每一期培训结束时，导师要对每名学员的学习情况进行公正严格的考核，不能让学员觉得只是为了完成培训任务，拿到结业证书，这样会大大影响到培训的效果。

要想提高教师啦啦操水平，保证培训的质量，可以成立校园啦啦操专家库，啦啦操领域的优秀教练员、水平高的一线教练员、专家等均可作为专家库的成员。专家库的成员要确保有足够的经验去指导啦啦操的技术技巧和教学方法，能够对培训的效果做出前瞻性的预测。课程前期设置合理，统筹合理，中期分配专家人员全程跟踪和调整培训，在课程实施过程中广泛听取多方面的意见，后期培训结束之前作出总结和评价，根据教师考核的评价结果提出建议，及时解决教师在参加培训时遇到的问题。

二、啦啦操培训课程评价指标的设置

通过大量阅读关于教育评价、教师专业标准、企业培训项目评价及教师评价指标等文献资料,结合啦啦操教师培训的现实开展情况以及本文课程内容的设置,密切联系理论与实践的关系,初步拟定了中小学体育教师啦啦操培训效果的评价指标,包括3个一级指标和11个二级指标。一级指标有实践性课程、专业型课程和发展性课程,二级指标有基本技能测试、教学实践考核、舞蹈组合展示、校本课程舞蹈编排、教师基本理论考核、舞蹈创编组合、规定套路考核、高难度技术技巧动作讲解与示范、师德修养、教育教学素质、教学科研职责。

表 3-2　教师培训评价指标的主要内容

一级指标	二级指标	评价要点	评分
实践性课程 (100分)	基本技能测试(25分)	基本技术、技巧、啦啦操训练方法	
	教学实践考核(25分)	动作的规范性、实践能力	
	舞蹈组合展示(25分)	动作规范、节奏准确、熟练程度	
	校本课程编排(25分)	技术安排合理、有创新点	
专业性课程 (100分)	基本理论考核(25分)	基本知识的掌握、啦啦操裁判法的掌握	
	规定套路考核(25分)	动作规范、节奏准确、熟练程度	
	高难度技术技巧动作讲解测试(25分)	动作规范、重难点讲解清晰	
	舞蹈创编考核(25分)	动作创编、队形创编	
发展性课程 (100分)	师德修养(30分)	考勤、课堂表现	
	教育教学素质(30分)	理论测试、与专家讨论	
	教学科研职责(40分)	与专家讨论、专题报告	

(一)实践性课程

①基本技能测试。教师的基本技能测试主要就是要对教师在此次培训中所学到的技术、难度技巧以及啦啦操的训练方法进行展示,测试教师

对培训中基本技能的掌握程度。

②教学实践考核。主要采取分组教学,因为啦啦操属于集体项目,所以分组教学针对一个集体进行教学实践,要求参加培训的教师熟练掌握每一个动作的重点和难点,提高自身动作的规范性和实践能力。

③舞蹈组合展示。培训中会学习不同舞种的啦啦操舞蹈组合,包括爵士啦啦操、花球啦啦操、舞蹈啦啦操、技巧啦啦操,所以,舞蹈组合的教授是教师评价设置中一个非常重要的指标。在培训期间,短时间内大量学习舞蹈组合,必须保证教师对动作的规范和节奏准确,这样才能保证教师教学的准确性。可以采用抽签的方法,抽到哪个舞种就进行哪个舞种的展示。

④校本课程编排。校本课程是学校教师自主开发的课程,既根据学校培养人才的要求,又要结合学生自身的兴趣等。教师应该能够在培训后,以花球啦啦操为主,进行校本课程的组合编排。

(二)专业性课程

①基本理论考核。教师在带专业队时,首先要学习啦啦操的基本理论知识、啦啦操安全准则以及裁判法的规定,只有了解裁判规则之后,才能在带队比赛过程中遵守规则。理论部分的测试可以采用线上答题方式对教师进行考核。

②规定套路考核。不同舞种都会有规定的舞蹈套路,在专业性课程内容的设置中,主要是安排规定套路的学习。所以在培训结束要对教师进行规定套路的考核,也可采用抽签的方式,进行规定套路的展示。

③高难度技术技巧动作讲解测试。专业性课程的设置属于进阶阶段的课程,为了提高专业队的训练水平,教师要学习高难度动作的技术技巧,在培训中主要学习高难度技术技巧的训练方法,在培训结束后,以讲授的方式考核。

④舞蹈创编考核。在熟练掌握每个舞种规定套路的基础上,要提高

教师的舞蹈创编能力,包括舞蹈动作的创编和队形的编排,每个舞种有每个舞种的风格特点,所以,考核方式为指定舞种及音乐,根据音乐进行2分钟的啦啦操成套创编。

(三)修养性课程

①教师职业道德。在教学中,学生都具有向师性的特点,教师职业道德与其他职业的不同点就在于教师要为人师表。这就要求教师要做好典范,以身作则。在教学过程中要有爱心,关爱每一个学生是教师职业道德的核心要求;要有耐心,对待每一个学生的问题要耐心教导;要有自信心,相信自己扎实的专业技能和教学水平,把积极向上的一面带给学生,要表现出喜欢学、爱学、会学的态度。要想成为一名优秀的啦啦操教师,首先要热爱自己的教育事业,把啦啦操的独特魅力在自己的一举一动中表现出来,以坚韧不拔的意志、健康的体魄和饱满热情的态度去上好每一堂课。让不同年级、不同水平的学生都能有所收获。

②教育教学能力。教师要有扎实的啦啦操基本功,在教学中体现教育机制,不断创新教学方法。在教学过程中,当达到一定高度之后,要积极参加培训,不断学习,更新教学理念和教学方法。还要善于运用学校的新进设备定期为学生进行体能及专业能力的测试,同时要学习数据统计软件的使用,具备分析数据的能力,以便对学生的运动水平、身体状况做出数据分析,安排合理的练习方案,为下一步的训练制订计划。

③教学科研职责。在已经具备实践能力和专业能力的基础上,要更上一层台阶,进行啦啦操科研方面的学习及创新。在教学中,教师要坚持自主学习、终身学习,主动学习与国内外啦啦操相关的理论知识(国外先进啦啦操理念、啦啦操运动基本理论、啦啦操技术、学校体育学、运动训练学、运动心理学等),在教师自主学习的过程中一定要有自己的独特见解,对校园啦啦操要有自己的认识,同时要意识到不断学习、努力做科研是教师所具有的职责。

第五节　中小学体育教师啦啦操培训课程的范式

一、啦啦操集中培训范式

范式一:天津市中小学体育教师舞蹈啦啦操集中培训

全国啦啦操委员会关于举办××××年天津市中小学

体育教师啦啦操教练员培训班的通知

各有关单位:

随着"一校一球一操"政策在天津市中小学校园的推行,贯彻落实《×××周期啦啦操竞赛规则》,进一步提高中小学啦啦操教练员的技术能力和综合素养,全面提升我市啦啦操教练员的业务水平,委员会定于×月×日在天津市外国语学校南普小学举办××××年天津市中小学体育教师啦啦操教练员培训班。现将有关事项通知如下:

一、主办单位

全国啦啦操委员会。

二、承办单位

天津市啦啦操运动协会、天津市啦啦操委员会。

三、协办单位

天津市外国语学校南普小学。

四、报到及培训时间、地点

(一)报道时间:三级:××××年×月×日;

二级:××××年×月×日;

一级:××××年×月×日。

（二）报道地点：天津市河北区南口路 36 号天津外国语学校南普小学。

（三）培训时间：××××年×月×日—×月×日。

（四）培训地点：天津市外国语学校南普小学。

（五）具体培训内容安排详见附件一。

五、参培人员

（一）达到以下条件，有意向晋升一级教练员的学员。

1. 首次参加中小学体育教师啦啦操培训的教练员必须选择参加三级教练员培训；

2. 任啦啦操培训三级教练员满一年且三级教练员培训考试成绩合格者即可参加二级教练员培训；

3. 任啦啦操培训二级教练员满一年且二级教练员培训考试成绩合格者即可参加一级教练员培训；

4. 参加以及培训的教练员，必须在一个周期内，至少两次带队获得全国啦啦操联赛前三名；或一次带队获得总决赛、冠军赛、精英赛、公开赛前六名。

（二）年满 18 周岁，热爱啦啦操运动，致力于中小学啦啦操项目发展的体育教师。

表 3-3　中小学体育教师啦啦操培训目标

培训目标
培训课程目标的设置主要在于将以前笼统的啦啦操培训，细化为对每个级别、不同性质的培训设置不同培训内容，以达到针对性的目的。再通过实践性课程、专业性课程和修养性课程三种不同类型的课程培训，以满足个性化的需求。 　　根据啦啦操教师在三级教练员、二级教练员、一级教练员三个不同级别的培训，在不同层次上应该具备什么素养，确立中小学体育教师啦啦操培训课程目标，课程也要依据课程目标来设置。

表 3-4　中小学体育教师啦啦操培训课程设置

级别	时间	8：00—10：00	10：20—12：30	14：00—16：00	16：20—18：30

级别	时间	8:00—10:00	10:20—12:30	14:00—16:00	16:20—18:30
三级教练员培训	第一天	1. 签到； 2. 最新国内外啦啦操基础理论知识学习； 3. 最新啦啦操技术规则学习	1. 啦啦操基本手位教学； 2. 花球啦啦操基本技术教学教法； 3. 花球啦啦操舞蹈组合	1. 啦啦操基本步法教学； 2. 爵士啦啦操基本技术教学教法； 3. 爵士啦啦操舞蹈组合	1. 啦啦操花球项目风格初级教学； 2. 啦啦操爵士项目初级教学； 3. 复习与答疑； 4. 签退
	第二天	1. 签到； 2. 理论知识及技术规则测试； 3. 团队热身训练组合	1. 啦啦操街舞项目风格初级教学； 2. 街舞啦啦操基本技术教学教法； 3. 街舞啦啦操舞蹈组合	1. 分组练习； 2. 花球、爵士、街舞三个啦啦操舞种基本技术教学教法实践考核	1. 考试：分组展示花球、爵士、街舞组合； 2. 培训讲师、啦啦操委员会负责人做总结； 3. 颁发证书； 4. 签退
二级教练员培训	第三天	1. 签到； 2. 最新国内外啦啦操基础理论知识学习； 3. 啦啦操教练员带队训练、参赛等基础知识教学； 4. 啦啦操团队文化建设初级教学	1. 啦啦操花球项目风格中级教学； 2. 花球规定套路重点操化部分教学	1. 花球规定套路编排与易出错误编排重点解读； 2. 高难度技术技巧教学教法——"转体动作"	1. 芭蕾基训动作学习，以把下训练为主，包括"开、绷、直、立"； 2. 复习与答疑
	第四天	1. 签到； 2. 啦啦操队员的选材知识； 3. 啦啦操团队规则的制定； 4. 啦啦操服装道具的选择； 5. 啦啦操团队文化建设中级教学	1. 啦啦操爵士项目风格中级教学； 2. 爵士规定套路重点操化部分教学	1. 爵士规定套路编排与易出错误编排重点解读； 2. 高难度技术技巧教学教法——"翻腾动作"	1. 芭蕾基训动作学习，以把下训练为主，包括"开、绷、直、立"； 2. 复习与答疑

级别	时间	8:00—10:00	10:20—12:30	14:00—16:00	16:20—18:30
二级教练员培训	第五天	1. 签到； 2. 啦啦操团队文化建设高级教学； 3. 理论知识测试	1. 啦啦操街舞项目风格中级教学； 2. 街舞规定套路重点操化部分教学	1. 街舞规定套路编排与易出错误编排重点解读； 2. 高难度技术技巧教学教法——"跳跃动作"	1. 分组练习； 2. 以组为单位抽签进行舞蹈规定套路考试； 3. 高难度技术技巧动作的教学教法考核； 4. 培训讲师、啦啦操委员会负责人做总结； 5. 颁发证书； 6. 签退
一级教练员培训	第六天	1. 签到； 2. 教师职业修养专题讲座； 3. 教练员带队经历分享会； 4. 最新国内外啦啦操基础理论知识学习	1. 啦啦操花球项目风格高级教学； 2. 高难度技术要领与教学方法	1. 啦啦操爵士项目风格高级教学； 2. 高难度技术要领与教学方法	1. 啦啦操街舞项目风格高级教学； 2. 啦啦操队形创编方法； 3. 复习与答疑；
	第七天	1. 签到； 2. 啦啦操相关领域专家座谈会； 3. 啦啦操教学学术研讨会	1. 国内外优秀啦啦操作品鉴赏； 2. 啦啦操动作创编方法	规定音乐与舞种进行啦啦操组合创编	1. 抽查高难度技术要领与教学方法； 2. 个人创编组合展示； 3. 培训收获分享会； 4. 培训讲师、啦啦操委员会负责人做总结； 5. 颁发证书； 6. 签退

二、啦啦操线上线下混合培训范式

培训课程实施途径的创新，构建线上培训与线下培训相结合，线上培训主要通过网络平台实施教学活动，线下培训主要是指教师们面对面地进行互动的现场教学。参加培训的教师与导师在网络平台上一起参与,让教师练习过程能够得到导师随时随地的指导。平台由导师以及四位管理员来负责,定期发送啦啦操相关教学视频、理论知识、相关资料等,比如标准技术动作、多项身体素质练习的小视频等。

目前有关学习类的 App 特别多,如钉钉、微师等。经过对比,发现"学习通"是最适合此培训使用的 App。它是一个新式的学习教育平台,此平台可以通过多种形式发布培训内容,比如文字、音频、链接、图表、视频等,并且后期可以提供多重功能,可以对培训考核、师生探讨、在培训之前可以给教师发放问卷并回收,方便调查教师情况,还可以提供学习资料和有关啦啦操的时事新闻等功能,是一个崭新的啦啦操培训延展的平台,非常适合在培训课程中推行。舞蹈啦啦操线上线下混合式培训课程设置如图 3-9 所示。

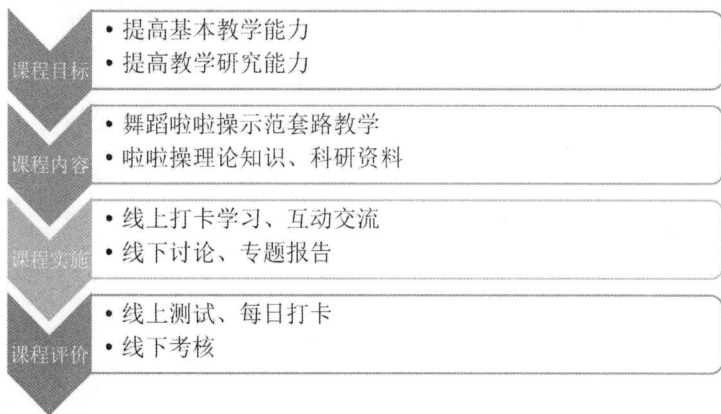

课程目标
• 提高基本教学能力
• 提高教学研究能力

课程内容
• 舞蹈啦啦操示范套路教学
• 啦啦操理论知识、科研资料

课程实施
• 线上打卡学习、互动交流
• 线下讨论、专题报告

课程评价
• 线上测试、每日打卡
• 线下考核

图 3-9 线上线下混合式培训课程设置

①用手机或者电脑从官网安装下载"学习通"App,并注册账号,进入 App 之后,点击"我的课程"功能栏,在此创建中小学体育老师啦啦操线上培训有关课程,包括课程大纲、资料下载、学习研讨、课后作业和通知这几栏内容,自动生成二维码发送给各校参加培训的教师。教师也需要下

载同样的 App,登录之后扫描培训的二维码。并且要求教师分级别加入班级,保证每一位教师都能积极参与学习、互动,以此建立中小学体育教师啦啦操培训课程学习共享平台。

②"学习通" App 支持视频播放。可以根据培训需求和示范套路的更新,及时在平台上发放相关视频;并支持视频同步、视频轮训、远程控制摄像机等。手机用户登录之后,在首页会显示有关啦啦操教学的视频,视

频随时更新,每一套示范套路之后都有相关的分解动作和视频教学教程,教师可以通过"学习通"App自学啦啦操套路,在学习完示范套路之后,有针对每一套示范套路的考核内容。

③支持多人同时发言。可由管理员选择和控制教师的发言,教师在教学中遇到的问题可以在讨论功能中随时发布进行讨论,只要打开电脑端界面,就会显示话题消息。也可以把教学案例分享在话题栏里供大家讨论学习,线上使用此功能可以促进教师之间的互动。

④点击进入活动界面,包括签到、问卷、抢答、选人、评分、测验、活动库这几个部分。

签到:签到方式多种多样,包括手势签到、位置签到、二维码签到等,管理员设置好打卡方式,教师在签到界面按要求进行"每日打卡"活动,线上打卡、互动交流,教师根据学习要求在阅读完资料及学习完舞蹈组合之后,直接提交文字或者视频进行打卡,一期为 30 天,坚持打卡 30 天的教师可获得啦啦操委员会准备的礼物。

问卷:在集中培训之前,为了更好地了解教师的需求以及当前阶段教学过程中遇到的问题,可以运用此功能设计问卷发放给要参加培训的教师,通过了解教师的需求设置合理的教学内容,保证培训课程内容的针对性和时效性。

⑤点击进入通知界面,管理员每天会发布时事热点新闻以及啦啦操相关理论知识供教师学习,教师可以在线上学到最新专业热点,不断提高教师的职业素养。

⑥点击进入考试界面。为了更好地提高教师自学的能力,定期检查教师的自学效果,每周会安排啦啦操相关知识测试和裁判法的测试以及教师学习的套路需要录制视频进行考核。在线上将试题发放给教师,方便、快捷,以达到促进教师自主学习的目的。

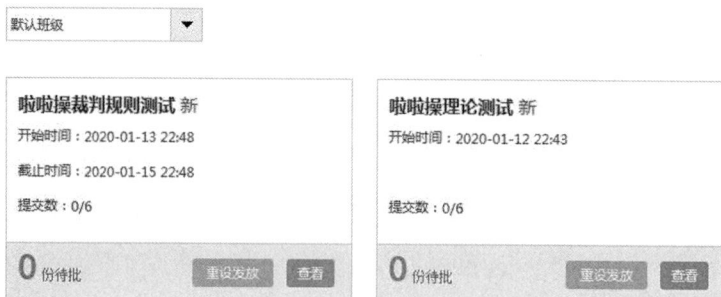

⑦点击进入管理界面。可以针对近期教师对平台的利用做出数据统计,APP 后台统计各类数据,来跟踪教师的学习进展,评价教师的学习过程。作为课程的开发者,能够看到每一个视频、每一篇文章的完成率、参与率、每一位教师的学习进度以及提交分享的情况,通过这些数据对教师近阶段的学习做出跟踪评价。

⑧线上培训线下考核。通过线上学习的方式,每三个月为一个节点,安排教师进行线下考核,内容主要是啦啦操的舞蹈组合展示、组合动作讲

解，以及对三个月以来的理论知识学习进行考核。还要安排专题报告、沙龙，增进教师之间的互动交流，增强教师对啦啦操教学的认知观念和科研能力。

线上线下混合式教学结合了传统与互联网的优势，培训导师精心设计线上课程，在教学过程中起引导和监督的主导作用，同时还能提升教师的积极性和创造性。通过线上线下结合的方式发挥出各自的优势提高了培训的质量，实现了"1+1>2"的效果。教师不断地养成线上学习的习惯，在集中培训中就会有更多的时间发散思维，提高自身能力。

结合当前培训所存在的问题，通过合理构建两个课程范式，突出了培训的优势：第一，将课程目标细化为每个级别、不同性质的培训，根据课程目标来设置不同的培训课程内容，使培训课程更具有针对性；第二，培训课程将培训导师的教与学员的学相结合，发挥以培训导师为主导、学员为主体作用，让学员在实践中做，提高了教师参加培训的效果；第三，延长培训时间，让教师能够有足够的时间来消化吸收所学内容，有利于教师增进自身专业水平的同时也提高教学能力；第四，线上线下混合式培训作为一种新兴培训途径，方式新颖，能够提高教师的学习兴趣，让教师能够充分利用线上和线下学习资源，满足教师多元化的学习需求。

第四章　基于体育课程设置的案例：小学校园体育舞蹈课程开设的可行性分析

第一节　小学校园体育舞蹈开设的优势分析

一、符合阳光体育运动的要求

《中共中央　国务院关于加强青少年体育增强青少年体制的意见》（简称《意见》）明确指出，为切实推动全国亿万学生阳光体育运动的广泛开展，吸引广大青少年学生走向操场、走进大自然、走到阳光下，积极参加体育锻炼，掀起群众性体育锻炼热潮，简称阳光体育运动。"健康、运动、阳光、未来"是其宣传口号，主要研究体育锻炼的手段，促进学生全面发展的理论与实践问题，以此推动阳光体育运动在全国的落实和实施。①《意见》指出，学校要将课外体育锻炼列入学校的教育计划中，积极响应"阳光体育运动"政策，丰富课外体育活动形式，推行体育社团和俱乐部兴趣班的建设，广泛开展具有特色的、学生喜爱的体育运动项目，不断丰富学生课外体育运动的形式和内容，充分满足不同学生对体育运动的个

---

① 黄燕.常州市初级中学开展阳光体育运动的 SWOT 分析和对策研究[D].苏州大学，2019.

性化需求。① 同时要营造良好的运动氛围,建立评价制度,对积极参加阳光体育运动并取得优秀成绩的学生给予合理的表彰,唤起学生的关注,激发学生参与的热情。校园体育舞蹈与阳光体育运动的要求一致,其优势不仅体现在能够符合学生的运动需求、运动兴趣及实现学生身心健康方面。同时在学习和训练的过程中,参与者之间会自然形成良好的合作关系,从而在培养学生团队精神与合作能力方面发挥积极作用,因此校园体育舞蹈符合阳光体育运动"达标争优,强健体魄"的目标。

二、具有广泛的群众基础

近年来,校园体育舞蹈俱乐部、培训学校发展较快,从市场需求可以看出校园体育舞蹈得到了大部分人的了解和认同。调查表明,参与校园体育舞蹈运动的中小学生越来越多,学生和教师对校园体育舞蹈亦比较喜爱。

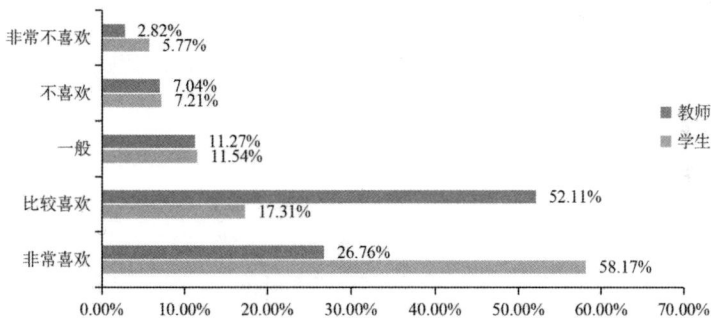

图4-1 师生对校园体育舞蹈的喜爱程度统计

从图4-1可以看出,在调查的208名学生中,75.48%的学生喜欢校园体育舞蹈,占绝大多数;除11.54%的学生表示喜爱程度一般外,只有

---

① 教育部国家体育总局. 共青团中央关于开展全国亿万学生阳光体育运动的决定 [R].北京:国家体育总局、教育部,2006:6.

27 名学生不喜欢或非常不喜欢,占 12.98%。由此看出,大部分的学生是喜欢校园体育舞蹈的,小部分不喜欢校园体育舞蹈的学生可能是出于胆怯害羞等原因。教师对校园体育舞蹈的喜爱程度(78.87% 的教师喜欢它),会影响教师对校园体育舞蹈在小学的推广。总体来看,校园体育舞蹈深受广大师生的青睐,兴趣是最好的老师,学生的喜爱程度直接影响到校园体育舞蹈项目在学校的推广,推动天津市小学校园体育舞蹈的发展。

校园体育舞蹈所具有的群众基础将为校园体育舞蹈的发展带来以下有利条件:第一,学生、家长和教师的支持将对校园体育舞蹈在小学的推广产生强大的内动力。第二,广泛的参与者无形中也对校园体育舞蹈进行宣传,带动更多的人参与到校园体育舞蹈的学习中来,从而逐渐改变部分人对于校园体育舞蹈的认识,长此以往校园体育舞蹈在小学课堂的开展将成为一种趋势。第三,通过调查,在广大的群众中有大部分是青少年,并且在家长的鼓励下有长期学习的打算,这便为从事校园体育舞蹈事业的专业人员争取到了一大部分群众基础,这部分人群只要通过正确的引导和正规的训练将很可能成为一名专业的校园体育舞蹈事业从事者。

三、深受专家领导的支持

除学生的认可与喜爱之外,一项新兴运动项目在校园的顺利推广还需要领导的重视与支持。校园体育舞蹈在小学开展的过程中,虽然对场地等方面的要求不高,但要想保证正常运转,还需要一定的经费投入,比如教师培训等。通过与专家领导的访谈可知,大部分专家领导对校园体育舞蹈在小学中开展持赞同态度。

表 4-1　专家领导对开展校园体育舞蹈的支持态度调查统计(n=15)

支持态度	人数	百分比
支持	11	73.33%
不支持	4	26.67%

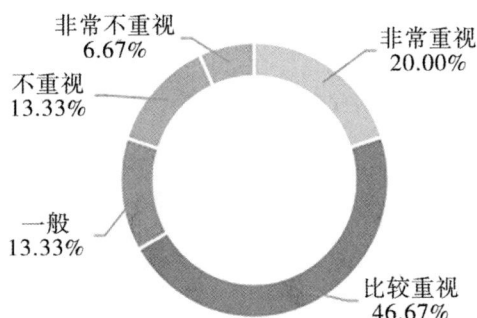

图 4-2　校领导对开展校园体育舞蹈的重视态度调查统计(N=15)

从表 4-1 与图 4-2 可以看出,在接受调研的 15 所小学中,有 11 所小学的校领导支持校园体育舞蹈在小学的普及,并对此持比较重视和非常重视态度的领导占 66.67%。不支持校园体育舞蹈在小学开展的领导仅有 4 人,持不重视和非常不重视态度的领导占 20%。进一步分析可知,支持者认为校园体育舞蹈项目能有效地提高学生参与体育锻炼的积极性,极大增强学生的自信心和学习积极性;既可以丰富校园体育文化,又可以为学生营造良好的学习氛围。通过访谈可知,少数不支持校园体育舞蹈在小学开展的校领导主要原因在于:一方面,学校领导认为学校的入学率更重要,对学校体育重视不够。他们担心过多的运动会影响学生的文化学习。另一方面,学校领导出于经费投入的考虑,新项目在学校的推广必然会耗费一部分人力、物力、财力,师资力量的不足也是制约校园体育舞蹈在小学开展的一个关键因素。

综上所述,校园体育舞蹈这项校园新兴活动总体上能够得到大多数校领导的支持与认可,校园体育舞蹈是否能在小学内普及,以及普及的效果如何,学校领导及教师在其中起到了至关重要的作用。如果学校领导重视校园体育舞蹈的开展,就会制定相关的政策和策略,建立监督保障机制,保证活动的落实,以此来推动校园体育舞蹈的发展。同时,领导在政策支持上也将起到引导作用,将激发师生参与的积极性。

四、场地器材要求易满足

场地器材是完成体育运动项目的物质保障。场地的缺乏使得部分对场地要求较高的体育运动项目不具备开展的条件,但是校园体育舞蹈对场地和设备的需求都非常低,不需要专业的工具和高水平的运动场地就能积极有效地开展,与其他体育项目相比,校园体育舞蹈对场地的标准较低,平常进行体育课的场地即可,因此对场地方面的投入不高。低投入的优势使得学校开展新项目的负担较低,从而能够满足学生学习新兴项目的渴望,这也是校园体育舞蹈未来发展的一大重要优势。

五、校园体育舞蹈的自身价值

(一)校园体育舞蹈的教育价值

校园体育舞蹈具有一定的教育价值。小学生正处在儿童生长发育期,思维活跃,求知欲强。校园体育舞蹈的音乐旋律及舞步丰富多变,对促进小学生健康成长具有重要意义。校园体育舞蹈可以直接进入学生的情感世界,所谓"学舞先学做人",就已概括了舞蹈所包含的道德教育价值,舞蹈在某种意义上可以理解为心灵深处最真实的倾诉,它对人格及文化素养有一定培养作用,会使学生内心与之产生共鸣,在潜移默化中接受道德精神和思想意识的熏陶。其德育目标主要是集体荣誉感与团队协作能力、遵守纪律的良好品质,所以小学生接受校园体育舞蹈的学习可以帮助他们形成正确的人生观和价值观,同时也能达到提高学生身体素质的要求,美育的目标则体现在优美的舞蹈动作、肢体的协调配合及反应能力,通过聆听音乐旋律加强小学生对音乐的感知能力,提高审美能力,陶冶情操。

校园体育舞蹈不仅具有教育价值,还可以丰富校园文化。校园文化是一种特殊的校园环境,通过学校组织的各种活动,形成的一种校园文化氛围,良好的校园文化氛围可以提高教学质量和学习效率。因此,学校要形成独特的发展理念和办学模式,以促进学生健康成长和全面发展为宗旨,利用校园体育舞蹈的积极作用丰富校园体育文化,保证学生在和谐的校园氛围中成长,校园文化的建设同样会促进校园体育舞蹈的发展。

(二)校园体育舞蹈的锻炼价值

校园体育舞蹈是一项有氧运动,能够充分调动身体的各个部位及关节,通过运动和练习,可以显著改善人体健康状况,加强心肺功能强身健体。经研究,每跳一曲体育舞蹈,转动大约有 160—180 次,男性平均最大心率为 210 次/分,女性为 197 次/分,人体能量代谢在 8.5 次以上,相当于 800 米跑的能量消耗。[①] 小学生正处于生长发育的关键期,学习校园体育舞蹈可以促进小学生骨骼的发育。小学生的自我控制能力欠缺,不能时刻保持良好的姿态,由于学业负担较重,长时间久坐会造成不良习惯,如不及时纠正,便会引发弯腰驼背等问题,不利于小学生的健康发展。校园体育舞蹈正是通过要求学生始终要保持直立的身体姿态,使学生在缓解学习压力的同时能够形成优美端庄的身体形态,从而增强学生的自信心。坚持校园体育舞蹈锻炼,能够消耗大量能量,减少脂肪,缓解因不良饮食习惯造成的少儿肥胖问题。同时在学习的过程中,学生的协调和平衡能力、身体柔韧性、肢体力量速度等方面都可以得到提升,为其长远发展和科学成长奠定良好基础。

---

① 关惠尹.小学普及体育舞蹈的可行性及必要性探究[J].当代体育科技,2013(3):1-2.

第二节 小学校园体育舞蹈开设的劣势分析

一、师资水平有待提升

校园体育舞蹈教师的技术水平和教学水平直接影响学生学习的效果，也是制约校园体育舞蹈在小学校园推广的主要因素。

表4-2 教师认为开展校园体育舞蹈的影响因素的调查分析(n=71,多选)

影响因素	人数	百分比
场地设施不足	26	36.62%
师资力量薄弱	59	83.10%
表演竞赛平台少	34	47.89%
学校领导缺乏重视	30	42.25%
缺少宣传途径	45	63.38%
其他	0	0

从表4-2可知，在调查的71名小学体育教师中，有83.10%的教师认为影响小学开展校园体育舞蹈的因素主要是师资力量薄弱；其次是缺少宣传途径，这一因素占63.38%。经研究，影响校园体育舞蹈开展的因素是多方面的，包括学校、家庭和社会等，这些因素之间有着密不可分的联系，且权重不一。

教师作为课程实施的决定性力量，在学校开展校园体育舞蹈项目时就要求教师应具有一定的专业基础知识及专业技能水平，并制定适合青少年学习的教学方法。但目前小学的校园体育舞蹈教师无论在专业知识还是技术水平等自身素质方面与优秀的少儿体育舞蹈教师还具有一定的差距，具体表现在：第一，教师对校园体育舞蹈基础知识的认识有所欠缺，对于专业技能的掌握停留在基础层面，有些教师甚至从未接触过。第二，教师的教龄较短，缺乏教学经验。在调查的教师中，大多数教师的教龄集中在 3 年以下，由于教师的教龄较短，没有长期从教的经历，缺乏足够的教学经验，无法对课堂上出现的突发状况做出正确的判读及处理方案，从而对学生的学习兴趣产生一定的影响。

进一步分析出现上述问题的原因主要在于：一方面，校园体育舞蹈是根据专业性较强的体育舞蹈改编的，因此具有一定的专业性质，绝大多数专业的教师是长期从事校园体育舞蹈学习的，且大部分专业教师就业于高校，去小学就业的教师较少，而当前小学中现有的体育教师对此项目都比较陌生，从事教学有一定的难度。另一方面，学校教师在校园体育舞蹈项目方面的进修和培训机会较少，在调查中发现，只有部分小学校园体育舞蹈教师每年有 1—2 次参加培训的机会，教师继续学习的途径较少，长此以往，即使教师资源充足但因教师缺乏专业水平，也会造成学生想学教师无法教授的局面。

二、师生认识存在偏差

正确认识校园体育舞蹈是学习和发展的前提。通过与个别学生交谈发现，有部分学生对校园体育舞蹈的认识有所欠缺。一方面，他们把校园体育舞蹈当作舞蹈，不了解校园体育舞蹈与体育也有着联系，因此认为不能将校园体育舞蹈纳入学校体育课程中；另一方面，部分学生熟知的体育舞蹈只有拉丁舞，认识不够全面，且只了解拉丁舞中较为简单的几个舞种，而对标准舞的认知少之又少。另外，在经过对学生家长的调查后发现，部分成年人认为校园体育舞蹈与广场舞交谊舞相似，认为是一种广场舞，并不适合青少年学生学习。还有一部分男生家长认为不适合男孩子学习校园体育舞蹈，会造成性格的女性化。产生上述偏见的原因主要是人们对于校园体育舞蹈没有客观全面的认识。经研究，造成上述问题的原因如下。

第一,在调查过程中发现,在对校园体育舞蹈的了解途径上,大多数的调查对象表示了解校园体育舞蹈的途径是通过各种校外体育舞蹈培训班的宣传,其次是通过电视媒体、网络等,只有少数同学是通过在学校教学或者在比赛现场观看等比较直观的途径了解。这一方面说明大多数人对校园体育舞蹈的了解途径比较单一,另一方面说明校园体育舞蹈在小学的发展空间还很大,且没有普及。

第二,由于对校园体育舞蹈的认识不够全面,所以大家对体育舞蹈项目产生了一些认识误区。校园体育舞蹈是艺术和体育的结合体,对于青少年而言,他们现阶段只需要学习校园体育舞蹈的基本动作,且这些基本动作对于塑造儿童的身体形态、培养良好气质、锻炼身体运动能力等方面都有明显的效果。另外,男生学习校园体育舞蹈也会培养他们的绅士风格,养成挺拔的身姿,增强学生的自信心,这些才是值得大家关注的。

因此,看待问题应以客观的观点去解析,在小学开展校园体育舞蹈的进程中加强宣传是非常有必要的,提高人们对于校园体育舞蹈的正确认识才能促进其快速的普及。

三、教学规范有待完善

系统规范的教学标准和教材是保证教学效果的重要条件和依据,也是促进校园体育舞蹈良好发展的前提。

从图4-3可知,在调查从事校园体育舞蹈教学的教师中,有相当比重的教师表示学校的校园体育舞蹈教材并不丰富。这说明目前小学校园体育舞蹈在推广的过程中存在着缺少适合的配套教材问题,由于缺乏规范的教学内容,教学计划制订不健全、不完善。通过调查得知原因有以下几点。第一,校园体育舞蹈作为中小学体育运动中的新兴项目,教师们对于适合小学年龄段学习的校园体育舞蹈内容不能做出合理科学的把握,从而缺少统一规范的教材。第二,教师大多忽视教学计划的制订,仅有少

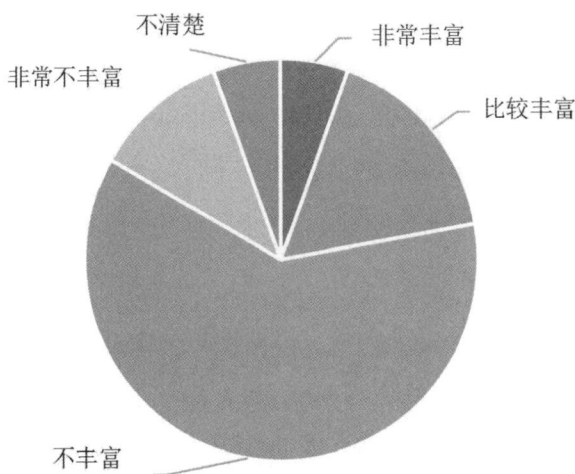

图4-3 校园体育舞蹈教材丰富程度统计(n=18)

数教师制订过教学计划,但在已有的教学计划中发现个别教学计划与实际教学脱节,在实际课程中由于某些客观因素及场地等方面的限制,教师并不能严格完成教学计划。且对于教学评价这一过程,大多只考虑到学期评价,忽视课时评价,造成教学评价缺乏连贯性。第三,近年虽出版了较多有关校园体育舞蹈的教材,但多数是针对高校学生,并不适用于小学,并且大多数教材是理论方面的,实用性较弱,可参考性不强,由此可见,小学体育舞蹈教师在教学时缺乏科学依据。

第三节 小学校园体育舞蹈开设的机遇分析

一、国家政策的正确引导

近几年,我国出台了许多关于促进青少年体质健康及体育运动的相关政策,其目的是实现特定的目标,完善学校体育的发展,各级各类地方和学校在落实国家政策的过程中,为校园体育舞蹈的发展带来了机遇。

表4-3　关于青少年体育相关文件一览表

机构	时间	文件名称	主要内容概况
国家体育总局	2007	《中共中央　国务院关于加强青少年体育增强青少年体质的意见》	积极推进学生全面发展目标的实现,为学生的综合发展奠定良好的身体素质基础,全面推动"阳光体育运动"的发展;确保学生每天锻炼1小时;省级政府和教育部门要加强对学校体育的督导检查
天津市人民政府	2016	《天津市人民政府关于印发天津市全民健身实施计划(2016—2020年)的通知》	将青少年作为实施全民健身计划的重点人群,大力普及青少年体育活动,提高青少年身体素质。全面实施青少年体育活动促进计划,积极发挥"青少年阳光体育大会"等青少年体育品牌活动的示范引领作用,使青少年提升身体素质、掌握运动技能、培养锻炼兴趣,形成终身体育健身的习惯
天津市人民政府	2017	《天津市人民政府办公厅关于强化学校体育促进学生身心健康全面发展的实施意见》	天津市委、市政府高度重视青少年健康成长,把加强青少年体育锻炼作为提高全民健康素质的基础性工程,把强化学校体育作为实施素质教育、促进学生全面发展的重要途径
天津市人民政府	2018	《天津市人民政府办公厅转发市体育局市教委关于深化体教结合促进体育后备人才培养意见的通知》	发展目标是经过5—10年的努力,建立布局合理、项目齐全、设施先进、机制完善的青少年体育训练体系。青少年运动训练水平明显提高,体育后备人才持续涌现,青少年体育发展总体达到全国先进水平
天津市人民政府	2018	《天津市人民政府办公厅关于转发市体育局拟定的天津市"全运惠民工程"实施方案的通知》	加强青少年体育。学生校内每天体育活动时间不少于1小时,实施青少年体育训练体系工程,建立100个青少年训练基地,提高青少年健康水平和运动能力
天津市体育局	2019	《天津市关于推进体育强市建设的实施意见》	强化学校体育工作,将促进青少年提高身体素养和养成健康生活方式作为学校体育教育的重要内容,把学生体质健康水平纳入政府、教育行政部门、学校的考核体系,科学安排体育课运动负荷,开展好学校特色体育项目,让每位学生掌握2项以上运动技能

　　注:以上通知文件均来自天津市人民政府及教育部门网站。

从表 4-3 可以看出,国家政策近几年都有文件通知推进,要求大力普及青少年体育活动,积极在"青少年阳光运动会"等青少年体育品牌活动中发挥主导作用,确保学生每天锻炼时间不少于 1 小时,建立 100 个青少年训练基地,鼓励学校开展特色体育项目,促进学生全面发展。以上文件是校园体育舞蹈在小学全面推广的重要保障,在政策的支持下,校园体育舞蹈将有非常大的发展空间。

二、体育产业的快速发展

经济基础决定上层建筑,良好的经济发展是促进项目发展的有利条件。随着经济发展加快,人们生活水平不断上升,对于运动消费的理念也比较超前,校园体育舞蹈独特的艺术和运动方式得到了大众广泛的认可和参与,这就为校园体育舞蹈事业的发展争取到强大的经济来源。对市场而言,校园体育舞蹈相关产品的需求量越来越大,包括服装、配饰等相关产品。在这种发展趋势下,有关校园体育舞蹈的市场潜力和价值都被很多商家看好,校园体育舞蹈已经逐渐从一项体育项目发展成为一种体育舞蹈市场经济。与此同时,校园体育舞蹈在推动经济发展的过程中也被体育其他相关产业的发展反哺。近年,国家颁布了许多与体育产业发展相关的政策及文件,包括国家体育总局发布的《体育产业发展"十三五"规划》从国家层面对中国体育产业的改革和发展起到助推作用,以及国家发改委在《产业结构调整指导目录(2019 年本)》中正式将体育产业单独列为 48 个行业中的一个,被列为"鼓励类项目"第 39 项,这份文件对体育产业的美好发展前景做出了预估,进一步促进了中国体育产业的发展。① 这些文件的主要目的是增强国民体质,提高人均消费水平,促进大众体育的发展,因此在体育产业快速发展的今天一定程度上也对校园体

---

① 王艳,刘金生.我国小城镇体育产业发展方略[M].北京:人民体育出版社,2023:4-7.

育舞蹈的发展起到了反哺的作用。简单来说,就是让更多的人通过"全民健身的系列活动"参与到体育运动中来。另外,在信息网络快速传播的年代,人们可以通过网络、媒体等多种渠道进行宣传,让更多的人对校园体育舞蹈能够有正确的认识,并使大家参与进来,这也是体育产业反哺校园体育舞蹈的真正价值。因此,经济和体育产业的快速发展也为促进校园体育舞蹈的发展带来了新的机遇。

三、社会因素的有利影响

(一) 全国各地的成功开展提供了可借鉴的经验

竞技性是体育运动的重要特点,在体育项目的发展中进行比赛是不可能缺少的过程之一。我国体育舞蹈比赛无论是规模还是水平都在不断提高,我国体育舞蹈比赛体系主要特点,如图4-4所示。

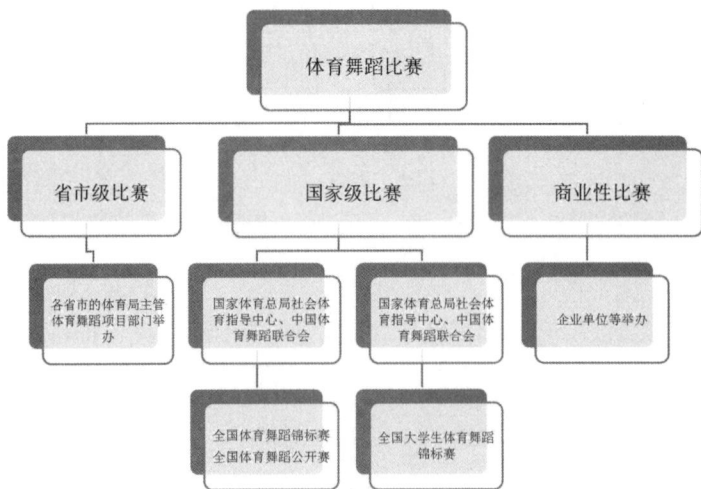

图4-4 我国体育舞蹈比赛体系

由图4-4可以看出,我国体育舞蹈的赛事结构已经发展得比较完善。多年来,中国体育舞蹈公开赛采用了"5+1"竞赛的形式,即5个分赛、1个决赛。例如,2019年全国体育舞蹈公开赛分为5个分赛和1个决赛,分别在武汉、广州、上海、北京和温州举行,总结赛在上海举办。在各个不同的城市开展体育舞蹈比赛,是为了展示体育舞蹈多年来的发展成就,吸引更多的城市和人参与其中,促进体育舞蹈的快速发展。同时,中国体育舞蹈联合会积极贯彻落实"全民健身上升为国家战略"的计划,积极促进全民健身战略开展,规范管理,组织架构不断完善,中国体育舞蹈联合会将选拔国少队,逐渐完善中国体育舞蹈后备力量。随着发展,我国体育舞蹈选手的竞技水平也得到了显著提升,在很多国际赛中取得了优异成绩。良好的成绩充分体现了我国校园体育舞蹈运动的整体发展水平,极大鼓舞了国内校园体育舞蹈的发展,为各地校园体育舞蹈的发展奠定了基础,积极有效地推动了校园体育舞蹈在中小学校园的推广和发展。

(二)家长对孩子全面发展的重视

图4-5显示,94.55%的家长支持孩子参加校园体育舞蹈,不支持的家长仅占5.45%。由此说明,家长们对校园体育舞蹈的认可度以及对孩子兴趣爱好的培养有了很大的提高。各组织机构应加大校园体育舞蹈的宣传力度,让更多的人了解校园体育舞蹈,支持孩子参与其中。

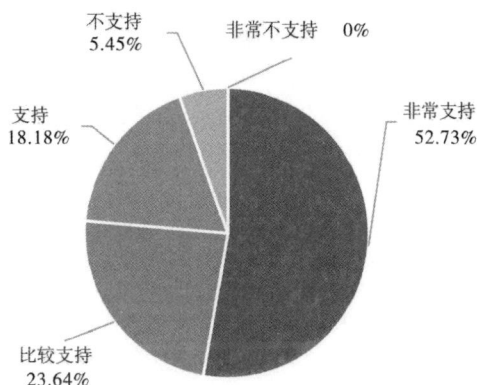

图4-5 家长对孩子参与校园体育舞蹈的支持态度情况统计(n=55)

由图4-6可知,根据调查,认为参与校园体育舞蹈不会对孩子文化课学习造成影响的家长有 48 人,占 87.27%,认为参与校园体育舞蹈会对孩子文化课学习造成影响的家长有 7 人,占 12.73%。由此可见,大多数家长能意识到孩子的身体健康和兴趣培养与文化课学习同样重要,健康的身体也会对学习产生有益帮助。针对少数认为学习校园体育舞蹈会耽误学习的家长,应给予正确的引导,改变错误观念。

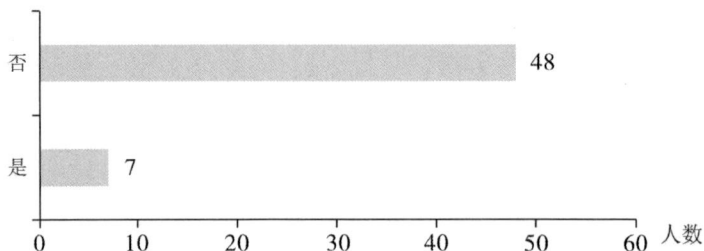

图 4-6　家长对校园体育舞蹈是否影响孩子文化课学习成绩的统计($n = 55$)

通过上述分析,由于现在的小学生家长大多是"80 后",大多数家长希望孩子能全面发展,学有所成,学习之余可以掌握一项特长,并希望能有一个健康的身体、优雅的姿态,也希望孩子能有一技之长。在这种观念的驱使下,家长们通常愿意为孩子的特长学习进行一定的经济投入,在为孩子选择特长的过程中,校园体育舞蹈作为当前发展较快的新兴项目受到各位家长的青睐。然而市场上鱼龙混杂的校园体育舞蹈培训机构使家长难以分辨,且很多培训班只是以营利为目的,老师教学水平有限,缺少规范的教学体系和教学目标。因此,在这种情况下,在小学校园的体育运动中开展校园体育舞蹈是非常有必要的,这也为校园体育舞蹈在小学的推广和普及带来了新的机遇。

第四节　小学校园体育舞蹈开设的挑战分析

一、管理体制不完善，组织部门缺少协同

随着社会的发展，校园体育舞蹈作为一项新兴体育运动项目，在全国有较快的发展，逐渐作为一门课程在全国许多学校陆续开展，但大多是高等院校及体育院校，在中小学开展得较少。在少数开展校园体育舞蹈的小学中，也因为师资、场地等各方面原因出现开设基础水平不一、质量良莠不齐、管理不够完善等问题。这也反映了在开设校园体育舞蹈的过程中，学校不仅缺少相对规范的配套课程体系，还存在着管理体制不完善、政策落实延迟等现象，这也是校园体育舞蹈在小学推广过程中所面临的挑战。因此，一项新兴项目的发展需要相对完善的体制保障。政府的主导作用是促进新兴项目发展的有力保障，利用广泛的社会力量，加大宣传，与学校携手共同发展相关事业。但就天津目前的情况来看，对于校园体育舞蹈这一新兴项目仍然缺乏科学的计划，相应的保障机制也不够完善，各部门之间还未形成良好的合作，这也是导致发展相对缓慢的一个原因。

二、项目影响力不够，受传统项目冲击大

随着体育强国在国家战略地位中的不断攀升，各项体育运动项目得到了不同程度的发展，体育与健康的高度融合成为当今社会关注的热点，因此体育运动对小学生日常活动的影响越来越显著，并进一步对学生的人生观、价值观有一定的影响。通过调查发现，在小学开展的体育运动中以足球、篮球、田径等传统体育项目为主。校园体育舞蹈作为一项新兴体

育运动项目,在其他传统体育项目的影响下发展并不占优势。分析原因有以下两点。第一,校园体育舞蹈师资缺乏,传统体育教师进行校园体育舞蹈教学有一定的困难。第二,自从体育成为中考项目,体育锻炼以传统体育项目为主,因此,无论是为了获得运动技能还是取得较好的体育成绩,体育课大多进行传统体育项目教学。这些原因在一定程度上限制了校园体育舞蹈进入小学课堂。

三、宣传力度小,相关比赛展示平台少

校园体育舞蹈的宣传体系以及相关的比赛表演也是校园体育舞蹈发展过程中不可或缺的。学生在学习后,参加一定的比赛和表演可以检验平时学习的效果,也能提高学生的自信心,从而在接下来的学习中更加有针对性和目标性。

由表4-4可知,在问到学生"参加过几次校园体育舞蹈操比赛"方面,从未参加过校园体育舞蹈比赛的学生较多,占比34.04%,有32人;超过半数的学生参加过1—2次校园体育舞蹈比赛,占比54.26%;而参加过3次以上的学生只有11人,占比11.70%。数据表明,学生参赛次数不多,平均为1—2次。通过与学生的交流,参加比赛或表演次数较多的学生表示,他们大部分的参赛机会是校外培训机构提供的,学校很少组织这样的活动。这表明学校在展示教学效果方面有所欠缺,无形之中也失去了许多宣传的机会。

表4-4　学生参加过校园体育舞蹈比赛调查表(n=94)

比赛次数	人数	百分比
0次	32	34.04%
1—2次	51	54.26%
3—4次	8	8.51%
5次及以上	3	3.19%

第五节 小学校园体育舞蹈开设的对策分析

为了提出科学合理的对策,在小学校园体育舞蹈开展现状的基础上进行 SWOT 分析。根据 SWOT 模型影响因素的分类原则,可将校园体育舞蹈在小学开展的影响因素分为内部因素和外部因素,其中内部因素包括校园体育舞蹈的自身优势与劣势,外部因素包括外部环境的机遇与挑战。(如图4-7)

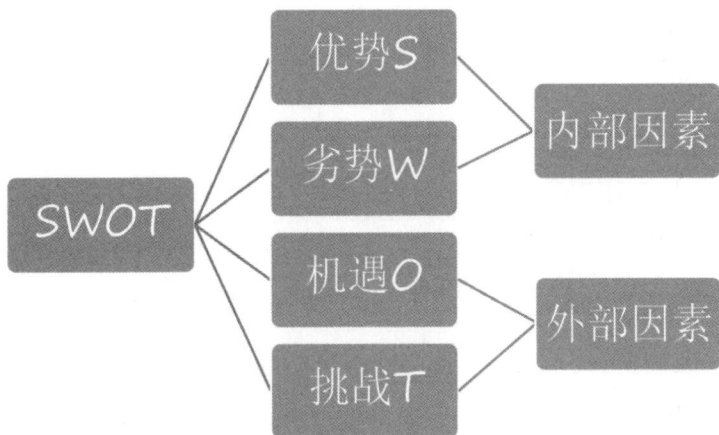

图4-7 小学校园体育舞蹈 SWOT 影响因素的归类示意图

通过对教师、学生、家长的调查研究和对专家领导的访谈结果进行总结分析,研究小学开展校园体育舞蹈的优势、劣势、机遇和挑战,分析观察各因素之间的联系。根据 SWOT 矩阵的构建思路,建立小学开展校园体育舞蹈的 SWOT 矩阵。

表 4-5 小学校园体育舞蹈开展的 SWOT 矩阵分析表

OT	内部优势 S S1 校园体育舞蹈的自身特点 S2 具有广泛的群众基础 S3 符合阳光体育运动的要求 S4 学校领导大多持赞同态度 S5 场地、器材要求低,利于开展	内部劣势 W W1 认识存在偏差 W2 师资不足 W3 教学缺少规范性
外部机遇 O O1 国家政策的正确引导 O2 体育产业的快速发展 O3 社会因素的有利影响	SO 对策 立足自身优势 抓住外部机遇	WO 对策 充分利用机遇 降低劣势影响
外部挑战 T T1 体制不够完善,组织部门缺乏配合协作 T2 受其他传统运动项目的冲击 T3 宣传力度小,相关比赛展示平台少	ST 对策 利用自身优势 弱化外部威胁	WT 对策 优化自身体系 克服外部环境

从表 4-5 可以得出,目前小学校园体育舞蹈的发展状况是优势与劣势并存,机会与挑战同在。但是这些影响因素并不是不可逆转的,在一定条件下是可以相互转化的。鉴于此,我们应该遵循 SWOT 的基本思想"发挥优势因素,克服劣势因素,利用机遇因素,化解挑战因素;考虑过去,立足当前,着眼未来",从而得出利于校园体育舞蹈在小学发展的对策。这一组合方案能够改善校园体育舞蹈在小学开展的现状,促进校园体育舞蹈的发展,具体对策如下。

一、优势与机遇(SO):立足自身优势,抓住外部机遇

在社会政治经济快速发展的 21 世纪,校园体育舞蹈作为我国中小学生喜爱的体育运动项目,迎来了前所未有的发展机遇,在发挥校园体育舞蹈自身的优势下,利用外部的有利条件,加强校园体育舞蹈在小学的推广力度。

一是校园体育舞蹈自身的教育价值和锻炼价值有利于促进小学生的身心健康发展,符合"阳光体育运动"的要求,且校园体育舞蹈项目具有

不同于其他项目的独特魅力，深受广大青少年的喜爱，具有广泛的群众基础。学校的校园文化对于学生成长和学习具有重要的引领作用，可以通过校园文化提升小学生对校园体育舞蹈的正确认识。如开展校园体育舞蹈文化主题月，利用黑板报、视频媒体等方式进行宣传和学习，拓宽小学生对校园体育舞蹈的认知途径。

二是校园体育舞蹈除了自身所具有的优势外，还遇上了新时代当前高度重视的发展体育事业的绝佳机遇。国家为发展和落实"体育强国"战略，先后出台了一系列具体措施，并组建相关部门支持。扶持校园体育舞蹈向市场化发展，随着经济的发展，群众对于体育运动的消费情况也日益增长，有关校园体育舞蹈的市场尚未健全完善，社会力量也未完全发挥，社会影响力不够，导致校园体育舞蹈在小学的普及率不高。因此，政府部门必须树立科学的品牌意识，在利用社会资源提高校园体育舞蹈影响力的同时，获得更多的外部资金推动校园体育舞蹈事业的发展。另外，小学应顺应潮流立足于开设校园体育舞蹈项目的自身发展，根据国家的相关政策，以解决校园体育舞蹈后备人才、技术和资源为突破口，制定相应的发展策略。如可以利用校园体育舞蹈的市场资源及各大高校的教育资源，解决学校师资需求问题，并借鉴其他各地的经验，加速实现校园体育舞蹈在小学的推广和普及。

三是利用校园体育舞蹈的项目特点，结合"全民健身"的发展，将这项体育运动项目推广到更广泛的群众中去，让更多的人群了解、认识校园体育舞蹈，并积极参与其中。如组织校园体育舞蹈社区活动，在各个公司企业建立有关体育舞蹈的企业文化等，为校园体育舞蹈的发展拓宽渠道。

二、优势与挑战(ST)：利用自身优势，弱化外部威胁

一是利用国家对体育运动的重视和支持，加强天津市各区之间的联系，利用校园体育舞蹈开展较好的学校带动发展较为落后甚至从未开展

的学校,建立校与校之间的联动机制,全面、科学、系统地分析校园体育舞蹈在开展过程中遇到的困难和问题,采取相应的改善措施。例如,各校联合举办校园体育舞蹈比赛,设置奖励规则,鼓励学生积极参与,使相关学生、家长及其他教师了解校园体育舞蹈,了解校与校之间的差距,从而制定相应对策缩小差距。

二是把足球项目与校园体育舞蹈相结合,各校组建校园体育舞蹈运动队。天津市教育局和体育局对"校园足球"的投入较大,根据调查,大多数学校都开设了足球课,另外校园体育舞蹈在武术、啦啦操等其他体育项目的冲击下难以快速发展,且适合小学生参与校园体育舞蹈的相关平台较少,无法激发学生的积极性,这就导致了校园体育舞蹈在天津市小学发展的不平衡性。因此,促进校园足球与校园体育舞蹈的融合发展,两者充分发挥带动作用,在推动校园足球运动的同时,也为校园体育舞蹈提供了更多的展示平台,从而实现校园体育文化的不断丰富和完善。

三、劣势与机遇(WO):充分利用机遇,减少劣势影响

一是当校园体育舞蹈在发展过程中不能将内部劣势和外部机遇合理规划时,校园体育舞蹈的优势将不容易发挥出来。应对这种情况,解决方法是要充分利用外界机遇、强化自身优势并将劣势带来的消极影响科学转化。体育职能部门及领导对校园体育舞蹈的重视和支持是校园体育舞蹈在天津市小学开展的重要推动力量。由于自身发展时间较短以及其他传统体育项目的制约,校园体育舞蹈虽有广泛的群众基础,但参与者较少。因此在体育职能部门及领导的支持下,充分发挥体育课外活动的互补作用,积极推动校园体育舞蹈的发展。例如,利用学校课余体育活动,根据新课改及阳光体育运动的要求,学生必须掌握两种以上体育运动项目,借此机会可以大力发展校园体育舞蹈。除课余体育活动外,每所小学都有课间操活动,但目前大多数学校的课间操活动以广播体操为主,长此

以往,学生难免会感到疲倦,这样我们就可以根据学生的水平,创编一套融入校园体育舞蹈元素的拉丁舞操,并在大课间推广,促进校园体育舞蹈的发展,也可以丰富校园文化,给学生运动带来新鲜感。

二是加强校园体育舞蹈理论研究,完善相应的管理体制,制定规范的教学体系,为以后的校园体育舞蹈教学提供完善的教学系统。丰富校园体育舞蹈教学模式,夯实校园体育舞蹈的发展。例如,采用翻转课堂教学模式,将老师的教学内容制作成视频,学生可通过观看视频重复学习,可将单调枯燥的讲解用生动的视频形式表现出来,激发学生的学习动力。

四、劣势与挑战(WT):优化自身体系,克服外部环境

一是体育教师是校园体育舞蹈教学的主体,这也是制约校园体育舞蹈在小学发展的主要因素之一。因此,抓好教师队伍建设、培养校园体育舞蹈教师的综合能力至关重要。校园体育舞蹈教师主要是通过有目的、有计划地进行专业理论知识学习及专业技术水平训练来提高教学水平和教学能力。如开展广泛的校园体育舞蹈教师培训,主要涉及新技术和新理论的学习及教师教学能力的培养,让教师在提高技术的同时提高教学水平。另外,可以通过联合办学的方式解决校园体育舞蹈教师紧缺的问题。学校联合校外培训机构或者高校体育舞蹈专业的实习学生进行合作,聘请有一定经验的教师或学生担任学校校园体育舞蹈的兼职教师,既解决学校校园体育舞蹈教师紧缺问题,也能为校外培训班招生带来一定的优势,同时为高校体育舞蹈专业的学生提供实习岗位。

二是校园体育舞蹈的发展,除了外部存在的消极因素,其本身也存在弊端和不足,制约着它的发展。为使校园体育舞蹈项目在小学更好地开展,必须从根源入手,改善自身不足,规范教学内容,依据实际情况选择教学内容。对每个阶段学生的教学内容都要进行严格的选择,遵守循序渐进的原则,由简到繁、由易到难。

第五章 基于体育教学内容的案例：小学快乐体操教学内容设计与实施效果研究

第一节 小学快乐体操教学内容设计的依据

一、教学内容设计的理论基础

(一) 系统理论

系统原理是指用同一种原理构建不同学科的系统方法,即这种原理在不同学科中都适用,其次一般的教学原理为教学内容的设计提供了方法和理论参考。

(二) 学习理论

对小学快乐体操教学内容设计起主要作用的学习理论是行为主义学习理论和认知学习理论。一般来说,行为主义学习理论是刺激和反应之间的联结。认知学习理论认为,学习是在原有知识的基础上对新知识的一种重建过程,学习是对知识的一种重新组织过程。虽然两种学习理论对知识获取的过程各持己见,但它们都对教学内容的设计与实践起到了相应的理论支持作用。

(三)传播理论

传播理论可以比较直观地显示出教学信息在教学传播过程中的复杂程度,教师是知识的传播者,学生是知识的接受者,影响知识传播的因素主要有知识的性质、方法手段、教学环境、学生的认知水平以及社会文化背景等。另外,不同知识要采用不同的传播途径,同种知识传播途径不同也会产生不同的传播效果。因此在小学快乐体操教学内容设计中,要综合考虑,既要考虑传播者自身的特点,也要考虑接受者的知识水平,尽量采用多种渠道的传播途径和方式,以适应不同学生的特点,使知识的传播更加全面具体。

(四)教学理论

教学理论是教学规律的一般反映,主要内容有教学目标、任务、方法、过程等,教学理论是教学内容设计的基本理论,也是教学内容设计的核心理论,教学内容的设计以该理论为根基。[①]

二、教学内容设计的理念

(一)健康第一的理念

健康是人生的第一笔财富,是一切活动的基础,只有拥有健康的身体人们才能更好地参与到生活中去,健康不仅包括身体健康,还包括心理健康。身体健康是指人的生理结构完整,机能良好;心理健康是指人的情绪积极稳定,乐观开朗。参加快乐体操运动要以人的身体健康为基础,心理健康为保障,娱乐性和趣味性的体操锻炼不仅可以增强人们的体质,而且可以愉悦身心,消除精神压力,因此,无论是成人还是幼儿都可以参与快乐体操运动。

---

① 《教学设计的理论基础包括哪些》,百度文库。

(二)快乐体育的理念

"玩"是孩子的天性。孩子的"玩"就是游戏,就是通过走、跑、跳、投、爬、悬等基本动作发现自身的潜能,在游戏中与小伙伴建立良好的关系,不仅使身体得到锻炼,更让心理得到成长。美国有项研究表明,5岁之前参与游戏活动比较多的孩子要比其他玩的时间少的孩子聪明,智力水平更高。快乐体操就是要恢复孩子的天性,让孩子快快乐乐地玩。让孩子在玩的过程中提高身体素质,养成一种积极健康和终身运动的生活观念,让孩子在玩的过程中掌握和提高解决问题的能力,获得自豪感,增强自信心。

(三)终身体育的理念

快乐体操的教学理念就是要培养学生终身体育锻炼的习惯,小学阶段是儿童养成体育锻炼习惯的关键时期,这一时期的学生已经具备独立思考的能力,教师通过对学生思想品德教育可以增强学生身体训练的意识,教师在教学过程中要以学生的兴趣为主,对教学内容进行合理的选择与编排,激发学生的自主性和主动性,引导学生自觉地学习快乐体操运动的知识和技能,使快乐体操运动伴随学生的一生,养成长期快乐体操锻炼的好习惯。

三、教学内容设计的原则

(一)安全性原则

安全问题一直是学校教学关注的重点,特别是在体育教学中安全性教育表现得尤为重要,小学生在心理和生理等方面都还表现得不够成熟,对外界事物充满着好奇,任何新鲜的事物都想要尝试,意识不到体操教学过程中潜在的危险因素,这就增加了快乐体操教学的危险性,因此快乐体操教师在选择教学内容和教学方法时,一定要考虑学生的年龄特征和身心发展水平,尽量用简单有效的动作代替难度较高的动作,动作的难度尽量不要超过儿童的能力范围,以免造成危险。另外,体操项目保护与帮助的方法也是体操教学的重点,教师在上课之前一定要对保护与帮助的方法进行讲解,增强学生的自我保护意识。

(二)科学性原则

小学快乐体操的教学内容设计要有科学性,科学合理的教学内容才能促进学生身体和心理等各方面的发展,对于快乐体操教学内容的选择要由简到难,逐渐提高练习难度,要符合学生的年龄特征和身心健康发展水平。在教学过程中还要关注学生的个体差异,根据学生不同的能力水平设定不同的练习难度,以促进学生个体的全面发展。要使学生身体的各个关节和各块肌肉都得到锻炼,避免学生身体发育出现偏倚,造成学生发育不良等现象。

(三)循序渐进原则

认识是一个由简单到复杂、由直观动作形象到抽象思维能力的发展过程,小学正处于认知发展的具体运算阶段,这一阶段的学生对知识有一定的理解和接受能力,教师在教授体操动作时应该以动作示范为主,由单一动作到复杂动作,速度由慢到快,逐级提高动作难度,也可以对动作进行分解教学,形成清晰的运动表象,有利于学生动作的掌握,小学阶段的学生要反复练习才能掌握动作,因此在教学过程中要不断地重复练习,巩固旧动作、掌握新动作。

(四)全面性原则

全面性主要体现在快乐体操教学内容和组织方法多样性两个方面。根据孩子的身心发育特点,组织多样化的教学形式,避免出现单调、乏味的教学。根据孩子的身体素质和技能水平特征,丰富教学内容,拓展知识结构,为孩子的发展提供全面的指导,从而促进孩子综合能力的提高。

(五)兴趣性原则

在快乐体操教学过程中,根据体操器材设施和场地环境布置来吸引孩子的注意,培养孩子的情景兴趣,孩子逐渐产生运动兴趣后便对该项运动乐此不疲,这与快乐体操教学理念相契合。回归体育的本位目标,即追求运动的兴趣。兴趣的培养和技能的掌握是相互协同发展的,兴趣的培养可以促进技能的掌握,技能的掌握可以激发学生的兴趣。

(六)保留体操本质原则

快乐体操的教学理念与竞技体操有所不同,快乐体操不要求少年儿童以成绩为主,参加专业化大强度的体操训练,是以兴趣化的体操基础动作为载体来增强学生的体质,促进健康,因此,快乐体操内容的选择上不能脱离体操基本元素,要以体操基础动作对教学方式进行设计。

第二节　小学快乐体操教学内容的优化设计

一、快乐体操学习领域各目标的重要性判定

快乐体操教学目标的实现对小学体育与健康课程标准目标的达成具有重要的支持作用,小学快乐体操学习领域各目标之间的相对重要性对教学内容的优化筛选具有重要的价值。依据小学体育与健康课程总目标的要求,得出快乐体操学习领域各目标的权重,步骤如下。

第一步,建立专家判断矩阵(见表5-1)。其中,学习领域目标用 P 表示,运动参与、身体健康、运动技能、心理健康和社会适应分别用 P1、P2、P3、P4 和 P5 表示,具体赋值及含义见表5-2。

表 5-1　专家对学习领域目标间相对重要性的判断矩阵

CK	P_1	P_2	P_3	P_4	P_5
P_1	1	3	4	5	8
P_2	1/3	1	4	5	6
P_3	1/4	1/4	1	3	4
P_4	1/5	1/5	1/3	1	3
P_5	1/8	1/6	1/4	1/3	1

表 5-2　A. L. Saaty1-9 比率标度及其含义

标度	标度含义
1	Pi 与 Pj 比较,不重要
3	Pi 与 Pj 比较,比较重要
5	Pi 与 Pj 比较,重要
7	Pi 与 Pj 比较,非常重要
9	Pi 与 Pj 比较,极其重要
2、4、6、8	分别代表相邻判断的中值
上列各数倒数	P_i 与 P_j 比较得 a_{ij},则 P_j 与 P_i 比较得 $1/a_{ij}$

P1-2 = (1×9+3×4+5×3+7×2+9×2)/20 = 70/20 = 3. 4 ≈ 3

P1-3 = (1×5+3×7+5×5+9×3)/20 = 78/20 = 3. 9 ≈ 4

P1-4 = (1×2+3×7+5×5+7×3+9×3)/20 = 96/20 = 4. 8 ≈ 5

P1-5 = (1×1+3×4+5×2+7×2+9×11)/20 = 135/20 = 7. 7 ≈ 8

P2-3 = (1×5+3×3+5×7+7×4+9×1)/20 = 86/20 = 4. 3 ≈ 4

P2-4 = (1×4+3×6+5×2+7×3+9×5)/20 = 98/20 = 4. 9 ≈ 5

P2-5 = (1×1+3×4+5×5+7×6+9×4)/20 = 116/20 = 5. 8 ≈ 6

P3-4 = (1×4+3×9+5×7)/20 = 66/20 = 3. 3 ≈ 3

P3-5 = (1×3+3×12+5×3+9×2)/20 = 72/20 = 3. 6 ≈ 4

P4-5 = (1×10+3×4+5×2+7×4)/20 = 60/20 = 3

第二步,计算判断矩阵每一子目标的乘积 Wi。

W1 = 1×3×4×5×8 = 480；W2 = 1/3×1×4×5×6 = 40；W3 = 1/4×1/4×1×3 ×4 = 0.75；

W4 = 1/5×1/5×1/3×1×3 = 0.04；W5 = 1/8×1/6×1/4×1/3×1 = 0.0017

第三步，计算乘积 Wi 的 5 次方根 $\beta i = \sqrt[n]{wi}$ 。

$\beta 1 = \sqrt[5]{480} = 3.437$；$\beta 2 = \sqrt[5]{40} = 2.091$；$\beta 3 = \sqrt[5]{0.75} = 0.944$

$\beta 4 = \sqrt[5]{0.04} = 0.525$；$\beta 5 = \sqrt[5]{0.0017} = 0.279$

第四步，依据公式 $\beta = \sum_{}^{n} \beta i$ 归一化处理方根。

$\beta = \sum_{}^{5} \beta i = 3.437 + 2.091 + 0.944 + 0.525 + 0.279 = 7.276$

$\alpha 1 = 3.437/7.276 = 0.4724$；$\alpha 2 = 2.091/7.276 = 0.2874$；$\alpha 3 = 0.944/7.276 = 0.1297$；$\alpha 4 = 0.525/7.276 = 0.0722$；$\alpha 5 = 0.279/7.276 = 0.0383$

第五步，根据公式 $\gamma max = \dfrac{\sum ri}{n}$ ，计算最大特征向量 γmax 。

$\gamma 1 = (1×0.4724 + 3×0.2874 + 4×0.1297 + 5×0.0722 + 8×0.0383)/0.4724 = 5.3362$

$\gamma 2 = (1/3×0.4724 + 1×0.2874 + 4×0.1297 + 5×0.0722 + 6×0.0383)/0.2874 = 5.4087$

$\gamma 3 = (1/4×0.4724 + 1/4×0.2874 + 1×0.1297 + 3×0.0722 + 4×0.0383)/0.1297 = 5.3157$

$\gamma 4 = (1/5×0.4724 + 1/5×0.2874 + 1/3×0.1297 + 1×0.0722 + 3×0.0383)/0.0722 = 5.2950$

$\gamma 5 = (1/8×0.4724 + 1/6×0.2874 + 1/4×0.1297 + 1/3×0.0722 + 1×0.0383)/0.0383 = 5.2674$

$\gamma max = (5.3362 + 5.4087 + 5.3157 + 5.2950 + 5.2674)/5 = 5.3246$

第六步，矩阵的一致性检验。依据理论，在 $\gamma max > n$ 的情况下，其矩阵的一致性检验指标 $C.I = (\gamma max - n)/(n - 1) = (5.3246 - 5)/4 =$

0.0812 < 0.10,具有一致性,表明矩阵通过检验。

表 5-3　平均随机一致性检验指标 R.I 值

阶数	1	2	3	4	5	6	7	8	9	10
R.I	0.0	0.0	0.58	0.89	1.12	1.24	1.32	1.41	1.45	1.49

第七步,计算 C.R。比较 C.I 与 R.I(表 5-3)以检验不同阶数矩阵的一致性,得出 C.R=C.I/R.I=0.0812/1.12=0.0725<0.10(R.I 代表判断矩阵的平均随机一致性),故表明该矩阵通过了一致性检验。

第八步,得出上述构建的判断矩阵具有一致性(C.I 和 C.R 均<0.1)。各目标的权重为:P1 运动参与=47.24%;P2 身体健康=28.74%;P3 运动技能=12.97%;P4 心理健康=7.22%;P5 社会适应=3.83%。

二、快乐体操子项目的优化筛选

首先,根据快乐体操子项目对学习领域各目标的支持程度,计算出子项目在教学中所占的比重,即快乐体操子项目对学习领域目标的直接贡献(D 值),从而合理地选择教学内容。其次,通过快乐体操子项目之间交互影响的判定,计算子项目间的作用程度,即快乐体操子项目对学习领域目标的全部贡献(T 值)。最后,计算快乐体操子项目的依赖指数 R,得到快乐体操子项目开设的合理排序,为教学过程设计和教学目标实现奠定基础。

(一)子项目对学习领域目标的贡献

通过专家调查结果,我们得出小学快乐体操子项目对学习领域各目标的支持程度和直接贡献值 D 值(见表 5-4)。表中每一行表示快乐体操子项目对学习领域各目标的支持程度或支持作用。我们定义,$d(i)=\sum a(ij) \times W(j)$,其 $a(ij)$ 表示快乐体操子项目与学习领域各目标交互影响矩阵表中的矩阵元,$W(j)$ 为快乐体操学习领域各目标的权重,$d(i)$

表示第(i)项快乐体操子项目与学习领域各目标的直接关联指数或直接贡献程度,其大小取决于 $a(ij)$。例如,双杠对学习领域目标的直接贡献值 D 值=2.40×0.4724+2.90×0.2874+1.80×0.1297+1.40×0.0722+1.35×0.0383=2.35,自由体操、单杠、跳跃、平衡木和蹦床对目标的直接贡献值 D 值分别为 2.35、2.07、2.23、1.96 和 2.53。

表5-4 快乐体操子项目与学习领域各目标的交互影响 D 值统计表

子项目/目标(W)	运动参与(0.4724)	身体健康(0.2874)	运动技能(0.1297)	心理健康(0.0722)	社会适应(0.0383)	D 值	排序
双杠	2.40	2.90	1.80	1.40	1.35	2.35	2
自由体操	2.05	3.35	2.05	1.50	1.20	2.35	2
单杠	1.80	2.85	1.70	1.65	1.60	2.07	5
跳跃	2.05	3.00	1.95	1.35	1.30	2.23	4
平衡木	1.60	2.85	1.80	1.50	1.20	1.96	6
蹦床	2.70	2.80	2.05	1.75	1.45	2.53	1

注:保留两位小数。

表5-5 快乐体操子项目之间的交互影响 T 值和 R 值统计表

子项目/目标(D)	双杠(2.35)	自由体操(2.35)	单杠(2.07)	跳跃(2.23)	平衡木(1.96)	蹦床(2.53)	T 值	排序
双杠	4.00	1.00	3.15	2.10	2.05	3.15	34.94	6
自由体操	3.65	4.00	2.05	2.85	2.50	2.05	38.66	2
单杠	3.15	2.05	4.00	2.65	3.45	2.50	39.50	1
跳跃	2.10	2.85	2.65	4.00	2.05	2.05	35.24	5
平衡木	2.05	2.50	3.45	2.05	4.00	3.00	37.84	3
蹦床	3.15	1.05	2.50	2.05	3.00	4.00	35.62	4
R 值	42.54	31.61	36.85	35.01	33.42	42.38	—	—
顺序	6	1	4	3	2	5	—	—

注:保留两位小数。

快乐体操子项目与子项目的交互影响是指学习快乐体操某项目对其他项目的积极影响,即快乐体操项目与项目间的正迁移,我们称为快乐体操项目对学习领域目标的全部贡献值,用 T 值表示(见表 5-5)。我们定义, $t(i) = \sum b(ij) \times d(j)$, $d(j)$ 为快乐体操项目对学习领域目标的直接贡献值, $b(ij)$ 表明第 i 项快乐体操项目对第 j 项快乐体操项目的支持程度,T 值的大小取决于 $b(ij)$,它反映了快乐体操项目对学习领域目标的全部贡献程度。例如,双杠项目对学习领域目标的全部贡献值 T 值 = 4×2.35+1.00×2.35+3.15×2.07+2.10×2.23+2.05×1.96+3.15×2.53 = 34.94,自由体操、单杠、跳跃、平衡木和蹦床对目标的全部贡献值 T 值分别为 38.66、39.50、35.24、37.84 和 35.62。

从表 5-4 和表 5-5 可以看出,快乐体操子项目对学习领域目标的直接贡献 D 值大小排在第一位的是蹦床,随后是自由体操,接下来是双杠、跳跃、单杠和平衡木,全部贡献 T 值排在首位的是单杠,其次是自由体操,接下来是平衡木、跳跃、蹦床和双杠,其中,D 值和 T 值均大的是自由体操,表明自由体操对学习领域目标的直接贡献和全部贡献均较大,即总贡献值比较大。因此,在对快乐教学过程中应优先考虑该项目,所占课程总时数也应高于其他项目,同时配备齐全的器材设施。

(二)子项目的开设顺序

通过对快乐体操子项目与子项目的依赖指数 R 值来确定子项目的组织顺序。我们定义 R 为快乐体操子项目的依赖指数, $r(j) = \sum b(ij)$,式中 $r(j)$ 为第 j 项内容的依赖指数, $b(ij)$ 表明第 i 项快乐体操子项目对第 j 项项目的依赖及依赖程度(见表,5-5),例如,自由体操子项目的 R 值 = (1.00+4.00+2.05+2.85+2.50+1.05)×2.35 = 31.61。从表 5-5 快乐体操子项目 R 值由小到大的排序,得出其开设顺序为自由体操、平衡木(女)、跳跃、单杠、蹦床、双杠(男),据此,对小学快乐体操教学内容和教学时数进行安排。

三、快乐体操子项目教学内容的优化筛选

在体育教学活动中,课程目标具有导向性,教学内容依据目标开展,并服务于目标,但教学内容具有多样化、多维性和多手段性。快乐体操教学内容的筛选遵循"目标统领内容",根据学习领域的目标,经过初步筛选、优化筛选,得到快乐体操子项目的教学内容和开设顺序。

(一)教学内容的初步筛选

根据小学生身心发育的特点和快乐体操教学设计的原则,结合查阅的文献和《标准》,在访谈专家的基础上,初步筛选得到小学快乐体操子项目教学内容。如表 5-6 所示,蹦床 16 个动作、自由体操 16 个动作跳跃 6 个动作、单杠 15 个动作、双杠(限男子)13 个动作、平衡木(限女子)17 个动作。

表 5-6　小快乐体操子项目教学内容的初步筛选

项目	主要技术动作
蹦床 (16 个动作)	预备跳、并腿小跳、分腿小跳、团身跳、直体跳、前后分合跳、左右分合跳、跪弹、坐弹、屈体并腿跳、屈体分腿跳、屈体分腿跳转体、屈体并腿跳转体、直体跳转体、直体跳转 180°、坐弹起
自由体操 (16 个动作)	熊猫滚、直体侧滚、仰卧两头起、团身前滚翻、后滚翻、坐位体前屈、屈体前滚翻、小鱼跃前滚翻、原地侧手翻、直体跳转 180°、单腿站立平衡 2 秒、肩肘倒立、前踢腿转体 180°、直体跳转 360°、趋步—侧手翻、摆倒立
双杠(限男子) (13 个动作)	支撑、跳上成支撑、跳起支撑、摇摆、支撑摆动、直角支撑、分腿坐杠、分腿直角坐杠、外侧坐杠、进杠、杠上转体、支撑摆动—下法、下法
跳跃 (6 个动作)	上板起跳、分腿腾跃、跳上成蹲撑、蹲腾越、跳上成屈体分腿立撑、软体跳箱或高垫 100 厘米
单杠 (15 个动作)	悬垂移位、悬垂振摆、翻身上、单脚蹬地翻身上、并腿蹬地翻身上、走浪—回荡、走浪转体 180°、出浪—回荡、出浪、出浪—回摆、单腿摆越成骑撑、支撑后倒弧形下、后倒挂膝上、向后腹回环、下法

续表

项目	主要技术动作
平衡木(限女子) (17个动作)	向侧走步、脚尖步、前踢—后摆腿、木端挺身下、身体波浪、前踢腿、单脚站立2秒、跳步组合、脚尖步—转体—后退步、双脚起踵立、直体小交换腿跳、向侧移中心、单腿站立平衡、向后屈膝交换腿跳、双脚起踵转体、燕式平衡、交换步

(二)教学内容对学习领域目标的贡献

快乐体操教学内容的筛选既是体操教学的依据,也是实现小学体育与健康课程目标的关键。运用交互影响分析的方法优化筛选小学快乐体操教学内容,对重点和难点进行筛选和编排,为小学快乐体操教学内容的形成提供理论支持。[①] 依据快乐体操子项目教学内容与学习领域目标的交互影响,得到 D 值,即教学内容对学习领域各目标的直接贡献;依据教学内容与教学内容的交互影响,得到 T 值,即教学内容对学习领域目标的全部贡献。以自由体操教学内容为例,计算 D 值和 T 值,得到自由体操教学内容对目标的贡献。

表 5-7　自由体操教学内容对学习领域目标的 D 值和 T 值统计表

动作/目标	运动参与	身体健康	运动技能	心理健康	社会适应	D 值	D 值排序	T 值	T 值排序
直体侧滚	2.40	2.10	2.00	1.70	1.30	2.17	13	58.49	13
屈体前滚翻	2.70	2.15	2.10	1.75	1.70	2.36	4	68.18	5
摆倒立	2.55	2.90	2.00	1.85	1.90	2.50	1	73.25	4
仰卧两头起	2.75	2.10	2.55	1.65	2.00	2.43	2	58.97	11
坐位体前屈	2.60	2.25	2.65	1.65	1.90	2.41	3	57.10	14
直体跳转180°	2.05	2.60	2.30	1.65	1.25	2.18	11	58.68	12
单腿站立平衡2秒	2.55	2.05	1.85	1.60	1.65	2.21	7	54.8	16
小鱼跃前滚翻	2.10	2.65	2.10	1.55	1.35	2.19	10	76.28	2

---

① 刘爱梅,曲鲁平,崔娇娇,等.小学快乐体操教学内容体系的构建[J].山东体育学院学报,2021,37(10):112-118.

动作/目标	运动参与	身体健康	运动技能	心理健康	社会适应	D值	D值排序	T值	T值排序
原地侧手翻	1.90	2.90	2.10	1.55	1.55	2.17	13	65.46	7
前踢腿转体180°	1.65	2.75	1.95	1.45	1.35	2.00	16	55.94	15
直体跳转360°	2.25	2.75	1.80	2.15	1.75	2.30	6	76.49	1
熊猫滚	2.20	2.65	1.70	1.75	1.75	2.21	7	65.45	8
肩肘倒立	2.30	2.35	1.80	1.55	1.45	2.16	15	63.81	10
趋步—侧手翻	2.35	2.75	2.05	1.80	1.75	2.36	4	66.40	6
团身前滚翻	2.15	2.50	2.05	1.85	1.70	2.20	9	64.90	9
后滚翻	2.15	2.90	1.80	1.95	1.50	2.18	11	75.98	3

注:保留两位小数。

根据公式 $d(i) = \sum a(ij) \times W(j)$ 和 $t(i) = \sum b(ij) \times d(j), d(j)$，计算得出自由体操各教学内容对学习领域各目标的直接贡献值 D 值和全部贡献值 T 值(见表 5-7)。从表 5-7 中可以看出,D 值排在前三位的是摆倒立、仰卧两头起和坐位体前屈,四至六位的是屈体前滚翻、趋步—侧手翻和直体跳转360°,七至十位的是单腿站立平衡2秒、熊猫滚、团身前滚翻、小鱼跃前滚翻,后六位的是后滚翻、直体跳转180°、摆倒立、直体侧滚、肩肘倒立、前踢腿转体180°;T 值分列前三位的是直体跳转360°、小鱼跃前滚翻和后滚翻,四至六位的是摆倒立、屈体前滚翻和趋步—侧手翻,七至十位的是原地侧手翻、熊猫滚、团身前滚翻、肩肘倒立,后六位的是仰卧两头起、直体跳转180°、直体侧翻、坐位体前屈、前踢腿转体180°、单脚站立平衡2秒。进一步分析可知:①D 值和 T 值都比较大的有摆倒立、屈体前滚翻,建议在选择自由体操教学内容时应被列入必选内容,课时安排应有所侧重。②D 值和 T 值都比较小的有前踢腿转体180°、直体侧滚、直体跳转180°,建议在筛选教学内容时可以简单介绍或忽略不计。需要指出的是,对目标总贡献比较小的动作并不代表它们本身没有价值,而是对学习领域目标的实现不起作用或者作用很小,不适合在快乐体操教学中开展。

(三)教学内容的开设顺序

表5-8 自由体操动作之间的交互影响矩阵表

动作等级	屈体前滚翻	摆倒立	仰卧两头起	坐位体前屈	单腿站立平衡2秒	小鱼跃前滚翻	原地侧手翻	直体跳转360°	熊猫滚	肩肘倒立	趋步侧手翻	团身前滚翻	后滚翻
屈体前滚翻	9.44	9.13	3.16	2.41	2.10	6.57	2.28	7.59	2.32	2.16	2.36	2.20	6.76
摆倒立	8.38	10.0	4.13	2.65	2.43	8.54	1.63	7.13	2.10	2.48	2.83	2.75	8.39
仰卧两头起	3.42	4.63	9.72	6.87	2.10	4.27	2.82	3.68	2.43	3.46	2.6	2.53	3.82
坐位体前屈	3.30	4.25	6.56	9.64	2.10	5.48	2.17	3.91	1.88	3.24	1.77	1.98	3.71
单腿站立平衡2秒	2.48	3.38	2.92	2.41	8.84	2.74	2.71	2.53	4.75	2.48	3.42	2.86	2.94
小鱼跃前滚翻	6.73	9.75	4.13	5.30	2.87	8.76	2.93	6.67	2.32	2.70	2.71	2.53	7.85
原地侧手翻	3.42	2.88	4.86	3.13	4.97	3.29	8.68	2.65	3.76	4.10	4.60	5.06	2.83
直体跳转360°	7.20	8.75	3.52	4.82	3.43	6.46	2.93	9.20	3.32	4.21	2.83	2.42	6.76
熊猫滚	3.66	2.75	2.55	2.05	4.75	2.85	3.69	4.03	8.84	3.13	3.42	3.19	3.49
肩肘倒立	3.19	3.38	3.77	4.22	3.98	3.50	5.00	5.75	3.32	8.64	2.95	2.97	3.05
趋步—侧手翻	3.07	4.13	3.04	2.53	3.98	3.50	5.32	3.57	3.54	3.56	9.44	7.83	3.05
团身前滚翻	3.19	5.13	3.04	2.65	3.98	2.63	4.67	3.11	3.43	3.67	8.38	8.80	2.83
后滚翻	6.02	8.50	4.37	3.01	3.43	7.67	3.04	6.33	3.09	2.81	4.48	3.85	8.72
R值	63.5	76.66	55.77	51.69	48.96	66.26	47.87	66.15	45.1	46.64	51.79	48.97	64.2
顺序	9	13	8	6	4	12	3	11	1	2	7	5	10

注:保留两位小数。

根据自由体操教学内容与教学内容交互影响矩阵表,删除 D 值和 T

值均小的三项动作前踢腿转体 180°、直体侧滚和直体跳转 180°，重新构建自由体操教学内容与教学内容交互影响矩阵表（见表5-8）。需要指出的是，表5-8 的交互作用矩阵不是备选内容，而是准备实践的内容。表中每一行的矩阵元表示一个内容对其他内容的支持及支持程度，表中每一列的矩阵元表示一个内容对其他内容的依作用及作用程度。我们定义 R 为自由体操教学内容的依赖指数，根据公式 $r(j) = \sum b(ij)$ 计算 R 值，依据 R 值从小到大排序，得到自由体操教学内容应开设的先后顺序为熊猫滚、肩肘倒立、原地侧手翻、单脚平衡站立 2 秒、团身前滚翻、坐位体前屈、趋步—侧手翻、仰卧两头起、屈体前滚翻、后滚翻、直体跳转 360°、小鱼跃前滚翻、摆倒立。

同理，得到双杠的开设顺序为进杠、支撑、跳上成支撑、支撑摆动、跳起支撑、分腿坐杠、分腿直角坐杠、外侧坐杠、下法、支撑摆动—下法；蹦床的开设顺序为预备跳、团身跳、前后分合跳、左右分合跳、屈体分腿跳、直体跳、并腿小跳、屈体并腿跳、分腿小跳、屈体分腿跳转体、跪弹、坐弹、直体跳转体；单杠的开设顺序为悬垂移位、悬垂振摆、走浪—回荡、出浪、出浪—回摆、翻身上、单腿蹬地翻身上、并腿蹬地翻身上、向后腹回环、单腿摆越成骑撑、后倒挂膝上、下法；跳跃的开设顺序为上板起跳、软体跳箱或高垫 100 厘米、跳上成蹲撑、分腿腾越、跳上成屈体分腿立撑；平衡木的开设顺序为向侧走步、向侧移中心、前踢腿、前踢—后摆腿、单腿站立 2 秒、单腿站立平衡、脚尖步、脚尖步—转体—后退步、交换步、直体小交换腿跳、跳步组合、双脚起踵立、双脚起踵转体。

需要指出的是，上述快乐体操教学内容的排序只是根据教学内容与教学内容之间的支持和依赖程度得出来的，而没有考虑学校的师资水平和教学条件与实施等因素。建议在教学过程中，教师根据学校的教学条件、学生的年龄特征和教师的自身能力进行授课，同时注意小学三个水平段教学动作内容的合理衔接，以实现快乐体操动作对学习领域目标的最大化。

第三节 小学快乐体操教学内容的教学安排

小学体育教学过程划分为学段、学年、学期、单元和学时五个阶段完成。根据专家建议，针对小学生而言，快乐体操教学安排需要从以下几个层次展开。首先，安排不同学段快乐体操教学内容；其次，结合不同学段安排学年教学计划；最后，安排各学年教学时数与分配。

一、不同学段教学内容的安排

根据小学快乐体操教学内容的优化筛选，结合小学生特点和教学场地与器材等因素，归纳总结出小学三个水平段快乐体操教学内容的安排（见表5-9）。

表5-9　小学水平一——水平三快乐体操教学内容的安排表

水平	项目	教学内容
水平一	双杠	进杠、支撑、跳上成支撑、支撑摆动、跳起支撑
	蹦床	预备跳、团身跳、前后分合跳、左右分合跳、屈体分腿跳
	单杠	悬垂移位、悬垂振摆、走浪—回荡、出浪、出浪—回摆
	跳跃	上板起跳
	自由体操	熊猫滚、肩肘倒立、原地侧手翻、单脚平衡站立2秒、团身前滚翻
	平衡木	向侧走步、向侧移中心、前踢腿、前踢—后摆腿、单腿站立2秒、单腿站立平衡

143

续表

水平	项目	教学内容
水平二	双杠	分腿坐杠、分腿直角坐杠、外侧坐杠
	蹦床	直体跳、并腿小跳、屈体并腿跳、分腿小跳、屈体分腿跳转体
	单杠	翻身上、单腿蹬地翻身上、并腿蹬地翻身上、向后腹回环
	跳跃	软体跳箱或高垫 100 厘米、跳上成蹲撑
	自由体操	坐位体前屈、趋步—侧手翻、仰卧两头起、屈体前滚翻、后滚翻
	平衡木	脚尖步、脚尖步—转体—后退步、交换步、直体小交换腿跳、跳步组合
水平三	双杠	下法、支撑摆动—下法
	蹦床	跪弹、坐弹、直体跳转体
	单杠	单腿摆越成骑撑、后倒挂膝上、下法
	跳跃	分腿腾越、跳上成屈体分腿立撑
	自由体操	直体跳转 360 度、小鱼跃前滚翻、摆倒立
	平衡木	双脚起踵立、双脚起踵转体

二、不同学段教学时数的分配

小学不同学段快乐体操教学时数的分配依据两点：第一，国家对体操课教学的规定是每学年约 12 周，即每学期约 6 周；第二，小学水平一、水平二和水平三学段每周学时数分别为 4 学时、3 学时和 3 学时。据此得出，小学水平一、水平二和水平三学段每学年教学时数分别为 48 学时、36 学时和 36 学时。在具体安排过程中，先是依据前期快乐体操子项目的开设顺序（自由体操、平衡木、跳跃、单杠、蹦床和双杠）选择项目；然后将子项目学时分配到两个学期。其中，水平一、水平二、水平三每学期子项目教学学时为 24 学时、18 学时和 18 学时。①

① 王浩然. 我国快乐体操推广模式研究[D]. 武汉体育学院，2019.

第四节　小学快乐体操教学内容的案例设计

一、案例一:熊猫翻跟头

(1)教学对象

小学水平一学段学生。

(2)侧重技能

熊猫滚、前滚翻、后滚翻。

(3)课前准备

50平方米左右的场地、三角垫、彩虹伞。

(4)热身活动

游戏"猫和老鼠",一个学生爬到彩虹伞上面扮作"猫咪",另一个学生藏在下面扮作"老鼠",猫咪和老鼠都只能趴着移动,旁边的同学要抖动彩虹伞来帮助"老鼠"掩蔽,不要被"猫咪"抓住。

(5)拉伸性练习

每个小朋友都拿一个垫子坐好,开始做拉伸性训练,保证小朋友之间的距离。

活动颈部:寻找小兔子,在左边,还是在右边? 还是在天上,还是在地上? 绕个圈找一找? 再绕个圈找一找?

活动手臂:举起双臂超过头顶,假装是兔子长长的耳朵,放下一只手臂(合拢一只耳朵),换另一只耳朵,竖起两只耳朵,放下两只耳朵,左右交替摆动耳朵,前后交替摆动耳朵。

腿部拉伸:坐下,屈体,伸出兔子耳朵(双臂),用耳朵去够脚指头。

分腿拉伸:分腿坐,用"兔子耳朵"去够两边的脚,"兔子耳朵"向前伸至最远处。

（6）技术动作训练

拉伸过后，有趣的"快乐体操"课程要开始啦！先让同学们想一想动物园里的熊猫是怎么滚动和翻跟头的呢？让学生凭借自己的想象做一下动作，等同学们产生兴趣，自己模仿完之后，老师进行正确动作的演示与讲解。

熊猫滚：首先由蹲撑开始，身体后倒，低头含胸圆背、屈膝抱腿、向上翻臀、身体向后滚动；随后臀部下落时，上体前压，身体向前滚动，脚积极着地以结束动作，类似不倒翁练习。

前滚翻：身体半蹲，两臂向前伸直，然后把手放在脚的前方，同时下巴向胸部收紧，两脚蹬地，身体向前倾斜，两臂屈臂缓冲慢慢让身体的重量过渡到肩背上，保持身体为球状，向后翻滚直至还原到半蹲姿势。

后滚翻：屈腿蹲坐，两臂向前伸直（掌心向下）；重心后移的同时，含胸、圆背，后倒，两手推地，两脚着地站立。在练习初期，可以借助体操器材在斜面上做后滚翻或者在高于地面的平面上进行练习。学习后滚翻运动技术，增强空间意识，掌握安全落地技巧。

（7）放松活动

让学生坐在垫子上，播放舒展柔美的音乐，按摩手臂和腿部（保持腿部笔直坐在地上按摩）。

（8）注意事项

①滚动时，身体保持收紧，避免倾倒，由腹部发力；②滚动中，身体内收不充分，易造成滚动速度不快、内收和滚动不协调等现象；③练习的任何环节都不应该将身体重量落在头部和颈部；④练习过程中，有效控制身体，避免出现团身不紧、滚动不圆现象；⑤后滚翻时，容易出现后倒、臂部

后移而不是团身后倒,使滚翻失去速度现象。①

二、案例二:轻功水上漂

(1)教学对象

小学水平二学段学生。

(2)教学目标

运动参与(培养对体操的兴趣与爱好,鼓励更多的孩子参与到体操运动之中)、技术能力(发展各项身体生理机能,特别是平衡能力的发展)和情感态度(促进良好生活习惯的养成)。

(3)教学内容

单腿站立平衡2秒、燕式平衡。

(4)教学准备

体操垫若干。

(5)热身活动

"老鹰抓小鸡"游戏。

(6)拉伸性练习

抓脚趾:学生直立,站在垫子上。两手从身体两侧慢慢经侧向上至头顶上方合掌。然后,由手掌带动手臂和上身,低头往下,慢慢让自己的头、胸、腹部尽量贴近腿部,两手分别抓两脚脚趾,全程膝盖不能弯曲。

跪坐压肩:跪撑于垫子上,背部与地面保持平直。两腿跪坐含胸低头,两臂向前延伸,压肩时胸部尽量贴近地面;随后两臂伸直,脚背及小腿紧贴地面,身体向前伸展挺身。

跪撑下腰:两腿分开与肩同宽成跪姿,抬头挺胸伸髋、上体后仰,直至头朝下,两手握住脚踝,向上推拱起成"桥"状。

---

① 崔娇娇.小学快乐体操教学内容设计与实施效果研究[D].天津体育学院,2019.

蝴蝶飞过河:坐于垫上,腰背平直,两腿屈膝分开,两脚脚底相对,双手握住双脚并上下振动。

(7)技术动作训练

单腿站立平衡:直立站在垫上,手臂侧举;随后慢慢提起左脚(或右脚),脚尖绷直,大腿与地面平行,单腿站立平衡后,可做各种姿势(自由腿可以向前、向侧或向后举起45°左右:举起的姿势自选),站立腿不能屈膝。

燕式平衡:由直立开始,左腿(或右腿)向前迈出一小步的同时前倾上体,另一腿慢慢后举并尽量抬高,抬头、挺胸、挺髋,两臂侧举成腹平衡。

(8)放松活动

让学生坐在垫子上,播放舒展柔美的音乐,按摩手臂和腿部(保持腿部笔直坐在地上按摩)。

(9)注意事项

教师应做好示范讲解,帮助孩子理解动作要领,对于平衡性不好的学生,应加强鼓励与帮助。

第六章 基于体育教学模式的案例: 高校公体课羽毛球"SPOC+翻转课堂"的设计

第一节 羽毛球课教学设计的教学前期分析

一、羽毛球课线上线下课程设计的理论基础

(一)建构主义学习理论

建构主义学习理论对现代教育教学的发展有深远影响。建构主义认为学习的过程就是意义建构,学生并不是直接被动地接受所要学习的信息,而是积极主动地建构自身的认知体系。学习者以自身原有认知与经验为基础,与外部学习环境相互作用,形成和丰富自己新的认知结构。建构主义学习理论重视学生的主体性,让学生在互动探究中完成学习任务,合作探究是整个学习过程的核心。

"SPOC+翻转课堂"的教学模式主张学生通过互动讨论、合作探究的方式进行学习,鼓励学生通过探究来实现所学知识与技能的掌握。因此,建构主义学习理论为"SPOC+翻转课堂"教学模式下高校公共羽毛球课的教学设计提供了理论基础。

（二）有效教学理论

有效教学理论既要为教育教学活动提供理论支撑，又要研究解决实际教学问题的策略。从开始总结教学经验到有效教学理论的形成，是一个曲折而漫长的过程。有效教学理论强调以现有的教育教学经验为基础，顺应时代发展的潮流，不断创新教学理念，解决现实教学中存在的问题，以促进现代教育的发展。

"SPOC+翻转课堂"的教学模式是以慕课的教学经验为基础，与线下实体课堂相结合而形成的新型教学模式。对于"SPOC+翻转课堂"教学模式下的教学设计的研究，强调根据现有的教育教学经验，不断创新，旨在使教学活动更加高效。所以说，有效教学理论为"SPOC+翻转课堂"教学模式下高校公共羽毛球课的教学设计提供了理论基础。

（三）混合式学习理论

随着信息化技术的不断发展，教育的发展也在顺应着信息化的发展趋势，通过线下实体课堂进行学习的方式已经开始受到网络线上学习的冲击，传统的学习方式将逐渐被新型的混合式学习的方式取代。何克抗[①]认为，线上与线下相结合的混合式学习并不是将传统线下课堂学习与网络化学习进行简单混合，而是运用各种先进的教学理论，将两种学习形式中各学习要素合理进行协调、融合，以实现教学效果的最优化。

"SPOC+翻转课堂"教学模式下的教学设计注重各个教学要素的合理融合，强调线上与线下教学的高度契合。因此，混合式学习理论为"SPOC+翻转课堂"教学模式下高校公共羽毛球课的教学设计提供了理论基础。

（四）教育目标分类理论

在完整的教学设计过程中，首要的环节是教育目标的确定。20世纪

---

① 何克抗. 从 Blending Learning 看教育技术理论的新发展[J]. 国家教育行政学院学报，2005(09)：37-48+79.

八九十年代，以布鲁姆为主要代表的教育目标分类理论对我国教育的发展起到了重要作用，在我国的教育领域被广泛推崇。该理论将教育目标进行三个维度六个层次的分类，遵循从易到难、由简到繁的认知发展规律。

在"SPOC+翻转课堂"教学模式下高校公共羽毛球课的教学设计中，教学目标以布鲁姆的教育目标分类理论为基础，根据学生的实际情况以及认知水平合理进行设定。所以说，教育目标分类理论为"SPOC+翻转课堂"教学模式下高校公共羽毛球课的教学设计提供了理论基础。

二、羽毛球课线上线下课程设计的原则

(一) 系统性原则

系统性原则要求教学活动必须根据教学大纲循序、连贯、系统地进行。教学活动的系统性，能够使学生学习到系统的知识与技能，获得对所学习内容的规律性认识，以促进学生学习效率的提升。教学设计是一个整体系统的设计，包含若干个组成部分，各个组成部分既相互独立又彼此依存、彼此制约，组成了一个完整的系统，因此，对于"SPOC+翻转课堂"教学模式下高校公共羽毛球课的教学设计必须遵循系统性原则。"SPOC+翻转课堂"教学模式下高校公共羽毛球课的教学设计作为一个完整的系统，应从教学活动的组织者(高校体育教师)和教学活动的主要参与者(大学生)两个角度去进行羽毛球教学活动的整体设计，其中包括线上学习平台的选择、线上学习活动的设计、线下实体课堂教学活动的设计、教学内容与教学资源的设计以及教学评价的设计等。

(二) 可行性原则

"SPOC+翻转课堂"教学模式下高校公共羽毛球课的教学设计与具体实施必须具有可行性。因此，必须考虑"SPOC+翻转课堂"新型教学模式开展所需要的主、客观条件。首先，要考虑高校体育教师和大学生是否

符合主观条件,其中包含高校体育教师与大学生的年龄特点、对"SPOC+翻转课堂"教学模式的态度、大学生的知识基础以及学习需求等。其次,要考虑客观条件是否允许"SPOC+翻转课堂"教学模式的开展,其中包括学校羽毛球教学环境、基本条件以及教学资源等因素。最后,"SPOC+翻转课堂"教学模式下高校公共羽毛球课的教学设计还必须具备可操作性,合理地选择线上教学平台,做好课程规划,科学地进行教学方案与教学评价设计,使"SPOC+翻转课堂"教学模式能满足师生不同阶段的教学和学习需求。

(三) 开放性原则

吕利婷[1]提出,泛在式的学习具有随时学、随地学相对不受时空限制的特点,是现代化社会发展的必然。在"SPOC+翻转课堂"教学模式下进行高校羽毛球课程的教学,可以使学生的学习时间和地点实现灵活自由的支配。在现代信息化的大环境下,开放性的羽毛球课程能够充分发挥大学生的主观能动性,使学生充分利用碎片化的时间,选择自己喜欢的学习方式和学习环境自主学习,完成学习任务。

(四) 创新性原则

李兆进[2]认为,创新是利用已有的自然资源创造新事物的一种手段,合理利用自然资源和社会资源,借助信息科技,服务于学校体育和运动休闲将是教育现代化的现实需求。

胡钦太[3]等提出,目前我国在推进教育大规模个性化等方面仍然存在诸多问题。在工业 4.0 时代,智能的现代化信息技术若能与教育教学实现深度融合,我国教育现代化发展所面临的瓶颈则有望被破解,教育系

---

① 吕利婷.基于混合现实的高校泛在学习研究[D].郑州大学,2018.
② 李兆进.运动休闲新空间[M].北京:人民体育出版社,2021:39-40.
③ 胡钦太,刘丽清,郑凯.工业革命4.0背景下的智慧教育新格局[J].中国电化教育,2019(03):1-8.

统再次发生革命性变革,打造信息化教育新格局,绘就现代化强国教育的宏伟蓝图。"SPOC+翻转课堂"教学模式下高校公共羽毛球课的教学设计应遵循创新性的原则,在羽毛球课程整体的教学设计中注重创新,将教学内容、课程结构、教学环境三者相结合,设计合理的教学方案,鼓励大学生参与到羽毛球教学活动与方案的设计中,以此增强大学生的创新意识,实现培养创新型人才的教育宗旨。

(五) 主动性原则

建构主义下的"教学模式"应充分体现"学生中心"的教育理念,教师在教学过程中只起到组织、帮助和指导的作用,充分发展学生的主动性。"SPOC+翻转课堂"教学模式下高校公共羽毛球课的教学设计应遵循主动性原则,羽毛球课程整体教学活动的设计应以充分发挥大学生在学习过程的主观能动性为宗旨,培养大学生的自主学习意识,增强其自主完成学习活动的能力。

(六) 互动性原则

"SPOC+翻转课堂"教学模式下高校公共羽毛球课的教学设计中,应加强体育教师与大学生之间沟通交流与互动,充分发挥大学生学习的自主性与主动性,使其学习参与度最大化。在"SPOC+翻转课堂"教学模式下的高校羽毛球课程教学中,互动方式有两种,线上互动设计主要以线上学习平台为载体,通过学习平台的"讨论区"功能以及微信的班级群进行师生、生生之间的交流互动;线下互动主要是通过线下羽毛球实体课堂上的交流以及课后的互动交流完成。

第二节　羽毛球课线上线下教学资源的设计

一、羽毛球 SPOC 教学平台的选择

SPOC 教学模式是由慕课发展而来，SPOC 最早的应用也是以慕课的线上教学平台为基础来进行的。"SPOC+翻转课堂"教学模式相对于传统的教学模式，具有一系列的独特优势，而 SPOC 线上教学平台的选取首先应考虑该教学模式的特点与优势——应具备能建立线上课堂、具有教学资源与试题库、支持课件微视频在线播放、线上学习活动整体分析以及课后习题反馈等功能。

其次，羽毛球课 SPOC 线上教学平台的选取还要考虑学校自身的资源条件。中国大学慕课、好大学在线以及学堂在线等我国知名线上教学平台是由我国部分高校合作参与建设并利用的，需要高校进行平台注册。另外，山东大学、哈尔滨工业大学、南京大学等高校也开创了自己的线上教学平台，这些学校大多是由本校的技术人员来制作本校的教学网站，将教学资源上传到教学网站来进行线上教学，但这无疑会加重教师与相关工作人员以及学校的负担，且大学生通过手机终端进行学习也具有一定的局限性。

综合这两方面的因素，在本次实验中选择"雨课堂"作为主要羽毛球课的线上教学平台，该平台能实现线上课堂的建立，具有云端资源库与试题库，可在教学课件中插入教学微视频，方便教师进行教学资源的上传，上传成功的课件可在线学习或者下载，为学生的课前预习以及课后多次复习提供了必要条件。该平台还具备线上学习活动批量分析的功能，可以清晰地反馈学生的线上学习情况。其次，考虑到利用雨课堂平台进行

交流可能会有一定的局限性,同时选择大学生普遍使用的社交软件"微信"作为辅助平台。通过建立班级微信群组,师生与生生之间的交流互动可直接在微信群内进行,以提高交流互动的便捷性。

二、羽毛球课教学资源的筛选

所谓教学资源,即在完整的教学过程中教师因学生学习需要为学生提供的学习素材。"SPOC+翻转课堂"教学模式下高校公共羽毛球课所需要的教学资源主要是线上的微视频以及课后练习题,线上 SPOC 教学平台选择使用天津中医药大学疫情期间使用的线上教学平台——雨课堂。

羽毛球课程中线上微视频教学资源的选择是与天津中医药大学体育学院羽毛球教研室的专家讨论后决定的,在"中国大学幕课"平台中选择了较为优质的东北大学与集美大学所制作的羽毛球课程,根据教学需要从中选择优质的教学片段,最后将优质的教学片段剪辑成作为羽毛球课程线上教学资源的微视频。线上教学资源是从"中国大学慕课"平台的优质课程选取并剪辑,但是各个教学微视频中所涉及的教学知识点的选择以及各阶段教学过程的安排与设计均按照天津中医药大学羽毛球选修课的教学大纲进行。

第三节　羽毛球课各教学阶段教学活动的设计

"SPOC+翻转课堂"教学模式下的羽毛球教学活动从教学环境方面可分为线上教学活动与线下实体课堂教学活动两个维度。根据该教学模式教学过程的特点,又可将完整的羽毛球教学过程分为课前、课中和课后三个教学阶段。从教学活动的组织者与参与者来说,完整的羽毛球课教学设计要从教学活动的组织者(高校体育教师)以及教学活动的主要参与者(大学生)两个视角来进行。

一、羽毛球课前教学活动设计

(一)体育教师羽毛球课前活动安排

在上羽毛球课前,体育教师的备课分为线上准备和线下准备两个阶段,线上备课阶段主要分为学习目标的设定、教学资源的整合以及线上微视频课件的制作与上传等部分;线下备课阶段主要是教学方案的设计,具体如图 6-1 所示。

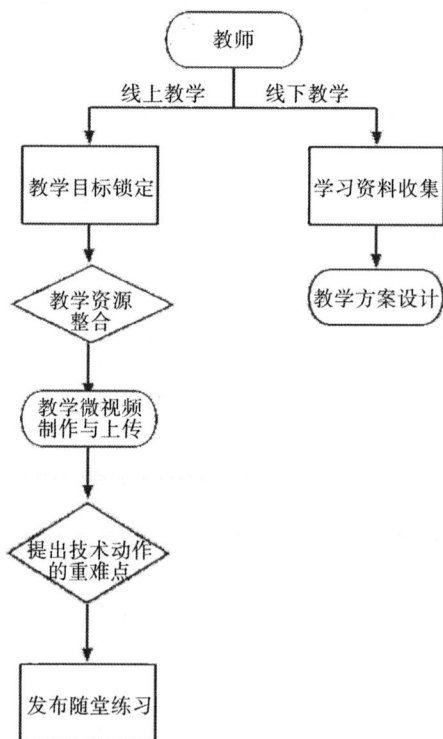

图 6-1 体育教师羽毛课课前活动示意图

1.设定教学目标

体育教师要根据羽毛球课程教学大纲规定的课程内容来进行学习目标的制定,学生在明确学习目标之后,才能有针对性地进行线上教学资源的自主学习。

2.整合现实教学资源

以羽毛球课程教学大纲所规定的教学内容为依据,选择并整合线上教学资源。线上教学资源的来源具有多样性,教师可以自己录制教学视频来作为线上教学资源,也可以选择并提取优质的慕课资源来作为线上教学资源。教学资源的选择应遵循与教学内容相匹配,有助于学生理解和掌握教学内容的原则。

3.制作和上传教学微视频

根据本次羽毛球课教学的具体内容进行设计,选择优质的教学资源进行剪辑与制作,将所要学习技术动作的示范、动作方法与重难点的讲解等制作成微视频的形式,提前一周上传至"雨课堂"教学平台。

4.提出教学的重难点

学生在线上进行自主学习的过程中,教师多以提问的形式突出所学内容的重难点,目的是使学生在自主学习过程中可以根据技术的重难点,有针对性地开展学习。

5.发布课堂练习

随堂练习的发布,最主要是检验学生自主学习的状况;其次,可以通过练习题的形式来加深学生对所学内容的印象,促进学生理解所学内容。需要注意的是,随堂练习题型与题量的设置,应当根据课程的性质以及多数学生的实际情况制定。

在线下,授课教师主要负责相关学习资料的搜集,根据具体教学内容备课,进行线下实体课堂的整体设计。线下实体课堂的设计要以课程特点以及大学生的心理特点为依据,从而提升学生学习的积极性。

(二)学生羽毛球课前活动内容

学生在上课前的自主学习阶段主要集中在线上,通过数字终端设备在 SPOC 线上教学平台进行,学习活动的主要内容如图 6-2 所示。

1. 线上微视频自主学习

学生在线上教学平台对教师提前上传的教学资源进行自主学习,线上教学资源的形式主要是微视频。

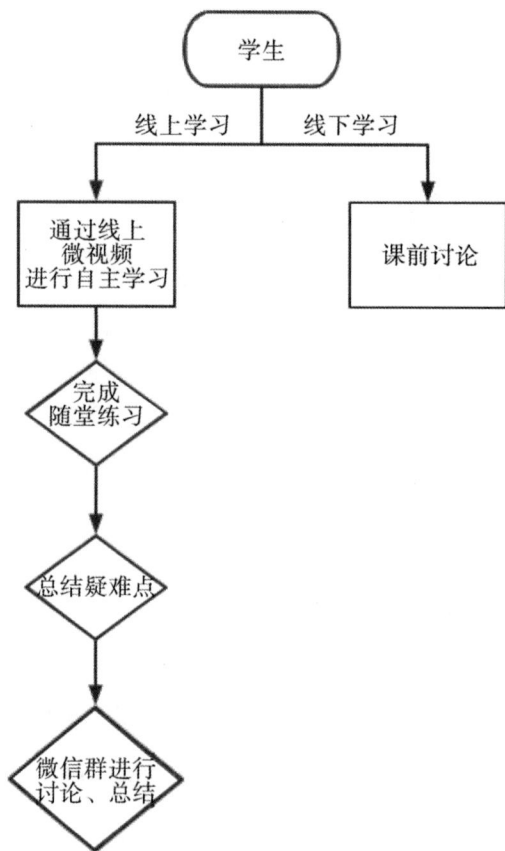

图 6-2 学生羽毛球课前活动内容示意图

2. 完成随堂练习

学生通过对线上教学资源的主学习后,对所学内容有了初步的理解,通过随堂练习的形式,来实现对所学知识的巩固与复习。

3. 总结疑难点

在课前自主学习的过程中,将不理解的疑难点进行罗列与记录。

4. 总结讨论

课前学习过程中发现的难点问题在课前通过微信群讨论的方式进行交流,最后将不能及时解决的疑难问题进行汇总,课上由教师统一讲解。

总之,教师在课前阶段的准备重点集中在教学资源的准备、制作与上传,以实现学生的泛在化学习,帮助学生充分利用碎片化的时间。在课前阶段,学生主要的学习活动是通过 SPOC 线上教学平台进行学习,在自主学习的过程中寻找问题,为课上阶段的课堂练习做好准备。

二、羽毛球课上教学活动设计

"SPOC+翻转课堂"教学模式在羽毛球课课上阶段回归线下实体课堂,即学生与教师在体育馆或羽毛球馆与传统体育课堂一样进行学习。但纵使回归线下实体课堂,学习模式与传统体育课堂截然不同,改变了满堂灌的被动式学习,实现了"课堂中心"的转变,充分体现了学生的主体地位。

课中阶段,教师应以本次课的具体教学内容以及在上课前学生自主学习的情况为依据来组织与设计课堂教学活动。羽毛球是偏重于技巧性的体育项目,相对于其他侧重于相关理论的学科,需要将课上时间尽可能地留给学生去进行练习,这样才能有助于学生掌握并学会运用相关的技战术。课上教学与学习活动的设计,主要分为课堂引入设计与课上羽毛球技战术练习设计两个部分。

大多数学生在课前通过线上的自主学习,可以初步理解并形成技术动作表象,将课前自主学习的成果与线下课堂的学习实现完美衔接,是课堂导入设计的目的和意义。教师可以采用提问与学习成果展示的方式进行课堂导入,提前了解学生的课前学习情况,也可以帮助学生解答学习时遇到的问题。

学生虽然在课前通过线上 SPOC 平台完成了自主学习,但未形成完整的、正确的技术动作表象,还需要教师在线下课堂的立体空间进行示范。教师在进行课上练习设计时,可以课堂导入设计为基础,直接进行多角度的技术动作示范,与传统课堂不同的是不再占用大量时间去进行技术动作的讲解。课上教师多维度示范与课前自主学习相结合,使学生在课上真正理解技术动作并练习。在学生课中练习的过程中,教师需要根据每位同学的具体掌握情况进行巡回指导,照顾到学生的个体差异性,针对学生不同的情况进行个性化的指导。对于学生普遍存在的问题,教师需要进行集体的讲解与总结,相对于传统课堂,更注重以学生为中心以及学生的个性化发展。

总之,课中阶段以课前学生进行自主学习的结果为基础,注重学生课上的技战术练习。学生通过课前的线上自主学习,在课中阶段可节省出大量的技战术讲解时间,将节省出来的时间用于技战术的练习以及更具针对性的指导,可以最大限度地提高学生的学习效率。

三、羽毛球课后教学活动设计

在课后阶段,教师主要针对羽毛球课堂教学以及学生的学习状况进行总结,对教学过程进行反思,以不断优化教学方案。再者,教师通过总结本次课学生的学习情况,设计讨论话题并将讨论内容发布于班级微信群,通过微信群组的形式与学生进行实时互动。课后,教师要针对下次课所要学习的具体教学内容大量收集学习资源,并将其进行整合,制作成课件及时发布到线上学习平台。

学生在课后可根据自己对本次羽毛球课教学内容的理解与掌握情况,继续登录"雨课堂"线上学习平台进行学习。针对自己尚未理解和掌握的部分,课后可以利用闲暇时间进行反复学习,在微信群组针对教师提出的讨论话,题根据自己的理解,积极参与讨论,以达到复习与巩固所学内容的目的。

总之,在这一教学阶段主要强调教师的教学反思以及学生对于所学内容的交流互动。教师应注重每一位同学的个体特点,尊重学生的个体差异,做到因材施教,以达到培养学生兴趣、提高学生学习积极性的目的。对于学生来说,也要对自己的学习过程不断进行审视与反思,对于学习过程中发现的难点问题,要做到及时反馈和反复学习,做到随时学、随地学,形成泛在式的终身学习理念。

第四节　羽毛球课学习评价的设计

学习评价设计是教学设计中的重要组成部分,制定一个完善的学习评价体系可以促使学生更高质量地完成学习活动。设计一个合理的学习评价体系从简单意义来讲可以对学生本课程的学习成绩进行量化,但从更深层次的意义来看,它是对学生在完整的学习过程中通过努力来获取学习成果的展示,能激发学生的学习以及参与体育运动的积极性,有助于培养终身体育意识。学习评价是对教学成果的反馈,所以学习评价要以完整的教学过程为依据进行设计。"SPOC+翻转课堂"教学模式下高校公共羽毛球课的教学过程主要分为线上和线下两个部分,因而学习评价也将从这两个维度进行设计。

一、羽毛球课线上学习评价设计

羽毛球课线上学习评价主要由两部分构成,一是线上平台的评价,二是体育教师的评价。

体育教师将羽毛球教学资源制作成课件并发布于线上平台后,学生学习平台上学习课件中的教学内容,在完成学习后,对课件中的随堂练习进行作答。"雨课堂"线上教学平台具有在线学习数据统计功能,学生们在进行线上自主学习的过程中,"雨课堂"会对学生在平台的学习情况自动进行记录,并根据学习进度给予进度评分,教师能清楚地看见学生的学习进程。羽毛球课程在天津中医药大学属于公共选修课,考虑到课程性质与学时设置,随堂练习设计题型均为选择题与判断题。当学生们完成教师预留的随堂练习题时,平台也会自动记录与统计学生们的随堂练习成绩。线上教学平台的评价主要包括学生线上学习进度评价和随堂练习评价两个部分。

线上学习阶段的教师评价主要是对学生的交流与互动方面进行评价,利用微信作为线上互动平台为学生们的交流沟通提供了便利,但该平台不具有互动参与数据的记录与分析功能。因此,当教师在设计好互动话题并在微信群组进行发布后,教师除了要与同学们进行交流与讨论,还需要作为"统计者"在后台对学生们的交流与互动情况进行记录与评价,这一部分教师要根据学生们的互动参与度、交流积极性以及参与交流讨论的具体表现进行评价。

二、羽毛球课线下学习评价设计

羽毛球课线下部分的学习评价主要是教师评价,包括课堂出勤、课上综合表现以及学期末的羽毛球基本技术考核三个方面。

良好的课堂出勤率既是保证正常教学秩序的基础,又是实现高质量课程教学的重要条件。在线下实体课堂的准备部分,由体育委员负责课堂考勤,对因其他原因请假而不能正常上课的同学进行记录,学期末根据每位同学的到课率进行课堂出勤评价。

在课上阶段,教师根据学生们的课堂学习状态来进行课上综合表现的评价。该部分的评价主要以学生们的学习积极性以及学习态度为依据,具体表现为回答问题的积极性、学习成果展示的积极性以及课上交流互动的积极性等方面。

尽管通过线上部分的评价可以大致了解学生们在课前自主学习的情况,但若想在完整课程结束后对学生的具体掌握情况进行评价,还需要与线下的羽毛球基本技术考核相结合,羽毛球基本技术掌握情况的测试放在学期末进行。期末测试的羽毛球基本技术包括正手发高远球技术、反手发网前球技术、定点击高远球技术和定点吊球技术,每项技术都从达标和技评两个维度来进行评价。

三、羽毛球课学业成绩的评定

在本次教学实验中,课程成绩的评定是以天津中医药大学羽毛球选修课教学大纲规定的成绩评定方法为基础,与翻转课堂教学模式下的考核方法合理结合,采用了线上评价与线下评价两个维度相结合的评价方式,其中各部分所占比重如表6-1所示。

表 6-1 学习评价量表设计

评价类别	评价内容	评定指标	评定标准	成绩
形成性评价	线上学习评价	线上课程学习进度（10分）	课程完成进度≥95%（10分）	
			95%>课程完成进度≥90%（8分）	
			90%>课程完成进度≥80%（6分）	
			课程完成进度<80%（0分）	
		随堂练习完成情况（10分）	练习全部完成，答案正确（10分）	
			练习全部完成，答案较正确（8分）	
			练习大部分完成，答案较正确（6分）	
			练习个别完成，或错误率较高（3分）	
		交流互动表现（5分）	讨论积极，发表高质量言论，观点明确合理，见解独特（5分）	
			讨论积极，发表一般言论，观点较明确（4分）	
			课题讨论积极性一般，偶尔发表观点，无明显见解（3分）	
			不参与讨论或者发表无关言论（0分）	
	线下学习评价	课堂出勤表现（10分）	课堂全勤（10分）	
			缺勤1~2次（8分）	
			缺勤3~4次（6分）	
			缺勤4次以上（0分）	
		课上综合表现（15分）	课上学习态度积极，遵守纪律，积极发言与展示，提出有建设性的意见（15分）	
			课上学习态度较为积极，遵守纪律，发言与展示较为积极（12分）	
			课上无发言与展示，遵守纪律，参与互动（6分）	
			课上无发言，不参与互动，扰乱课堂秩序（0分）	

评价类别	评价内容	评定指标	评定标准	成绩
总结性评价	线下考核	期末基本技术测试（50分）	期末基本技术测试成绩(100满分)×50%＝期末技术测试成绩得分	

合计(100分)			
评价等级	优秀	良好	及格	不及格
分值	85—100分	75—85分	60—75分	60分以下
得分				

羽毛球课程成绩的评定包括形成性评价（50%）和总结性评价（50%）两部分，其中形成性评价又包括线上学习评价（25%）和线下学习评价（25%）两个部分。线上课程学习进度、随堂练习完成情况以及交流互动表现三个部分构成了线上学习评价，分别占总成绩的10%、10%、5%。关于线下学习评价主要包含课堂出勤表现以及课上综合表现两个部分，课堂出勤率是保证课程学习顺利完成的基础，学习态度与综合表现是实现高质量学习的关键，这两部分分别占总成绩的10%、15%。总结性评价通过线下考核的方式，主要是学期末进行的四项羽毛球基本技术测试，其中各项基本技术的达标成绩占总成绩的50%，技评成绩占总成绩的50%。

第五节 羽毛球课"SPOC+翻转课堂"教学的实践

一、实验前期准备

(一)羽毛球"SPOC+翻转课堂"教学过程与方案的整体设计

通过文献资料的查阅与总结,进行教学方案的整体设计,在教学实施前,制定出课程实施的完整方案以及羽毛球课堂各阶段的教学组织流程。各教学活动的实际设计与具体安排,可在完整教学方案的基础上根据具体的教学内容以及学生的实际学习情况灵活地进行调整。为保证羽毛球"SPOC+翻转课堂"教学过程能按照教学设计顺利实施,在教学实施前的实验前期准备阶段,要求实验组的学生全部完成"雨课堂"线上学习平台的安装并实现该学习平台的熟练操作。在教学实施前,将教学方案的整体设计与教学活动的具体安排给授课教师做详细描述,授课教师只有详细了解完整的教学设计方案,才能在羽毛球的课程实际教学中实现教学设计方案的准确实施。整体教学方案如表6-2所示。

表6-2 基于SPOC的羽毛球课翻转课堂的教学方案

课堂安排	教学环节	教学活动	学习活动	设计宗旨
课前阶段	自主学习	1. 教学内容梳理; 2. 教学资源准备; 3. 发布学习任务	1. 线上自主学习; 2. 完成理论测试习题; 3. 疑难问题在线讨论(微信)	通过自主学习的方式,培养和锻炼学生的学习能力,通过线上自主学习,初步形成正确的技术表象

课堂安排	教学环节	教学活动	学习活动	设计宗旨
课中阶段	课堂导入	对学生进行课前提问,学生进行学习成果展示;教师进行点评	学生进行动作示范并根据自身的理解进行讲解	增强学生的思维能力以及表达能力
	练习技术动作	1.安排练习内容以及练习形式;2.巡回纠错与个体指导	根据老师要求进行练习与探究	促进学生对技术动作的理解与掌握,推动从泛化阶段到动作自动化阶段的进程
	技术动作展示	提出学生要展示的内容以及展示方式	课堂练习成果展示	
	课堂小结	1.对课堂中各教学活动的完成以及质量情况进行总结;2.对学生的课堂表现进行总结3.安排课下任务以及预习内容	对技术动作的掌握情况进行总结与反思	培养学生的总结能力与反思能力
课后阶段	反思与评价	1.进行教学反思;2.在微信群组提出讨论话题;3.优化教学策略	1.根据自身情况对线上教学资源进行复习;2.在微信群组中针对老师提出的话题进行讨论	通过自主学习的方式,培养和锻炼学生的学习能力,促进学生对技术动作的掌握

(二)羽毛球"SPOC+翻转课堂"教学平台建设

在羽毛球课的教学过程中,若要使"SPOC+翻转课堂"的新型教学模式得以实现,教学平台的建设是基础、关键的环节。功能完善、操作便捷的线上教学平台既可以使学生的学习过程游刃有余,也可以实现教师的后台便捷操作和即时管理,因此教学平台的选择显得尤为重要。教学实验选用了天津中医药大学线上授课使用的"雨课堂"线上教学平台,"雨课堂"教学平台相对于其他的线上教学平台,操作较为简便且功能较为完善,后台的学习数据统计功能可以快捷地浏览学生的学习进程与学习时间。此外,"雨课堂"可以实现手机数字终端的安装与使用,这为学生的学习过程提供了较大的便捷性。

任何教学活动的开展都需要创建特定的教学环境,在教学实验开始之前先要在"雨课堂"创建课程并建立班级。学生通过教务系统进行选课后,本人使用天津中医药大学韩×老师的教师账号登录,在课程选项中创建课程和班级。完成课程的创建之后,各部分内容依然可以随时进行丰富与调整。

在课程的正式开始之前,由教师完成"雨课堂"线上课程和班级的创建,如图6-3所示,并将前期做好的课件进行上传,学生登录ID后即可自主进行相关内容的学习,后期课程的开展严格按照教学大纲来进行。

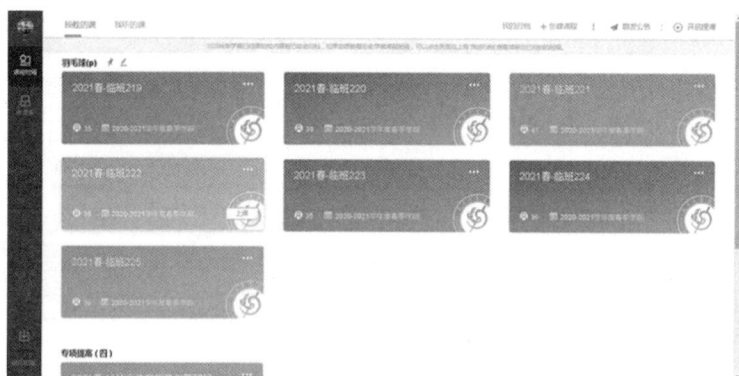

图6-3　线上课程与班级创建完成后界面

二、教学实验过程

(一)"SPOC+翻转课堂"教学模式下公共羽毛球课的课前实施

课前阶段,就是教师的备课以及学生的线上自主学习阶段。教师将学习任务和教学资源整理好之后发布到线上教学平台,针对相关教学内容进行具体分析,就教学重点和难点设计随堂练习和讨论话题并在教学平台和微信群组发布。与此同时,学生登录 SPOC 线上教学平台进行教学课件的学习,包括学习教学微视频、完成随堂练习题等,在微信群内针对老师提出的话题进行交流与讨论。

"雨课堂"的手机端为学生的泛在学习提供了方便,可以帮助学生实现随时学习与随地学习,帮助学生实现碎片化时间的充分利用。在学习过程中对于疑难问题可以在 SPOC 线上平台的讨论区或微信班级群内进行交流,多数同学考虑到交流的便捷性,选择通过微信群来进行讨论与交流。

学生在完成羽毛球课教学视频的学习之后,要在教学平台完成本次课的随堂练习,在完成练习并提交之后,平台系统会自动进行批阅,显示该题的标准答案,学生可以据此了解自己的答题情况,从而了解自己对相关知识点的掌握情况。

教师活动主要是帮助学生解答在课前的线上学习过程中遇到的不易理解的疑难点,组织学生在微信群内进行交流与讨论,在这一过程中帮助学生们解答疑难问题,与学生进行互动交流。除此之外,教师要在教学平台关注学生们的线上自主学习情况,其中包括学习进度、学习总时长以及随堂练习的完成情况,如图 6-4、图 6-5 所示。

图 6-4 雨课堂平台学习进度的统计界面

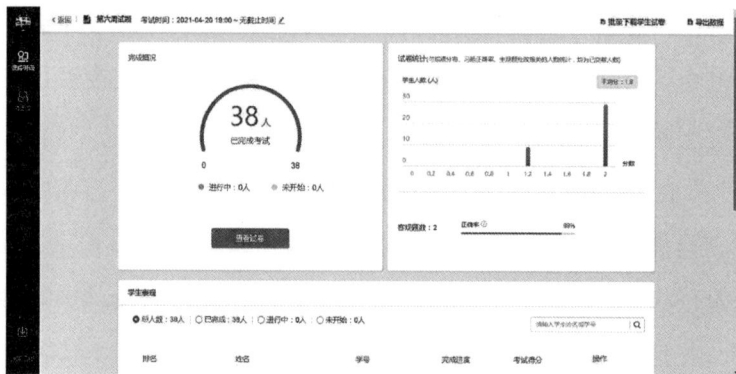

图6-5　雨课堂平台随堂练习的统计界面

在此过程中主要注重留意学生的随堂练习答题情况,随堂练习题目是直接依据教学内容的重点来进行设置的,平台的答题情况自动统计功能可以帮助授课教师了解学生在通过第一轮自主学习后对所学知识的掌握情况,授课教师可据此对课上阶段的教学活动及时进行调整。

(二)"SPOC+翻转课堂"教学模式下公共羽毛球课的课上实施

学生通过课前阶段的自主学习后,对所学习的羽毛球技术动作有了大致的了解,但还处于技术动作的泛化阶段,因此需要在课上阶段通过课堂练习实现技术动作的内化。尽管学生在课前阶段完成了自主学习,但对所要学习的技术动作只能形成相对简单的动作表象,且规范性较差,针对学生在这一阶段存在的问题,教师需要在课堂上对学生的技术动作进行纠正和规范。通过实体课堂的示范和讲解,加深学生对于技术动作的理解,教师在组织学生练习的同时进行巡回指导,从而促进学生对羽毛球课程所学技术动作的深度把握。

"SPOC+翻转课堂"教学模式下羽毛球课的课上阶段与传统的羽毛球课堂的基本结构类似。相对于传统的羽毛球课堂,翻转课堂教学实现了角色的转换。在传统的教学模式中,教师先进行示范与讲解,学生继而模仿学习,而在翻转课堂的教学中转变为学生进行示范与讲解,老师作为辅助者负责提供帮助和点评。翻转课堂教学中学生"由学到讲"的这一特点能促进其对羽毛球技术动作的深度理解与掌握,从而推动课程目标的实现。通过线上与线下相结合的形式对羽毛球技术动作进行讲解与示范,突破了传统课堂的时空局限问题,这也是"SPOC+翻转课堂"教学相对于传统教学模式的优势之一。课上阶段的具体实施如下。

1. 开始部分

课堂常规与课前提问是"SPOC+翻转课堂"教学模式下公共羽毛球课教学开始部分的主要内容。课堂常规内容包括集合整队、考勤以及安排见习生等,与传统体育课堂相类似。将根据课堂教学内容以及线上教学资源内容设计好课前问题对学生进行提问,目的是发现并解决学生在课前自主学习阶段遇到的疑惑和问题。

2. 准备部分

准备部分的主要内容是准备活动。授课教师根据教学内容的需要组织学生进行准备活动,主要内容包括徒手操、慢跑等一般准备活动以及专项步伐、挥拍等专门性准备活动,时间在 15 分钟左右,如图 6-6 所示。

图 6-6　专门性准备活动

3. 基本部分

(1)课堂导入

课堂导入环节主要以学生展示的形式来进行,通过这一方式可以使学生的课前学习成果与课上的技术练习实现无缝衔接,从而最大限度地提高练习效率。授课教师根据教学进度和教学内容安排学生展示的内容和形式,各项技术通过无球和有球两种形式进行展示。无球的简单技术动作及相对复杂技术的分解动作学生可直接进行展示,授课教师进行点评与补充,如基本移动步法、握拍姿势以及高远球挥拍的分解动作等。有球的击球技术展示按照由易到难、循序渐进的原则,可以先要求学生做无球的挥拍展示,然后根据学生的掌握情况结合击球进行展示。击球技术的展示需要授课教师或其他同学进行抛球或发球,一般情况下,作为新授课教学内容的击球技术展示由授课教师负责抛球或发球配合,并在学生展示后讲解相应抛球的要求,为学生后面的分组练习奠定基础;对于复习课内容的展示,也可根据学生的掌握情况安排其他同学进行抛球配合。以学生的课前展示的形式来进行教学课堂的导入,不仅可以有效提高学生课前学习的积极性,而且通过展示可以进一步加深其对所学技术动作的理解,如图6-7所示。

图6-7　学生正手发高远球技术课前展示

（2）安排练习形式与纠错

本环节是"SPOC+翻转课堂"教学模式下公共羽毛球课教学课上阶段实施的最重要环节,目的是促进学生对所学技术动作的内化,提高对技术动作掌握的熟练程度以及规范性,主要包括授课教师安排练习形式、根据学生掌握情况进行个性化指导两个部分。不同的教学内容需要采用不同的练习形式,因此在进行练习之前,授课教师需要根据教学内容来进行练习形式的安排。对于无球的练习以及个体可完成练习的击球技术,授课教师可安排学生在指定的场地区域内自行进行练习,如后场的移动步法的练习等;对于个体不能独立完成练习的击球技术,则需要授课教师安排学生进行分组练习,轮流进行抛球配合。

在学生练习过程中,授课教师要巡视课堂,根据不同学生的掌握情况与练习情况进行个性化指导,如图 6-8 所示。在完成第一轮的巡回指导后针对学生在练习过程中存在的共性问题以及技术动作的难点进行集体讲解与纠正,以及时解决练习过程中大多数同学均存在的问题,如图 6-9 所示。为提高学习效率,最大化节省学生的练习时间,教师应避免"满堂讲"的现象,对存在的问题进行有针对性的讲解,集体讲解时间应尽可能地缩短。集体讲解后提出探究性的问题,如正手发高远球时如何才能把球发高? 反手发网前球时怎样控制球的过网弧度? 通过问题探究的形式引导学生带着问题有侧重点地进行练习,在此过程中授课教师继续进行巡回纠错与个性化指导。

图 6-8　教师进行个性化指导

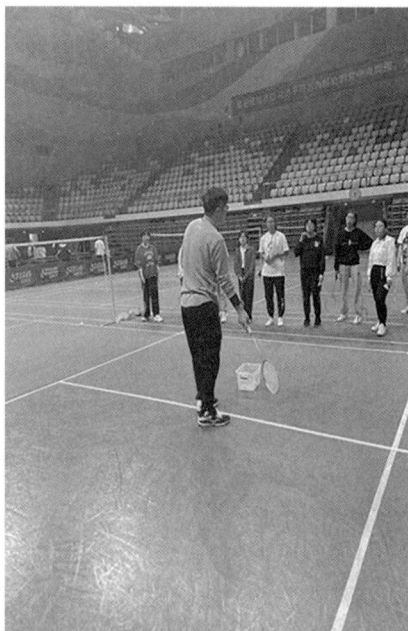

图 6-9　教师进行集体讲解

（3）学习成果展示

通过学习成果展示，可以了解学生对于所学技术动作的掌握情况，其中包括规范性与熟练度；其次，通过不同形式的学习成果展示，可以有效促进学生间的交流与沟通。根据教学进度和具体的教学内容，学习成果展示可以采用单项技术展示和教学比赛两种形式。在羽毛球课程教学的前期，教学内容以单项的技术动作为主，此阶段的学习成果展示可采用单项技术展示，如正手发高远球技术展示（如图 6-10）；在课程的中后期，学生逐渐可以掌握前、中、后场的多项技术动作，此时教师可根据学生的具体情况以组织教学比赛的形式安排学生展示其学习成果。学习成果展示的设计与安排不仅要根据教学大纲和教学进度，还要考虑学生的掌握情况。考虑到应尽可能地增强学生的学习效能感，减少因完成困难而产生的挫败感，在新授课中应尽量避免难度过高的展示，可以根据学生的掌握情况进行短时间、小难度的简单展示；在复习课或相对较为简单的新授课中，展示的难度与时间可适度增加，以加深学生对技术动作的理解，从而促进技术动作的掌握。总体来说，新授课比复习课展示的难度小且时间短。

图6-10　学生正手发高远球技术展示

（4）结束部分

课堂的结束部分与传统的羽毛球课堂大致相同，以放松活动和课堂总结为主要内容，该部分的时间为5—10分钟。授课教师在进行课堂总结时，主要对学生的练习情况、课堂表现等进行点评。教师的点评大致可以从三个方面入手：一是对学生课上的练习过程进行点评；二是针对大多数学生存在的问题而提出改善的方法；三是对学生练习成果的肯定，这也是最重要的。教师点评要以促进学生进步和提高为出发点，遵循多鼓励、提建议、少批评的原则。"师生问答"也可以作为课堂总结的方式，让学生带着问题结束课堂，不仅可以促进师生间的交流互动，还可以达到引导学生课下积极思考的目的。完成课堂小结之后，授课教师提醒学生针对自身存在的问题借助线上教学资源进行复习;根据教学进度安排,提出下次课之前所需要预习的内容。

(三)"SPOC+翻转课堂"教学模式下公共羽毛球课的课后实施

任何教学模式都不能改变教育的本质,且必然遵循认知规律。就"SPOC+翻转课堂"的教学模式而言,课前学生们通过在线上学习平台的自主学习,对所学的技术动作有了初步的理解,是认知过程的初步感知阶段;课上阶段通过课堂练习进一步加深对技术动作的理解,逐步建立起更规范的动作模型,是对技术动作进一步内化的阶段;课后阶段,学生对所学技术动作以及课堂练习情况进行反思与总结,是对技术动作理解的升华。课前、课上以及课后这三个阶段,是学生实现技术动作模型构建的完整过程。"SPOC+翻转课堂"教学模式下高校公共羽毛球课的实施,只有符合人们对客观事物认知的规律,才能实现课堂教学效果的最优化。

"SPOC+翻转课堂"教学模式下羽毛球课的课后实施阶段,授课教师应对学生羽毛球技术动作的练习与掌握情况进行总结,对本次课的教学效果进行反思,从而实现教学设计的进一步完善和优化。对于学生而言,需要再次登录"雨课堂"线上平台,针对自身的学习情况来进行复习,在微信群针对教师提出的讨论话题进行互动,对自己的学习过程进行反思与总结,如图 6-11、图 6-12 所示。

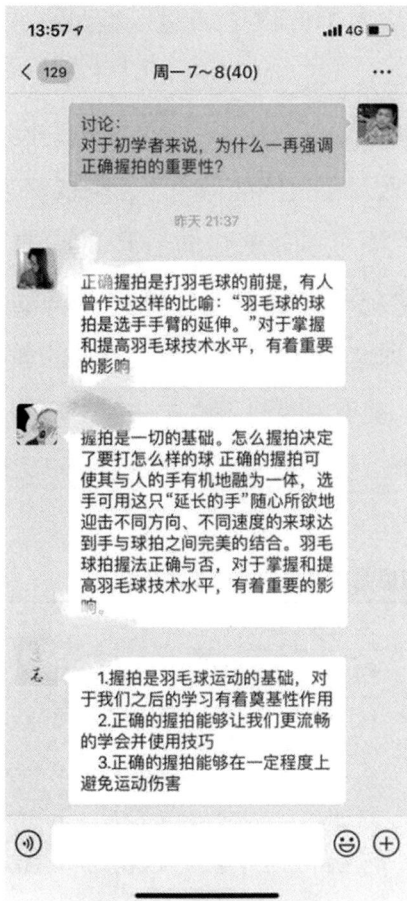

图 6-11 微信群组讨论

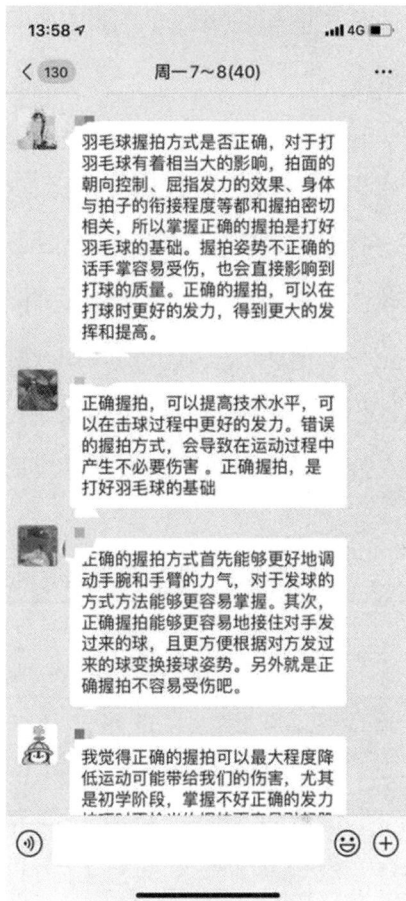

图 6-12 微信群组讨论

三、实验结果与分析

(一) 大学生羽毛球基本技术的学习结果与分析

实验结束后,集中测试实验组和对照组大学生羽毛球四项基本技术的学习结果,各项技术的测试均包含达标成绩和技评成绩两个部分。运用 SPSS 25.0 对测试数据进行独立样本 T 检验。此外,为对比实验组与对照组在实验前后的变化,将实验组的前测数据与后测数据以及对照组的前测数据与后测数据分别进行配对样本 T 检验,以此进行纵向的对比分析。

由表 6-3 可知,实验组与对照组羽毛球基本技术后测数据的对比分析表明,在正手发高远球的达标与技评、反手发网前球的达标与技评、定点击高远球的达标与技评、定点吊球的技评方面,P 值均小于 0.05,具有显著性差异;但在定点吊球的达标成绩方面,P 值大于 0.05,不具有显著性差异。由此可以得出,"SPOC+翻转课堂"教学模式下羽毛球课的教学设计相对于传统羽毛球课的教学设计,更有利于提高大学生羽毛球四项基本技术的技评成绩以及正手发高远球、反手发网前球和定点击高远球达标成绩。

表 6-3　实验后实验组与对照组羽毛球基本技术的测试结果

测试项目	实验组(n=38)		对照组(n=40)		t	P
	平均值	标准差	平均值	标准差		
正手发高远球达标	18.74	3.493	16.68	2.990	2.805	0.006
正手发高远球技评	6.66	1.097	5.90	1.257	2.831	0.006
反手发网前球达标	15.97	2.520	14.58	2.159	2.637	0.010
反手发网前球技评	6.63	1.101	5.60	1.172	4.001	0.000
定点击高远球达标	17.63	3.242	16.10	3.334	2.055	0.043
定点击高远球技评	5.92	0.969	5.18	1.152	3.086	0.003
定点吊球达标	17.39	3.133	16.33	2.654	1.630	0.107
定点吊球技评	6.39	0.823	5.78	1.050	2.891	0.005

由表 6-4 可知,实验组大学生羽毛球四项基本技术的达标成绩的前后对比结果表明,P 值均小于 0.05,即均存在显著性差异;技评成绩的前后对比结果表明,P 值也均小于 0.05,亦存在显著性差异。由此说明,"SPOC+翻转课堂"教学模式下羽毛球课的教学设计能够使实验组大学生的羽毛球四项基本技术水平得到显著提升。

表 6-4　实验组实验前后羽毛球基本技术的测试结果

测试项目	实验前(n=38)		实验后(n=38)		t	P
	平均值	标准差	平均值	标准差		
正手发高远球达标	9.97	2.594	18.74	3.493	-23.784	0.000
正手发高远球技评	4.50	0.830	6.66	1.097	-15.557	0.000
反手发网前球达标	11.32	2.462	15.97	2.520	-13.374	0.000
反手发网前球技评	4.66	0.745	6.63	1.101	-19.125	0.000
定点击高远球达标	9.76	3.357	17.63	3.242	-24.062	0.000
定点击高远球技评	3.82	1.036	5.92	0.969	-13.234	0.000
定点吊球达标	10.50	2.993	17.39	3.133	-24.475	0.000
定点吊球技评	4.13	0.777	6.39	0.823	-25.169	0.000

由表 6-5 可知,对照组大学生羽毛球四项基本技术的达标成绩的前后对比结果表明,P 值均小于 0.05,即均存在显著性差异;技评成绩的前后对比结果表明,P 值也均小于 0.05,亦存在显著性差异。由此说明,传统羽毛球课的教学设计能够使对照组大学生的羽毛球四项基本技术水平得到显著提升。

表 6-5　对照组实验前后羽毛球基本技术的测试结果

测试项目	实验前(n=40)		实验后(n=40)		t	P
	平均值	标准差	平均值	标准差		
正手发高远球达标	9.13	2.954	16.68	2.990	-25.965	0.000
正手发高远球技评	4.30	0.939	5.90	1.257	-10.902	0.000
反手发网前球达标	12.00	2.287	14.58	2.159	-15.372	0.000
反手发网前球技评	4.33	1.023	5.60	1.172	-7.965	0.000
正手击高远球达标	10.50	3.219	16.10	3.334	-22.389	0.000
正手击高远球技评	4.03	1.143	5.18	1.152	-8.420	0.000
正手吊球达标	11.45	2.900	16.33	2.654	-25.201	0.000
正手吊球技评	4.43	0.747	5.78	1.050	-13.722	0.000

对表 6-3、表 6-4、表 6-5 进行综合分析可以发现,实验组和对照组

的大学生通过两种教学模式的教学设计在为期 14 周的学习后,四项羽毛球基本技术的掌握情况除定点吊球的达标成绩外,均存在显著性差异。对实验组和对照组大学生的学习结果进一步分析后发现,传统体育教学模式下羽毛球课的教学设计与"SPOC+翻转课堂"教学模式下羽毛球课的教学设计对于大学生的羽毛球技术学习均具有促进作用,都能提高大学生的羽毛球技术水平。但相对于传统体育教学模式下羽毛球课的教学设计,"SPOC+翻转课堂"教学模式下羽毛球课的教学设计使大学生技术水平提高的幅度更为明显,说明其教学效果更好。

"SPOC+翻转课堂"教学模式下羽毛球课教学设计的教学效果更好,分析原因,可能是在羽毛球技术动作的内化程度、练习密度以及练习技术动作时的反馈上与传统羽毛球课的教学设计存在差异。

从羽毛球技术动作的内化程度来看,在传统的体育教学模式下,体育教师在课的基本部分要先进行技术动作的示范和讲解,大学生进行模仿,继而通过练习将所学技术动作进行理解与内化。由于大学生课前对所学技术动作尚未接触或接触较少,上课时则边学边练,多数大学生在练习的时候并未形成清晰、准确的动作表象,课后也很少会进行复习,这就导致其不能及时形成正确的技术动作模型或者动作模型维持时间过短,影响技术动作的掌握。而在"SPOC+翻转课堂"教学模式下,羽毛球课的教学设计中,大学生先在线上进行学习,此阶段就已经初步形成动作表象;课中通过练习与纠错过程,能帮助大学生形成正确的技术动作模型;课后阶段的复习巩固与反思强化,能有效延长学生维持正确动力定型的时间,从而对学生的技术掌握起到重要的促进作用。

在正确理解技术动作的前提下,其掌握情况与练习密度和练习量呈正相关。传统的体育教学设计,教师要占用部分时间来进行技术动作的示范与讲解,教师的讲解时间越长,相对应大学生的技术动作练习时间就会越短。在"SPOC+翻转课堂"教学模式下,羽毛球课的教学设计中,所学技术动作的示范与讲解以线上课件学习的形式安排学生在课前完成,这就为大学生的课堂练习节省出大量时间,使练习量和练习密度得到有效提高,有助于正确技术动作的掌握。

大学生在学习技术动作的过程中,能否及时得到反馈会对学习效果有重要影响。在传统的体育教学模式中,大学生在教师讲解后进行模仿练习,是一种边学边练的状态,导致学生在练习时很难达到对所学技术的完全理解,教师只能通过集体讲解与纠错的方式来进行整体指导,这就导致大学生获得的有效信息量大打折扣。在"SPOC+翻转课堂"教学模式下羽毛球课的教学设计中,大学生在完整的学习过程中能随时得到技术动作学习的反馈。在课前和课后阶段,可以根据自身情况随时在 SPOC线上平台进行学习,对所学技术动作的要领进行反复学习;在课上阶段的课前展示、个性化指导以及学习成果展示等环节,教师也会针对大学生们存在的问题以及技术动作的重点环节反复进行讲解。因此,这也是实验组大学生技术动作的技评成绩普遍高于对照组的重要原因。

(二) 大学生身体素质变化情况与分析

实验后,对实验组和对照组大学生的身体素质进行集中测试,测试内容为 50 米跑、立定跳远以及羽毛球掷远,运用 SPSS 25.0 对将所得数据进行独立样本 T 检验;并对比实验组与对照组在实验前后的变化,将实验组、对照组的前测数据与后测数据分别进行配对样本 T 检验,进行纵向的对比分析。

由表 6-6 可知,实验后实验组对照组进行对比,在 50 米跑、立定跳远及羽毛球掷远方面,P 值均大于 0.05,故实验组和对照组之间不存在显著性差异。由此可以得出,"SPOC+翻转课堂"教学模式下羽毛球课的教学设计相对于传统羽毛球课的教学设计,在促进学生身体素质提升方面不存在显著性差异。

表 6-6　实验后实验组与对照组身体素质测试结果

测试项目	实验组(n=38)		对照组(n=40)		t	P
	平均值	标准差	平均值	标准差		
50 米跑	9.066	0.727	8.845	0.787	1.285	0.203
立定跳远	178.08	11.336	175.78	14.210	0.789	0.433
羽毛球掷远	5.528	0.328	5.472	0.348	0.729	0.468

由表 6-7 可知,实验组学生在 50 米跑、立定跳远及羽毛球掷远三项成绩对比方面,P 值均小于 0.05,其中在羽毛球掷远方面,P 值小于 0.01,差异性非常显著。由此可以说明,"SPOC+翻转课堂"教学模式下羽毛球课的教学设计有利于学生 50 米跑和立定跳远成绩的提升,对羽毛球掷远成绩的提升效果非常显著。

表 6-7　实验组实验前后身体素质测试结果

测试项目	实验前(n=38)		实验后(n=38)		t	P
	平均值	标准差	平均值	标准差		
50 米跑	9.171	0.776	9.066	0.727	2.662	0.011
立定跳远	176.37	11.628	178.08	11.336	-2.628	0.012
羽毛球掷远	5.231	0.360	5.528	.0328	-10.774	0.000

由表 6-8 可知,对照组学生在 50 米跑、立定跳远以及羽毛球掷远三项成绩对比方面,P 值均小于 0.05,其中在羽毛球掷远方面,P 值小于 0.01,差异性非常显著。由此说明,传统教学模式下羽毛球课的教学设计有利于大学生 50 米跑和立定跳远成绩的提升,对羽毛球掷远成绩的提升效果非常显著。

表 6-8　对照组实验前后身体素质测试结果

测试项目	实验前(n=40)		实验后(n=40)		t	P
	平均值	标准差	平均值	标准差		
50 米跑	8.958	0.795	8.845	0.787	2.255	0.030
立定跳远	174.45	13.261	175.78	14.210	-2.238	0.031

测试项目	实验前(n=40)		实验后(n=40)		t	P
	平均值	标准差	平均值	标准差		
羽毛球掷远	5.359	0.345	5.472	0.348	−5.122	0.000

(三) 大学生对羽毛球"SPOC+翻转课堂"教学设计的反馈评价与分析

为了更加全面地探究"SPOC+翻转课堂"教学模式下羽毛球教学设计的合理性及其在羽毛球课中的教学效果,本研究除了对实验组与对照组学生的羽毛球四项基本技术水平、专项身体素质进行对比分析外,还通过问卷的形式调查大学生对该教学模式的反馈与评价,以此对"SPOC+翻转课堂"教学模式下高校公共羽毛球课教学设计的运用效果做进一步补充。

1. 大学生对羽毛球线上教学环境的评价

问卷中的 1、2、3、4 题目主要想对大学生关于线上教学环境的评价以及学习条件情况进行调查,调查内容有线上学习工具的选择、学生一周内的线上学习时长以及对"雨课堂"教学平台使用便捷性的评价四个方面。

大学生学习工具的选择情况如图 6-13 所示,有 92% 的大学生选择手机和电脑进行线上学习,说明随着教育现代化与信息化的发展,大学生们通过手机和电脑利用互联网进行线上学习已经成为时代趋向。

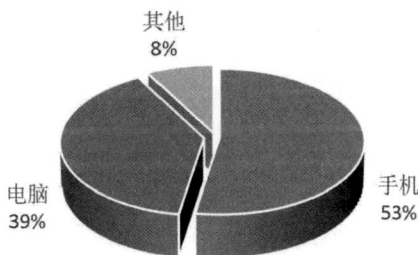

图 6-13 学生学习工具的选择情况

一周内大学生利用 SPOC 线上平台进行学习的时间长度情况如图 6-14 所示,有 15 人在一周内的线上学习时长为 20—40 分钟,占全班学生的 39.5%,11 人的线上学习时长为 40—60 分钟,占全班学生的 28.9%。根据课程的性质以及对教学资源的整合,每周内大学生需要学习的线上教学视频平均时长为 5—10 分钟,占全班学生的 10.5%,说明绝大部分大学生可以在课前完成线上视频资源的学习。

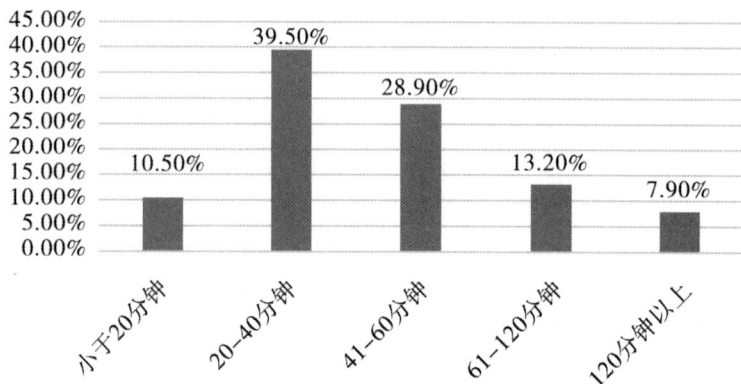

图 6-14　学生线上学习时长情况

大学生对"雨课堂"平台的使用便捷性评价如图 6-15 所示,对于"使用'雨课堂'平台进行羽毛球课前自学非常方便",有 36 位大学生表示同意或非常同意,占全班学生的 94.8%;只有极少数大学生表示一般,由此说明实验组大学生对"雨课堂"线上教学平台的使用认可度较高。

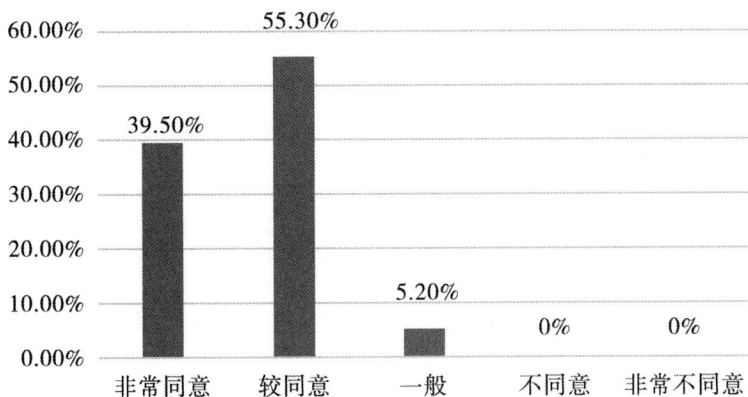

图6-15　教学平台使用便捷性的评价情况

2. 大学生对羽毛球线上教学资源的学习感受

教学设计反馈问卷中的第5至14题目主要是对大学生关于教学视频资源的评价进行调查,调查内容主要包括对教学视频中各部分内容的讲解与示范情况的评价、对教学视频是否满足其学习需求的评价、对课前学习教学视频中基本技术与基本理论和基本常识后掌握情况的评价以及教学视频的自主学习难度的评价五个方面。

从表6-8中可以看出,有92.1%的大学生认为教学视频中关于基本技术讲解较为清楚,86.8%的大学生认为教学视频中的练习方法讲解较为清楚,94.7%的大学生认为教学视频中关于基本理论与常识等部分内容的讲解较为清楚。综合来看,对教学视频中讲解与示范情况较高的认可度,说明本研究所选取、整合并采用的线上视频教学资源得到了大学生的认可,这也作为关键因素保障本研究能顺利进行。

表6-8　大学生对教学视频中教学内容评价的调查结果

	基本技术(%)	练习方法(%)	基本理论与常识(%)
非常清楚	36.8	34.2	44.7
较清楚	55.3	52.6	50

185

	基本技术(%)	练习方法(%)	基本理论与常识(%)
一般	7.9	13.2	5.3
不清楚	0	0	0
非常不清楚	0	0	0

由图 6-16 可以看出,有 92% 的大学生认为线上教学视频的设计符合其自身的学习需求,对线上教学视频的认可度较高,仅有少部分大学生对教学视频的设计情况持一般态度。

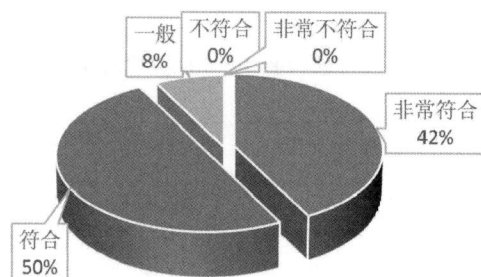

图 6-16　大学生对教学视频是否符合学习需求评价的调查结果

由表 6-9 可以看出,有 92.1% 的大学生认为学习线上教学视频对羽毛球基本技术的理解帮助较大,100% 的大学生认为学习线上教学视频对羽毛球基本技术的学习和练习帮助较大,94.8% 的大学生认为学习线上教学视频对羽毛球基本理论与常识的学习帮助较大。总体来说,大学生认为在课前学习线上教学视频有利于其羽毛球技能的学习与掌握。

表 6-9　实验组学生对教学视频中各部分内容认可度的调查结果

	基本技术的理解(%)	学习与练习(%)	基本理论与常识(%)
非常有帮助	42.1	47.4	55.3
较有帮助	50.0	52.6	39.5
一般	7.9	0	5.2
基本没帮助	0	0	0
完全没帮助	0	0	0

由表6-10可以看出,在自主学习之后,有60.5%的大学生对羽毛球基本技术部分内容的理解能达到51%~71%,有52.6%的大学生对羽毛球基本理论与常识部分内容的理解能达到51%~71%;由此可以说明本研究所采用的视频教学资源讲解较为清晰,大学生的学习难度适中。对于羽毛球基本技术的理解方面,只有5.3%的大学生能达到90%~100%的理解,说明大学生只通过课前的自主学习不足以完全理解和掌握羽毛球的基本技术,需要教师在课上多进行有针对性的指导。

表6-10 大学生自主学习各部分教学内容理解程度的调查结果

	基本技术(%)	人数	基本理论与常识(%)	人数
30%以下	2.6	1	0	0
30%~51%	13.2	5	15.8	6
51%~70%	60.5	23	52.6	20
71%~90%	18.4	7	21.1	8
90%以上	5.3	2	10.5	4

经过调查由图6-17可知,有25位大学生认为线上教学视频的学习难度合适,9位大学生认为学习难度偏小以及4位大学生认为学习难度偏大。总体来说,绝大多数大学生认为教学视频的学习难度较合适,其余小部分大学生的差异性感受可能与其自身的动作技能学习能力及身体素

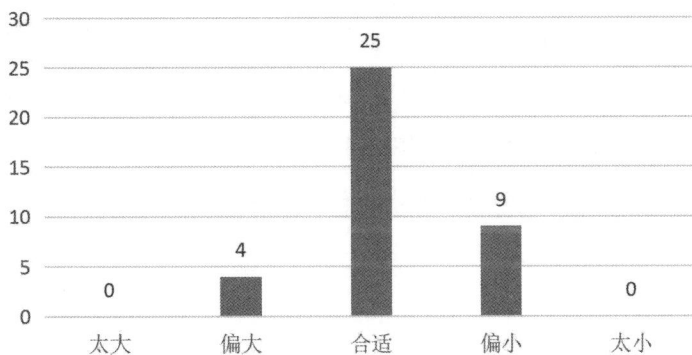

图6-17 大学生对教学视频学习的难度评价的调查结果

质的个体差异性有关。

3. 大学生对羽毛球课后练习题设置的评价

教学设计反馈问卷中的 15、16、17 题目主要是对大学生关于课后练习题设置情况的评价进行调查,调查内容主要包括课后练习题设置的数量、难易程度以及题目的表达是否清晰三个方面。

由图 6-18 可以看出,有 63.1% 的大学生认为课后练习题设置的数量合适,但也有 31.6% 的大学生认为课后练习题设置的数量偏少。考虑到课程的性质以及尽可能减轻大学生的学习负担,课后练习题目设置的数量普遍在 3—5 道客观题。通过调查反馈来看,可以适度增加课后练习题目的设置数量,以此来加深学生对所学知识的记忆。

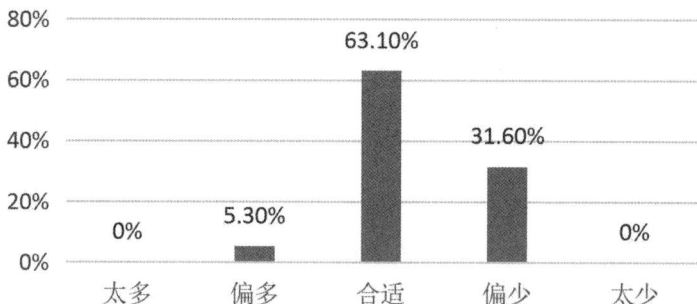

图 6-18 大学生对课后练习题设置数量评价的调查结果

由图 6-19 可以看出,有 68.4% 的大学生认为课后练习题设置的难度合适,部分大学生可能因为线上教学视频学习时间有所差异,从而影响其对题目难度的主观评价。总的来说,本研究中课后练习题设置得难度合理,不会给学生们的线上学习过程增加困难。

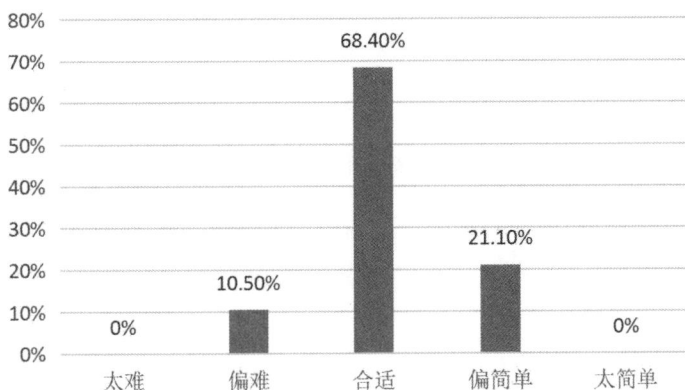

图 6-19　大学生对课后练习题设置难度评价的调查结果

课后练习题题目表达情况的调查结果如图 6-20 所示，92.1%的大学生认为课后练习题的表达较为清楚，这说明本研究中课后练习题的设计较为合理，题目的表达情况受到了大学生的认可。

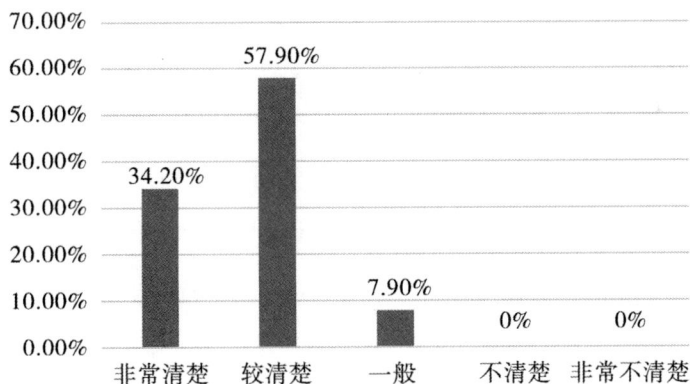

图 6-20　大学生对课后练习题题目表达情况评价的调查结果

4. 大学生对羽毛球学习过程的评价

教学设计反馈问卷中的 18、19、20、21、22、23 题目主要是对学生在"SPOC+翻转课堂"教学设计下的学习过程进行调查，具体调查内容包括大学生在课前及课中阶段的学习过程中遇到问题的解决方式、自主学习及合作探究能力的提高情况、羽毛球课中的交流互动情况以及对基于"SPOC+翻转课堂"教学设计下羽毛球课的学习氛围情况四个方面。

大学生在课前遇到问题所选择处理方式的调查结果如图6-21所示,由调查结果可以看出,对于课前阶段学习过程中遇到的疑难问题,有81.6%的大学生选择反复观看教学视频,这为课上阶段教学的顺利实施提供了保障。

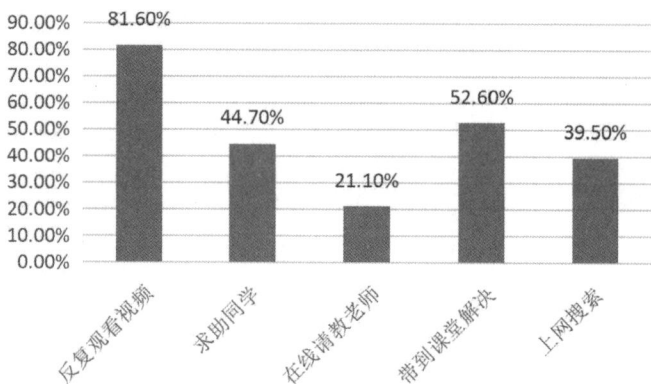

图6-21 大学生在课前阶段遇到问题处理方式的调查结果

大学生在课上阶段遇到问题所选择处理方式的调查结果如图6-22所示,由图6-22可以看出,有84.3%的大学生在课上阶段遇到问题时选择在课后反复观看视频,这说明线上教学平台的使用频率较高,同时也有61.9%的大学生选择在课上或课后求助同学和老师,促进了师生和学生间的交流互动。

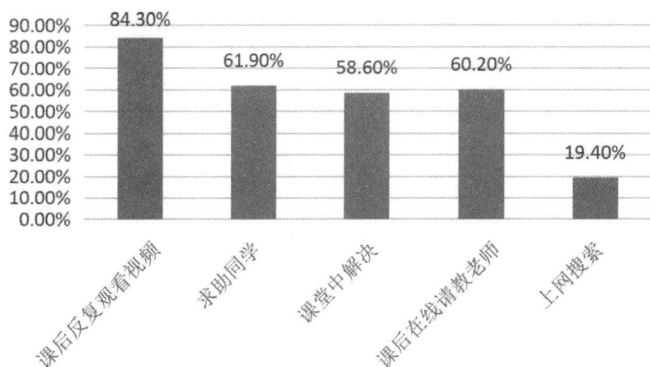

图 6-22　大学生在课上阶段遇到问题处理方式的调查结果

大学生在羽毛球课的学习过程中,对其自身学习能力提高情况评价的调查结果如图 6-23 所示,仅有 10.5% 的大学生认为对其自学能力提高的作用一般,15.8% 的大学生认为对其合作探究能力提高的作用一般。由此表明,绝大多数大学生认为对其自学能力与合作探究能力的培养是有利的。

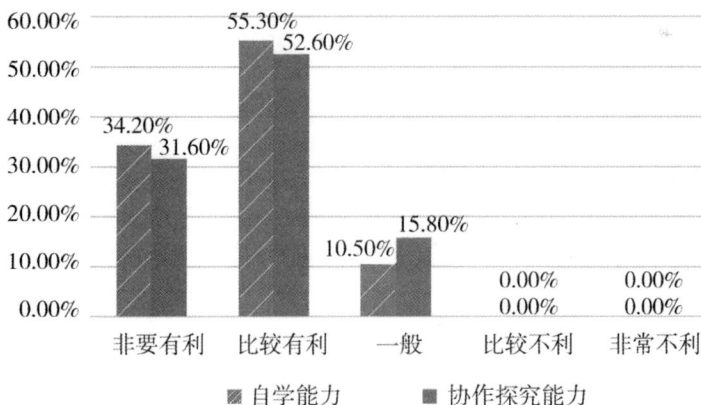

图 6-23　大学生对自主学习与合作探究能力提高情况评价的调查结果

大学生对羽毛球课中交流互动情况评价的调查结果如图 6-24 所示,有 89.5% 的大学生对羽毛球课中的交流互动情况的评价是合适或者较多,表明大学生在上课过程中较为积极。

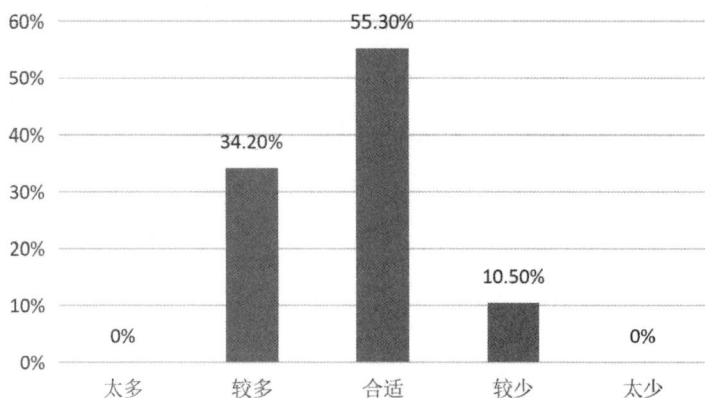

图 6-24　大学生对羽毛球课中的交流互动情况评价的调查结果

大学生对羽毛球课学习气氛评价的调查结果如图 6-25 所示,94.7%的大学生对羽毛球课学习气氛的评价是较好或者非常好。在"SPOC+翻转课堂"的教学模式下,从课前阶段线上学习到课上阶段的个性化指导再到课后阶段的线上答疑,教师全程参与三个阶段完整的学习过程,大学生在学习过程中遇到的问题能得到及时解决,这也是绝大多数大学生认为羽毛球课学习气氛较好的原因。

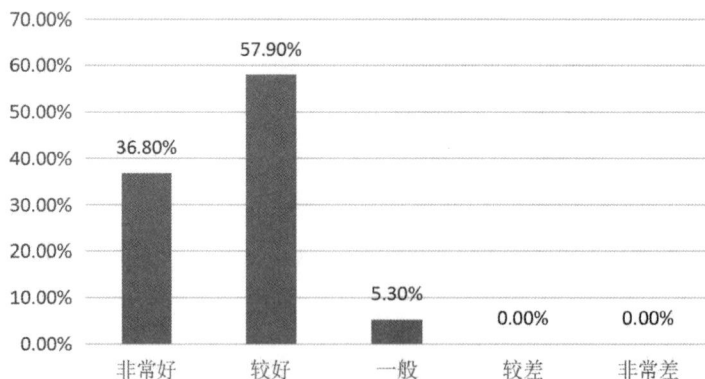

图 6-25　大学生对羽毛球课的学习气氛评价的调查结果

5. 大学生对羽毛球线上线下教学的整体评价

教学设计反馈问卷中的 24、25、26、27、28、29、30 题目主要是对大学生关于"SPOC+翻转课堂"教学模式下教学设计的整体评价进行调查，主要调查内容有以下四个方面。一是大学生对基于"SPOC+翻转课堂"教学设计的适应性，二是大学生对采用基于该教学设计进行羽毛球课程教学的态度，三是大学生对"SPOC+翻转课堂"教学模式下羽毛球课程教学设计的整体评价，四是大学生对其他体育课程采用"SPOC+翻转课堂"教学模式下教学设计的意愿。

大学生对基于"SPOC+翻转课堂"的教学设计适应性的调查结果如图 6-26 所示，有 73.7% 的大学生表示适应和非常适应，但也有 26.3% 大学生认为一般。当代大学生对数字网络以及线上学习较感兴趣，体现出较高的学习积极性，这也加快了大学生适应该教学设计的过程。

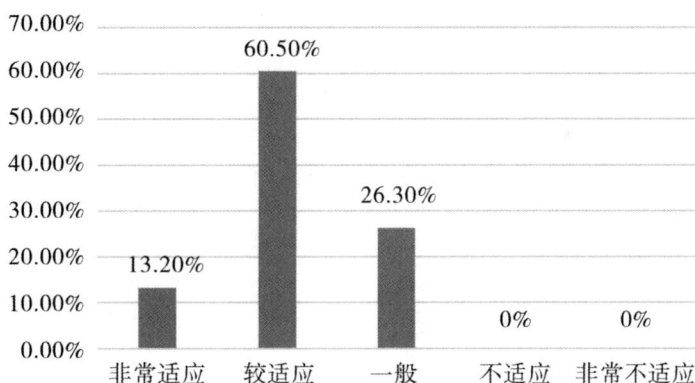

图 6-26 大学生对基于"SPOC+翻转课堂"的教学设计适应性评价的调查结果

大学生对采用"SPOC+翻转课堂"教学模式下教学设计进行羽毛球课程教学态度的调查结果如图 6-27 所示，81.6%的大学生都表示喜欢或非常喜欢，但也有 18.4%的大学生表示一般。

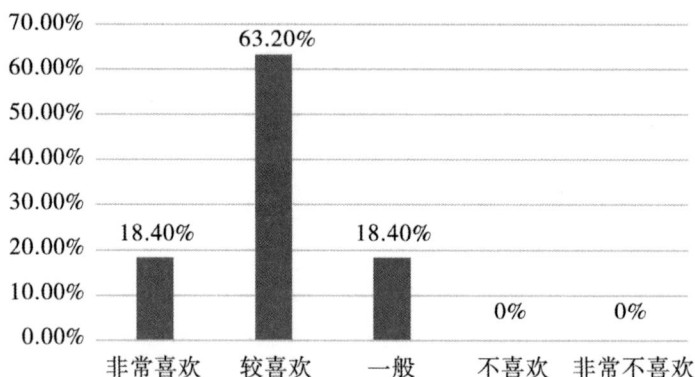

图 6-27　大学生对采用"SPOC+翻转课堂"的教学设计进行羽毛球教学的态度

调查结果如图 6-28 所示，有 86.8%的大学生认为"SPOC+翻转课堂"的教学设计相对于传统的教学设计更有利于羽毛球技术与知识的掌握。在与大学生们的交流过程中，他们普遍认为"翻转课堂"中的个性化指导相对于传统课堂中的统一讲解更简洁高效。

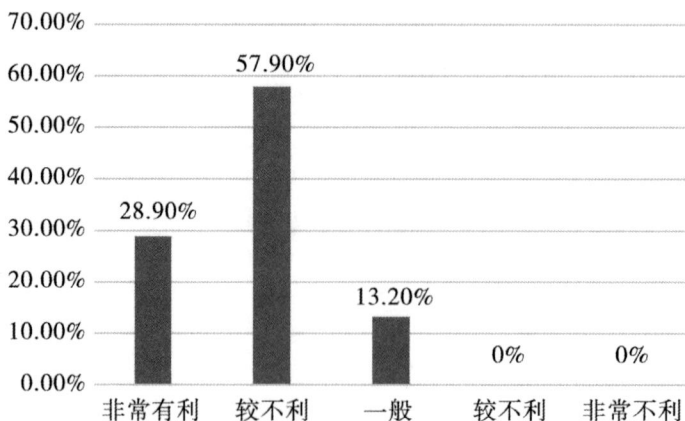

图 6-28　大学生对羽毛球技术与知识掌握有利性评价的调查结果

大学生对"SPOC+翻转课堂"教学模式下羽毛球课教学设计的整体评价如表6-11所示，有84.2%的大学生认为在"SPOC+翻转课堂"的教学设计下，羽毛球课的学习效率较高，89.5%的大学生对教学设计的整体评价也较高。

表6-11 大学生对"SPOC+翻转课堂"教学模式下羽毛球课

教学设计整体评价的调查结果

	学习效率(%)	人数	整体评价(%)	人数
非常高	23.7	9	26.3	10
较高	60.5	23	63.2	24
一般	15.8	6	10.5	4
较低	0	0	0	0
非常低	0	0	0	0

如图6-29所示，经过教学实验，实验班84.2%的大学生相对于传统的体育教学设计，更喜欢"SPOC+翻转课堂"的教学设计。

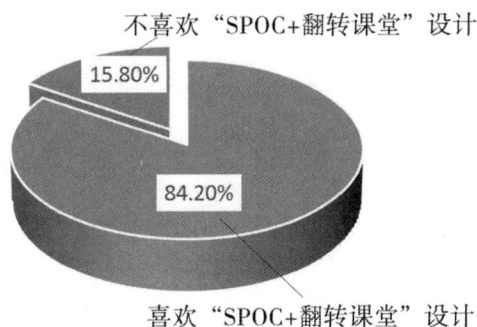

不喜欢"SPOC+翻转课堂"设计
15.80%
84.20%
喜欢"SPOC+翻转课堂"设计

图6-29 大学生对两种教学设计倾向性的调查结果

大学生对采用"SPOC+翻转课堂"的教学设计来开展其他体育课程意愿的调查结果如图6-30所示，有89.5%的大学生表示愿意通过"SPOC+翻转课堂"教学模式下的教学设计来进行其他体育课程的学习，仅有10.5%的大学生持不太明确的态度。就实验班全班的整体情况来看，大学生对"SPOC+翻转课堂"教学模式下的教学设计接受度较高,愿意在其他体育课程的学习中采用此教学设计。

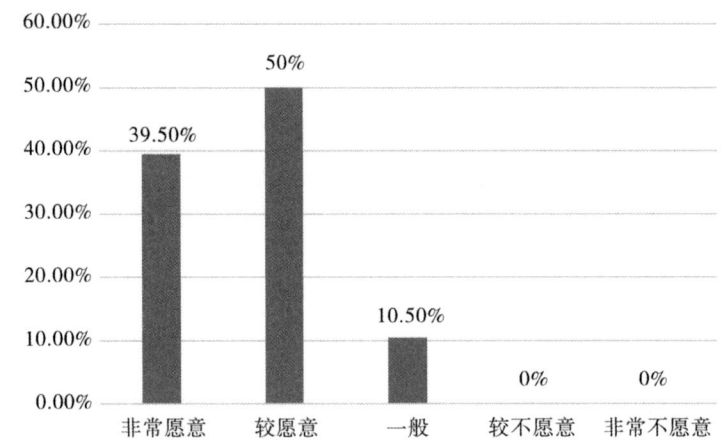

图 6-30 大学生意愿的统计结果

第七章 基于体育课后作业的案例: 初中学生暑假体育课后作业的实施

第一节 初中学生暑假体育作业设计的原则

一、系统性原则

系统性原则是指持续地且阶段性地安排体育活动的设计原则。为了初中生在暑假期间能够进行有效的体育运动,实现增强体质、增进健康的目的,在初中生暑假体育作业方面要做到持续地、循序渐进地安排体育活动作业。初中生的运动能力是多种活动能力的综合表现,不仅包括生理、心理等方面的因素,还受到先天遗传性因素和后天学习性等因素的影响。依据运动训练中的系统性原则可以更加有效且直观地应用到初中生的体育训练中,更加科学且具体地加深运动的肌肉记忆性训练,使得训练效果更加深入贯彻到身体的各个运动部分,使得暑假体育作业的质量变得更加贴近理想训练效果。系统性是一个长期的过程,并非一朝一夕就可以达到预期的效果,适合人体生物适应规律的训练可以使得运动员在生物适应性方面发生有益的变化,同时可以应用到初中生体育运动中,可以使学生在长期系统的训练环境下坚持有益身体健康的体育训练活动,久而久之,促进身体发育的同时提高各种人体机能的健康发展。训练效应具有不稳定性,适宜的负荷对提高学生的运动能力和身体素质能力具有重要的作用,只有持续坚持适宜负荷的体育训练,有目的且有计划地执行训练任务,才能使人体机能处于相对稳定的状态,对暑假作业的完成度才能趋于成熟。通过强化训练所获得的运动能力出现短暂的停顿,便会出现消退的情况。

二、全面性原则

全面性原则是指通过体育锻炼使身体形态、机能、身体素质和心理品质等方面都得到全面协调发展的设计原则。在体育锻炼时,要注意活动内容的多样性和身体机能的全面提高。不能只强调局部,也不能一味地运用单一的训练手段,而应该展开式推进训练计划和方式。暑假体育作业的布置上应该力求可以更全面地发展初中生的身体素质,通过多种运动项目不断强化进步,使教学效果更加突出。对于初中生暑假体育作业而言,必然是有计划且逐步增加运动负荷量的作业任务,才能达到最佳的运动效果。人体生物适应具有阶段性,正常情况下,经过一次适宜负荷量的训练后,都会经历工作、疲劳、恢复、超量恢复等阶段,对于运动员来说,超量恢复阶段是提高其运动竞技能力的最佳阶段,对于初中生来说亦如此。初中生参加体育运动的直接目的是提高身体素质和健康水平,也要遵循运动训练学中的系统性原则。初中生完成暑假体育作业可以结合运用符合这个阶段年龄所适应的环境和手段,使学生更加积极地投入到系统运动中,更加注重完成暑假体育作业的完成度和自我满意度。

三、针对性原则

针对性原则是指根据初中生的个人特点,有针对性地科学确定暑假体育作业的任务、内容、方法、手段和运动负荷量的设计原则。有区别地对待每名初中生,依据学生自身发展和先天具备的优势,发挥自己独特的运动魅力,有针对性地看待每名学生的暑假体育作业情况,依据每名学生的不同运动能力合理安排适合每个人的体育作业任务,更加合理地强化学生的体育能力,有目的、有针对性地促进不同学生的身体健康发展,同时也有助于做到因材施教。同时要根据学生所掌握的情况来确定下一步的教学计划和作业布置情况。根据学生的运动特点去调整规划学生具体的运动能力变化特点,根据气候、场地等做出适宜改变。正确处理训练中共性和个性的关系,在枯燥单调的个人体育锻炼中,适当增设集体协作类活动,提高学生的参与度和积极性,使得训练效果事半功倍。作为体育教师,要时刻观察每名同学的课上动态,及时进行记录和计划的调整,有针对性地做到每名同学都能获得体育活动参与度体验和能力的显著提高。暑假体育作业的制定一定要符合课上学生们的具体表现情况,合理安排学习且有针对性地布置作业任务。

四、操作性原则

操作性原则是指暑假体育作业的安排要建立在初中生不受动作难度和运动条件受限的基础之上的设计原则。初中生在学校和家庭这两种不同的条件下,完成体育锻炼的效果是截然不同的。在日常的体育课程中,体育教师通过有限的体育教学时间和学校场地、器械传授学生们难易程度不同的体育动作,同时学生在接触各种体育动作的学习过程中,有体育教师的专业指导和合理保护,从而提高了学生掌握体育动作的速度,降低了学生在运动过程中发生运动性损伤的概率。学生在暑假期间完成体育作业的过程中,尤其缺少体育教学指导和全面的保护,以及运动场地和器械的限制,在一定程度上制约了学生完成体育锻炼。总体来讲,体育教师在设计暑假体育作业的总方案时,要适切考虑体育动作的难易程度和对场地、器械的要求,让学生在暑假期间完成体育锻炼的过程中不受场地器械和高难度动作的制约,顺利完成体育锻炼。

五、安全性原则

安全性原则是指为降低初中生在体育锻炼中的运动损伤,从而提高初中生运动安全意识的设计原则。运动损伤在体育锻炼中是极为常见的,在校内体育课堂中有体育教师的科学指导和合理安排,而初中生在暑假期间完成体育作业的过程中没有体育教师和学校体育相关器械的保护,便大大增加了运动损伤的概率,因此初中生在完成暑假体育作业的过程中要增强运动安全意识,从事任何形式的体育锻炼都要注意安全,如果体育锻炼安排得不合理,违背科学规律,就可能出现伤害事故。在各种体育运动训练、竞赛以及各种体育锻炼中,踝关节部位都属于易损伤部位,由于踝骨部位特殊的生理构成,在学生耐力、灵敏、柔韧性等较差的情况下经常会出现内踝高外踝低的情况,这就是使得韧带外侧强内侧弱,在当内翻出现过度的时候就很容易会造成运动员踝部外侧副韧带部位的拉伤。为了保证体育锻炼的安全,作为体育教师从业者,必然熟练掌握体育运动规律,用最符合该年龄段学生体育锻炼的方式递进式安排训练进程。安全是第一位,保障学生安全是最重要的前提,要根据具体情况做出合理的判断。

第二节　初中学生暑假体育作业的内容设计

一、初中学生暑假体育作业的目标设置

(一)培育良好体育品德目标

体育品德目标是指预期学生通过完成形式丰富、内容多样的具有教

育意义的体育活动达到培养学生良好品德的结果。体育品德目标的设置要包含体育精神目标和体育品格目标两大类。体育精神目标主要体现在对学生的坚强勇敢、团结协作、坚持不懈等进行培养。体育品格目标主要体现在对学生的文明礼貌、自信自强、正确的胜负观等进行培养。体育品格目标和体育精神目标两者相辅相成，鲜明地展示了体育品德目标。培养良好的体育品德是开展体育教学德育工作的主要途径之一。

在设计暑假体育作业中，对于初中生良好品德的培养是非常重要的。首先，暑假体育作业有利于培养初中生的合作意识和能力。在完成暑假作业过程中，特别是集体项目类作业需要学生之间相互沟通、帮助和学习，合作可以使活动完成得更加有效。其次，暑假体育作业有利于培养初中生的坚持不懈、坚韧不拔的意志品质。暑假体育作业与其他暑假作业不同，具有长期性和独特的环境条件，初中生为了完成作业会在不同的环境中长期锻炼以及克服各种困难，使之形成了良好的意志品质。最后，暑假体育作业有利于培养初中生的规则精神和道德规范。在完成暑假体育作业过程中，初中生既要遵守体育活动的规则，也要遵守老师提出的要求，使初中生在潜移默化之中就形成了遵守规则的意识和良好的体育道德行为，并迁到日常生活中，成为一个遵纪守法、有公德的好公民。

（二）提升运动技能水平目标

运动技能目标是指预期学生经过长期的锻炼达到提高技术水平，发展学生运动能力的结果，它是暑假体育作业的主要目标之一。运动技能目标可分为闭锁式运动技能目标和开放式运动技能目标两类，然而在运动技能目标设置中并不能将这两类运动技能目标截然分开，因为绝大多数运动技能介于两者之间。义务教育体育健康课程指出，初中生运动技能目标主要包括熟练掌握运动技能和练习方法，增强安全意识和防范能力，学习体育运动知识。

随着现代社会和经济的发展，提高学生的运动技能水平不但可以为体育的发展输送后备人才,也符合时代的需求。暑假体育作业可以使学生复习和巩固体育运动知识和技术,促进初中生运动能力和综合素质的提高,不仅为运动队输送后备人才,也能为学校体育和社区体育培养体育骨干。当今社会终身体育意识逐渐深入人心,初中阶段是掌握体育知识、技术、技能,培养体育意识的重要时期,暑假体育作业的布置可以帮助学生熟练地掌握和巩固运动技能,使学生体验到运动乐趣并感受自身进步带来的成就感和满足感,激发了学生的运动动机,培养了学生的运动兴趣,促进了学生的运动参与,为终身体育奠定基础。

(三) 养成健康生活方式目标

健康生活方式目标是指预期学生通过完成各种各样内容丰富、具有教育意义的体育活动,达到增强体质、增进健康、培养良好生活方式的结果,它是暑假体育作业的首要目标。健康生活方式目标要做到增强学生的身体素质,促进学生心理发展,养成良好的生活方式,这一目标是体育教学对学生的基本要求,也是学生全面发展的基本保障。

《国家学生体质健康标准》指出,要贯彻"健康第一"的指导思想,切实加强学校体育工作,促进学生积极参加体育锻炼,养成良好锻炼习惯,提高体质健康水平。由此可见,初中生暑假体育作业的目标设置中养成健康生活方式的目标必不可少。尤其是在互联网时代下初中生的作息时间变得越来越没有规律和节制,为了使初中生等成健康的生活方式,暑假作业的设置与执行发挥着极其重要的作用。体育锻炼可以促进骨组织的血液循环,增厚骨密度,使关节更加牢固,提高心脏功能,改善呼吸系统功能,从而能够帮助学生形成良好的身体形态和身体机能,增强学生的免疫力,提高对疾病的抵抗力。此外,在体育活动的过程中能够很好地促进初中生智力的发展和体质的增强,定期进行体育锻炼能够帮助初中生养成良好的运动习惯,并逐步形成健康意识,面对日常的生活和学习时养成有规律的作息时间,同时也能带动身边的人积极参加体育锻炼,响应了全民健身的号召。

二、初中学生暑假体育作业的模块设计

(一)体育与健康知识模块

体育与健康课程是一门以身体练习为主要手段,以体育与健康知识为主要学习内容,以增强学生体质、增进学生健康为主要目的的必修课程。体育与健康知识包括理论知识和实践知识两大类,对体育与健康知识的学习是学生在体育运动过程中掌握运动技能、增强自身体质、养成终身体育习惯以及降低运动损伤不可或缺的一方面。学校作为干预学生进行体育锻炼最有力的一方,应加强初中生在体育与健康知识课程中对相关知识的学习,以素质教育为培养方式,促进学生养成终身体育的意识,使学生具备科学锻炼和在运动过程中提升自我保护的意识。因此,学校应将初中学生对于体育与健康知识的学习作为重要方面,融入教师体育教学的过程之中。

近年来,社会各领域对于青少年的身体和心理健康高度重视,2022年为贯彻落实党的十八大、十九大精神及全国教育大会部署,全面落实立德树人根本任务,进一步深化课程改革,教育部印发《义务教育课程方案和课程标准(2022年版)》,在义务教育体育与健康课程标准中提出,通过体育与健康课程的学习,使学生理解体育锻炼的重要性,并且积极参与校内外体育活动,从而建立起终身体育锻炼的意识。① 在课程目标中,对水平四的目标要求之一是为提高初中学生运用所学的体育健康与安全知识来指导体育运动锻炼并提高锻炼效果。根据新课程标准的要求,帮助学生逐渐形成健康生活方式,让初中学生掌握体育运动过程中自身体温、脉搏等检测身体指标的方法和常识,理解体育运动对于自己大脑健康、心理

---

① 教育部关于印发《义务教育课程方案和课程标准》(2022年版)的通知[EB/OL]. http://www.moe.gov.cn/srcsite/A26/s8001/202204/t20220420_619921.html.

压力释放以及情绪自我调控的作用,掌握各种常见疾病的预防方法以及预防在体育运动锻炼过程中运动损伤的知识,同时掌握各种运动专项的规则以及相关理论知识等。调查研究显示,体育与健康知识的欠缺是影响学生体育健康行为养成习惯的重要因素。① 学生缺乏相应的体育与健康知识,不仅会影响学生在体育锻炼过程中的积极性,还会影响学生完成体育运动整体动作的质量。缺乏正确的运动知识,学生在校内进行体育锻炼,则由学校提供专业的运动器材、良好的运动氛围以及体育教师的保护与指导,还能将运动损伤的概率大大降低,但在暑假期间学生进行体育锻炼没有校内提供的条件与设施,则容易造成运动损伤。体育与健康知识是一个庞大的科学知识体系,其中囊括了运动常识、卫生知识、营养知识、自我保健知识、运动损伤预防常识、心理健康知识等方面。

(二)基础体能锻炼模块

基础体能锻炼是指有组织、有目的、有计划地通过身体练习和游戏的方式进行的增强体质、娱乐身心、磨炼意志的锻炼。通过相当负荷量的运动能够帮助初中学生改造自身的身体形态、提高机体的机能水平,增强体质,增进健康,同时也巩固运动技能。2018 年习近平总书记在全国教育大会中提出,树立健康第一的教育理念,开齐开足体育课,帮助学生在体育锻炼中享受乐趣、增强体质、健全人格、锤炼意志。② 根据历年来国家学生体质检测的结果来看,中小学生体质健康有所提升,但是学生的速度、耐力、力量等身体素质呈现不均衡发展,出现近视年轻化、肥胖率升高等现象。国务院印发的《义务教育体育与健康课程标准》(2022 年版本)针对水平四学生的课程内容中体能部分进行详细规划,为达成改善初中学生身体成分而设置的体能训练,应发展学生的心肺耐力、肌肉力量、肌

---

① 黄珊珊.夯实体育健康知识,培养健康行为习惯[J].华夏教师,2021(32):11-12.
② 人民网.习近平谈青少年健康:要文明其精神,野蛮其体魄[EB/OL].[2020-04-22].http://sports.people.com.cn/n1/2020/0422/c14820-31683712.html.

肉耐力、反应能力、位移速度、柔韧性、协调性、灵敏性、爆发力、平衡能力等,为学生增强体质健康奠定良好基础。初中学生体能锻炼课的学段目标为通过基础的体能训练,体会和保持体能对身心带来的益处,纠正并且保持良好身体体态,科学地制定体育锻炼课解决学生体质下降的趋势,提升学生各项身体素质,学生具备良好的身体素质以及体育锻炼的习惯后,能进一步形成终身体育的意识和体育运动习惯。①

有效的体能锻炼不仅能够帮助学生保持良好的身体体态,而且对于学生的身体成分以及运动素质能进行有效的改善,为学习或完成高效的多种体育项目提供了体能方面的保障。学校体育教学改革中,应重视初中学生的体能训练,通过有效的基础体能锻炼使得学生获得良好的心肺耐力、肌肉力量、肌肉耐力、柔韧性、灵敏性等素质,从而给学生带来良好的身体形态和健康的心理水平。学校应根据《国家学生体质健康标准(2022 年修订)》的要求制定相应的体能训练,使学生能够理解并掌握改善身体成分的方法以及手段,同时,教师应采用生动有趣、丰富多彩的基础体育教学内容以及活动方法来开展体能教学,并且还要合理地布置好假期期间体能锻炼的作业,让学生在校外仍保持良好的体能锻炼习惯。

(三) 运动技能学习模块

运动技能分为基本运动技能和专项运动技能。按照运动生理学解释,运动技能是指人体运动中掌握和有效完成专门动作的一种能力,如在足球运动中脚内侧、脚背正面、脚背外侧、脚背内侧的运球能力,乒乓球运动中的削球、直拍横打、弧圆球等基本专项运动能力。在运动技能从开始学习到成熟的形成过程中,根据生理学规律可分为三个阶段,即为泛化阶段、分化阶段和自动化阶段,这三个阶段没有时间上的规律可循,也没有明确的界限,但三个阶段是紧密联系、层层相扣的关系。基本运动技能包

---

① 潘建芬,韩金明,霍中阳,等.实然与应然视角下的中小学体能锻炼课设计[J].中国学校体育,2021,40(02):15-17.

括移动性技能、非移动性技能以及操控性技能,学生所掌握的基本运动技能为专项运动技能学练奠定基础。专项运动技能包括球类运动、田径类运动、体操类运动、水上或冰雪类运动、中华传统体育类运动、新兴体育类运动。在体育教学过程中,体育教师首先是通过运动技能的教学使学生掌握基本运动技能和专项运动技能,学生在学习和练习运动技能的过程中,不仅提高自身的运动技能水平,还达到了增强身体健康的目的。在对初中学生进行运动技能教学前,应该充分掌握初中学生的生理特点和心理特点。初中学生年龄在 12 岁到 15 岁之间,正处于第二次生长发育高峰期,身体形态、机能水平发展迅速,肌肉耐力相对于成年人易疲劳但恢复快,骨骼的生长优先于肌肉,初中生的纵向生长带来的效果是收缩力量不如成年人,但身高增高速度快,肺活量、血压、脉搏以及神经系统都有较大的发展,并且性成熟加速,出现第二性特征。初中生的脑神经细胞成熟化接近成年人,有意记忆占优势地位,第二信号系统起主导作用。[1] 在情绪方面,反思思维开始出现,初中生的情感丰富,运动兴趣不断分化,但大多数学生尚未形成稳定体育兴趣。[2] 在初学运动技能阶段,学生体会到未接触过的运动项目及其新颖的教学方式,加之进步空间大、学习效果好,能够激发学生的运动兴趣,从而有利于调动学生积极性,建立运动条件反射、掌握新运动技能。学生在任意时间进行运动技能学习时,都是承接过去已经掌握的运动技能继续学习新的运动技能,已掌握的运动技能和新的运动技能相似,环节具有迁移作用,这有助于新运动技能的掌握。而到了改进和提高运动技能的阶段中,随着运动技能水平的不断提升,运动条件反射的精确性也越来越高,加之练习内容和手段出现重复,在心理上学生对于运动技能学习过程会感到枯燥乏味,在动作表现中运动技术进步缓慢,分化抑制的建立也较为困难。

---

[1] 薛丽影.基于心理适应性的初中化学多媒体教学研究[D].河北师范大学,2014.

[2] 孙馨.上海市初中生体育兴趣与身体素质的相关研究[D].上海体育学院,2013.

（四）体育中考练习模块

体育中考是义务教育阶段初中毕业升学考试的重要组成部分，在促进初中生健康发展并达到"文明其精神，野蛮其体魄"目的中起着导向、发展和激励等多重作用。2020 年体育总局教育部曾在《关于深化体教融合　促进青少年健康发展的意见》中提出，"将体育科目纳入初、高中学业水平考试范围，纳入中考计分科目，科学确定并逐步提高分值，启动体育素养在高校招生中的使用研究"。① 同时，体育中考蕴含着诸多价值。在教育价值层面中考体育从考试入手，旨在促进学生身体健康、心理健康和社会适应能力，实现初中生全面发展的教育理念；在社会价值层面以中考体育为相关主题，加快学校、家庭和社会三位一体体育格局的形成与发展，全面开展社区体育活动，持续开展相关体育比赛及活动②；在个人价值层面，中考体育加强初中生对体育的认识，激发学生运动兴趣，形成终身体育意识。因此，在初中生暑假体育作业中安排中考体育练习是体育课后作业改革的应然之举。

据调查，我国各省市体育中考的考试内容差异巨大、测试要求各有不同，但各考试项目的内容以测试初中生的基础体能和运动技能为主。因此，体育中考练习内容要根据各地具体要求及项目进行针对性设计。合理设计中学生体育模拟考试的次数，如果次数过多会导致初中生产生比赛疲劳、厌赛心理等。初中生处于生长发育的关键时期，身体发育尚未成熟，体育中考内容既要遵循中学生生长发育的特点，还要符合训练项目自身的特点，控制好训练量与训练强度，提高中学生体育训练的效果。体育中考模板在体育暑假作业的内容设计主要包括两个部分：一是体育中考

① 国家体育总局，教育部. 关于印发深化体教融合促进青少年健康发展意见的通知［EB/OL］［2021-06-26］. http://www. gov. cn/zhengce/zhengceku/2020-09/21/content_5545112. html.

② 李祥林，中国体育竞赛表演产业发展的历程、逻辑与趋势——基于政府行为变迁视角［J］. 体育科学，2021，41（03）：10-17.

内容的基础训练,二是体育中考内容的模拟考试。第一部分主要设计在七年级,其具体内容包括体能和技能练习。第二部分则在八年级,此阶段初中生已熟练掌握考核技术且具有体能基础,其主要目的是帮助初中生熟悉考核环境,提高心理能力能够灵活处理紧急情况。所以在八年级暑假期间体育中考模拟练习与基础训练要结合安排,模拟练习的次数每周一次最为适宜,且强度应在实际考试的强度的 70%~80%,使学生逐步适应中考体育强度,为步入九年级打好基础。

(五)体育社会实践模块

体育社会实践是指学生利用暑假时间参与的,以锻炼身体、愉悦身心为目的体育社会实践活动。体育社会实践作为体育课的重要补充,具有独特的地位和作用。我国丰富的体育资源为学生体育社会实践提供了物质条件保障,体育旅游也为学生提供了全新的体验方式。[①] 设置体育社会实践是贯彻"双减"政策的关键策略,教育部提出,做好学生假期安排。各地要指导学校严格控制寒假书面作业总量,鼓励布置探究性和实践性作业,引导学生在寒假期间坚持规律作息、锻炼健康体魄、培养广泛兴趣、参加社会实践、分担家务劳动。[②] 社会实践作为初中生在课堂之外,感悟社会、了解社会的重要方式,是学校进行社会教育的重要环节。学生个体的情感体验总是在体育实践中产生、发展并表现出来的。体育社会实践的实施满足学生成长需要和社会发展需要,在参加实践活动时沉浸体育问题情景触发学生对体育新领域的好奇心与求知欲,进而激发体育活动兴趣。

体育社会实践的实施离不开科学的设计,而方案的好坏很大程度上

---

① 姜付高.山东省滨海全域体育旅游资源评价与优化研究[M].北京:人民体育出版社,2023:193-210.

② 教育部.关于认真做好寒假期间"双减"工作的通知[2022-01-05].http://www.moe.gov.cn/srcsite/A29/202201/t20220107_592907.html.

取决于思维水平。在设计体育社会实践时，第一，要具有科学的预测方法，对社会实践活动进行全方位的预测，特别是要充分预测可能出现的学生安全问题。第二，要具有明确的目的性和针对性。体育社会实践以培养学生社会适应能力为主要目的，并完全符合学生的身心特点。第三，要具有科学的思维方式，在设计时能够创新科学的实践方式，统筹全局各个部分相呼应。除科学思维方式外还需要一套科学的设计程序，具体如下①。

明确主题，规划内容。第一，体育社会实践活动要围绕学校体育的中心任务或根据国家或地方提倡的相关主题进行设计，旨在实践活动中既要增强体质，也要培养学生相应的民族文化精神。第二，充分考虑学生个体化差异，针对学生年龄段及发展的兴趣及爱好进行因材实践。第三，注意学生全面发展，使每位同学在社会实践中都能得到全方位地开展。

优选活动方式。第一，保证活动内容及活动方式相符合，通过活动实施能够充分体现出所表达的内容。第二，根据不同层次学生特点，合理考虑组织形式。

确定活动的周期。第一，合理安排社会实践活动在整个暑假期间的次数以及时间。第二，掌握学生实践活动的兴趣曲线，将重点内容设计在兴奋曲线峰值部分。

活动的系统控制。把握全局，合理控制活动的整体进程，保证学生的安全及调控活动的强度，达到体育社会实践的目的。

---

① 李清香.论课外体育活动在学校体育中的活力与设计[J].武汉体育学院学报,1993（03）:153-154.

三、初中学生体育暑假作业的内容设计

(一)七年级学生暑假体育作业的内容设计

1. 七年级学生每周作业目标

周次	作业类型	作业目标
1	体育与健康知识类;体能锻炼类	增强学生对体育常识、养成正确体育锻炼的习惯;提升学生的上下肢和腰腹的力量素质
2	体育与健康知识类;体育中考类	学生了解基本体育常识、培养学生科学的处理突发事件的能力;学生初步了解体育中考项目、提升体育中考项目的运动能力
3	体育与健康知识类;体能锻炼类	培养学生的体育精神和对体育运动项目的了解;提升学生的力量和柔韧素质
4	社会实践类;体能锻炼类	培养学生社会实践能力;提升学生的耐力素质
5	运动技能类(以中考运动项目为主);体育中考类	学习足球、乒乓球、武术等运动技术,培养学生对体育的兴趣;学生初步了解体育中考项目,提升体育中考项目的运动能力
6	体育中考类;运动技能类(以中考运动项目为主)	提升学生体育中考项目的运动能力;提高足球、乒乓球、武术等运动的技术,培养学生对体育的兴趣
7	社会实践类、运动技能类(以中考运动项目为主)	培养学生社会适应能力;掌握足球、乒乓球、武术等运动技术,培养学生对体育的兴趣
8	社会实践类	培养学生的社会实践能力和社会适应性

2. 七年级学生每周作业内容

周次	作业类型	作业目标
1	体育与健康知识类;体能锻炼类	运动前热身和运动后放松的重要性;俯卧撑或跪卧撑、弓箭步交换跳、仰卧两头起
2	体育与健康知识类;体育中考类	流鼻血和崴脚处理方法;男生 1000 米跑步、女生 800 米跑步、跳绳
3	体育与健康知识类;体能锻炼类	观看一种体育项目的比赛,并查阅该运动项目的起源和规则;原地高抬腿、坐位体前屈、弓箭步压腿

周次	作业类型	作业目标
4	社会实践类;体能锻炼类	帮父母干活或做家务;定时跑
5	运动技能类;体育中考类(以中考运动项目为主)	足球、乒乓球、武术等;男生1000米跑步、女生800米跑步、立定跳远;
6	体育中考类(以中考运动项目为主);运动技能类	男生1000米跑步、女生800米跑步、男生引体向上、女生仰卧起坐实心球徒手练习;足球、乒乓球、武术等
7	社会实践类、运动技能类(以中考运动项目为主)	参加社区举办的比赛;足球、乒乓球、武术等
8	社会实践类	参加俱乐部运动、在父母陪护下参加义工或志愿者

3.七年级学生每周作业负荷

周次	作业类型	负荷量	负荷强度	运动时间
1	体育与健康知识类;体能锻炼类	完成一次;每项动作完成2—3组,每组10—15次	中等	知识类:周一、周三、周五;体能类:周二、周四、周六
2	体育与健康知识类;体育中考类	完成一次;男生1000米和女生800米跑步完成一次;跳绳2—4组,每组一分钟	中等	知识类:周一、周三、周五;中考类:跑步:周二、周四跳绳:周一、周三、周六
3	体育与健康知识类;体能锻炼类	完成一次;高抬腿2—4组,每组20次;坐位体前屈和弓箭步压腿各2—4组,每组1分	中等	知识类:周一、周三、周五;体能类:周二、周四、周六
4	社会实践类;体能锻炼类	做家务20~30分钟;定时跑2组,每组3~5分钟	中等	实践类:周一、周三、周五;体能类:周二、周四、周六

周次	作业类型	负荷量	负荷强度	运动时间
5	运动技能类(以中考运动项目为主);体育中考类	任选一种进行20~30分钟的练习;男生1000米和女生800米跑步完成一次;立定跳远2~4组,每组8次	较强	技能类:周一、周三、周五 中考类:周二、周四、周六
6	体育中考类;运动技能类(以中考运动项目为主)	男生1000米跑步、女生800米跑步完成一次;其余练习中选择一种练习2—4组,男生引体向上5—8为一组、女生仰卧起坐一分钟为一组、实心球徒手10次为一组;任选一种进行20~30分钟的练习	较强	中考类:周一、周三、周五 技能类:周二、周四、周六
7	社会实践类、运动技能类(以中考运动项目为主)	参加一次比赛;任选一种进行20~30分钟的练习	强	实践类:根据具体时间 技能类:比赛前后两天不安排练习
8	社会实践类	参加一次活动	强	根据具体时间

4.七年级学生每周作业组织

内容	监督主体	实施形式
知识	家长和教师	钉钉群上传
体能	家长和教师	体育运动类App或视频
技能	家长(教练)和教师	视频练习或俱乐部
中考练习	家长和教师	体育运动类App
社会实践	家长或相关工作人员	俱乐部和社区比赛

5.七年级学生每周作业评价

周次	作业类型	评价方式
1	体育与健康知识类;体能锻炼类	学生自我评价或学生互相评价

周次	作业类型	评价方式
2	体育与健康知识类;体育中考类	学生自我评价或学生互相评价
3	体育与健康知识类;体能锻炼类	学生自我评价或学生互相评价
4	社会实践类;体能锻炼类	展示式评价或学生自我评价
5	运动技能类(以中考运动项目为主);体育中考类	展示式评价或学生自我评价
6	体育中考类;运动技能类(以中考运动项目为主)	学生自我评价或学生互相评价
7	社会实践类、运动技能类(以中考运动项目为主)	展示式评价或学生自我评价
8	社会实践类	展示式评价

(二)八年级学生暑假体育作业的内容设计

1.八年级学生每周作业的目标

周次	作业类型	作业目标
1	体能锻炼类;体育与健康知识类	将体育课堂所学的发展体能的方法运用到实践中,增强学生的体质健康,养成终身体育锻炼的意识;巩固健康与安全知识,保持良好的健康生活方式
2	体能锻炼类;体育与健康知识类	有规律地参与校外体育活动,维持良好基本身体素质,为下周的专项运动技能类目标做准备;将体育与健康知识运用到生活中,增强学生自身的体育健康管理能力
3	体能锻炼类;专项运动技能类	保持良好的身体成分、心肺耐力、肌肉耐力、肌肉力量、反应能力以及柔韧性等素质,为专项运动技能奠定基础;巩固体育课堂所学的专项运动技能,有规律地参与专项运动技能运动,形成对自己所学的运动项目产生兴趣和爱好,了解球类运动、田径类运动、体操类运动、水上或冰上运动等运动项目的规则,并且观看多种形式的国内外重大比赛,能用自己所学的知识与技能分析比赛中所遇到的问题
4	球类	延伸体育课堂中篮球、乒乓球以及足球的练习,强化自己喜爱的运动技能
5	田径类	巩固 100 米跑、跳远和掷实心球运动,将所掌握的基本、组合以及完整动作技术运用合理

周次	作业类型	作业目标
6	体操类	关注技巧运动、低单杠和健美操相关比赛或表演,提高对田径类运动项目的认知程度,对相对应的运动高水平比赛或表演做出分析与评价
7	水上或冰上类、中华传统体育类、新兴体育类	掌握速度滑冰、高山滑雪、蛙泳、中国式摔跤、长拳、舞龙、轮滑、花样跳绳等比赛规则、执裁方法,关注相关比赛信息,提升对水上或冰上运动类、中华传统体育类、新兴体育类项目的认知程度。
8	跨学科主题学习类	实现体育与德育、智育、美育、劳动教育以及国防教育相结合,学习革命先烈的英雄事迹、劳动模范典型事迹、生物学等学科知识,达到学生全面发展的目标

2. 八年级学生每周作业的内容

周次	作业类型	作业内容
1	体能锻炼类;体育与健康知识类	完成跳绳、蛙跳引体向上、坐位体前屈、方格跳、负重加速跑等练习,每项动作完成3—4组,每组10—15次;自主学习影响健康的因素、了解我国关于限酒、反兴奋剂、禁毒等法律法规、掌握管理体重的方法等健康知识
2	体能锻炼类;体育与健康知识类	完成有氧健身操、游泳、前抛实心球、仰卧举腿、变向跑、高抬腿跑以及耐力跑等练习,每项动作完成3—4组,每组10~15次;分析视力对职业发展的影响、理解性骚扰的危害以及如何预防、掌握常规查体的指标、掌握预防运动损伤的知识与技能等
3	体能锻炼类;专项运动技能类	完成快速俯卧撑、十字象限跳、燕式平衡、50米跑等,每项动作完成3—4组,每组10~15次;观看球类、田径类、体操类、水上或冰上类、中华传统体育类、新兴体育类运动项目的大型比赛直播或回放,分析各运动项目的特点
4	球类	练习足球、篮球、乒乓球所学的基本动作、简单组合以及战术配合,了解球类运动项目的比赛规则与执裁方法,关注相关比赛信息
5	田径类	练习所学的100米跑、跳远、掷实心球的完整技术动作,了解球类田径项目的比赛规则与执裁方法,关注相关比赛信息

周次	作业类型	作业内容
6	体操类	在家长或专业教练员的保护下，练习所学的技巧运动、低单杠运动、健美操的组合动作技术，了解体操类运动项目的比赛规则与执裁方法，关注相关比赛信息
7	水上或冰上类、中华传统体育类、新兴体育类	任选三以上运动项目进行练习
8	跨学科主题学习类	自主学习生物学知识、信息科学、物理等相关知识；结合革命先烈英雄事迹，在田径、体操等运动项目练习中进行模拟；结合劳动模范典范事例，编设劳动情景

3. 八年级学生每周作业的负荷

周次	作业类型	负荷量	负荷强度	训练时间
1	体能锻炼类；体育与健康知识类	完成跳绳、蛙跳引体向上、坐位体前屈、方格跳、负重加速跑等练习，每项动作完成3—4组，每组10—15次	中等	知识类：周一、周三、周五；体能类：周二、周四、周六
2	体能锻炼类；体育与健康知识类	完成有氧健身操、游泳、前抛实心球、仰卧举腿、变向跑、高抬腿跑以及耐力跑等练习，每项动作完成3—4组，每组10—15次	中等	知识类：周一、周三、周五；体能类：周二、周四、周六
3	体能锻炼类；专项运动技能类	完成快速俯卧撑、十字象限跳、燕式平衡、50米跑等，每项动作完成3—4组，每组10—15次	中等	专项类：周一、周三、周五；体能类：周二、周四、周六
4	球类	练习足球、篮球、乒乓球所学的基本动作、简单组合及战术配合	较强	周一至周六
5	田径类	练习所学的100米跑、跳远、掷实心球的完整技术动作	较强	周一至周六

周次	作业类型	负荷量	负荷强度	训练时间
6	体操类	在家长或专业教练员的保护下,练习所学的技巧运动、低单杠运动、健美操的组合动作技术	较强	周一至周六
7	水上或冰上类、中华传统体育类、新兴体育类	任选三以上运动项目进行练习	中等	根据具体时间
8	跨学科主题学习类	结合革命先烈英雄事迹,在田径、体操等运动项目练习中进行模拟	低	根据具体时间

4.八年级学生每周作业的组织

作业类型	监督主体	实施形式
体能锻炼类	家长或教师	运动打卡 App、钉钉群上传
体育与健康知识类	家长或教师	体育运动类 App 或视频
专项运动技能类	家长、教练或教师	视频练习或俱乐部
体操类	家长、教练或教师	视频练习或俱乐部
水上或冰上类	家长、教练或相关工作人员	视频练习或俱乐部
中华传统体育类	家长、教练或相关工作人员	视频练习或俱乐部
新兴体育类	家长、教练或相关工作人员	视频练习或俱乐部
跨学科主题学习类	家长或教师	视频练习或俱乐部

5.八年级学生每周作业的评价

周次	作业类型	评价方式
1	体能锻炼类;体育与健康知识类	学生自我评价或学生互相评价
2	体能锻炼类;体育与健康知识类	学生自我评价或学生互相评价
3	体能锻炼类;专项运动技能类	学生自我评价或学生互相评价
4	球类	展示式评价
5	田径类	展示式评价

续表

周次	作业类型	评价方式
6	体操类	展示式评价
7	水上或冰上类、中华传统体育类、新兴体育类	展示式评价
8	跨学科主题学习类	展示式评价

四、初中学生暑假体育作业的实施条件

暑假体育作业的实施很大程度上依托线上学习平台,线上学习平台的使用为暑假作业提供新的完成模式,同时也为学生的学习提供了丰富的资源。学生使用在线上学习平台时产生了大量学习行为数据,教师通过分析数据改进体育暑假作业实施方案,为学生提供个性化管理与教学。线上学习平台的建立主要包括信息交互支持系统、AI(智能)评价系统以及大数据分析系统。

(一)信息交互支持系统

体育教师登录教师端线上学习平台,根据体育资源作业库设置各类运动项目的教学目标和教学内容,并将各项目暑假体育作业推送到不同运动兴趣小组。学生及家长登录学生端线上学习平台接受作业,观看教学内容,进行体育课程的学习,并按时提交作业。教师在检查完作业后及时给予家长学习反馈,避免类似错误出现,保证学生高质量完成每日作业。

(二)AI评价系统

线上学习平台的主要核心功能之一就是运用AI(智能)评价体育作业的完成情况,AI(智能)通过采集数据库中正确动作作为标准,对于学生作业练习的质量以及训练过程中的负荷进行评价,并收集运动中学生微表情的变化,了解学生情绪情况,最后建立"优、良、加油"三个评价等级,为学生提供健康指导。

(三)大数据分析系统

线上学习平台利用大数据收集学生体育作业完成情况、学生运动能力情况、学生情绪变化情况以及学生适宜运动负荷等,并将收集到的整体情况通过大数据分析得出学生最适宜的运动数据、存在的问题以及优化建议,从而激发学生运动兴趣,保证学生运动健康,做到个性化发展。同时线上学习平台利用大数据整合系统,帮助教师统计和监控每个兴趣班级的整体情况,了解学生完成人数、完成程度以及完成质量,能够使教师知道设置的作业是否合理,最后线上学习平台对没有完成或完成效果不理想的学生发送作业提醒,提高学生暑假体育作业完成的质量。

五、初中学生暑假体育作业的实施步骤

(一)体育教师发布作业

体育教师发布作业是课后体育作业实施的起点,是以教师为主导进行的,其发布形式多种多样主要包括口头作业或打印纸质版下发给学生以及线上学习平台布置作业等形式。本研究主要是通过线上学习平台来实现发布作业。随着科学技术的发展,线上学习平台发布作业能够更加满足学生需要,其优点主要有:从实施条件上看,线上发布作业能够及时与家长进行沟通;从内容上看,线上发布能够保证内容丰富多样,保证学生理论与实践学习促进学生全面发展;从教师任务看,线上发布能够及时监督学生完成质量,实现教师、家长和学生的相互监督。

教师线上发布作业是通过"钉钉"App(应用软件),主要根据教学计划的要求从体育作业库中选择符合要求的作业内容,选择班级、练习组词完成作业上传,学生在完成作业后,学生使用"钉钉"上传的方式提交每天的暑假作业。教师上传的内容主要包括体育与健康理论和运动技能的学习内容、视频详解、练习量、练习时间、上传视频截止时间以及教师在线时间等。值得注意的是以下几点。第一,选择运动技能内容时,注意结合

学生身体素质敏感期来设置练习的运动负荷,防止学生在运动过程中造成运动损伤。第二,在观看体育与健康理论视频后要设置知识答题,从而了解学生掌握情况。第三,体育与健康理论与运动技能学习的内容要保证密切关联,形成统一的体系,如在进行足球运动技能学习时,可以安排关于注意脚踝运动受伤。第四,要以学生为中心,要结合学生实际情况进行作业发布,确保学生能够准确了解作业的实施步骤,保证线上平台的实用性和易用性,突出线上特点。

(二)家长接受作业信息

家长接受作业信息是课后体育作业实施的前提,家长接受作业能够清楚了解学生具体要完成的任务,防止学生出现不按时完成作业的现象,也是学校、家庭协同育人的重要表现,同时也可以促进家长和孩子的情感交流。家长接受作业信息的具体步骤是:家长登录"钉钉",接受作业信息后,清楚掌握作业具体需要完成的内容,通知学生需要完成的内容,并及时监督学生完成的情况以及检查学生完成进度,防止出现学生在完成体育作业内容中出现遗漏。如果学生有特殊情况,家长应及时与教师沟通说明原因并让老师做好备份。家长在接受时应注意以下几点。第一,家长接收时间作业的时间一般是当天早上 7 点。第二,家长要准确了解体育作业的内容,特别是注意体育作业的运动量,过大或过小的运动量都会对学生产生不良的影响。第三,清楚教师在线时间,保证学生在完成作业过程中出现任何问题时可以及时与老师沟通。第四,家长要加强对学生的监督,防止在通知学生作业内容时出现任何差错。第五,在家长接到作业信息后,要为学生准备好锻炼时需要的运动装备等,保证学生运动锻炼的顺利进行。

(三)学生观看参与锻炼

学生观看参与锻炼是课后体育作业实施的关键,学生在了解到教师发布的作业信息后,根据自己的具体情况进行观看视频以及运动锻炼。

学生在线上学习平台观看视频的主要步骤是：登录"钉钉"，打开信息列表，点击查看体育与健康理论视频和运动技能视频进行学习，如果学生有任何疑问和意见可以与教师及时沟通或寻求家长帮助，也可以与同学交流，培养学生的社会交往能力。学生在学习过程中首先应进行体育与健康理论学习，为运动技能的训练提供理论基础，帮助学生高质量完成运动锻炼。学生在观看视频时尽可能找相对安静的地方，防止外界环境的干扰，并且要做好笔记，将所学知识与现实运动相结合，加深对理论知识的理解。学生在进行体育锻炼时，应提前做好热身准备活动，促使身体机能达到较高水平保证更好地进行体育锻炼，上课时要提前准备好本节课所需要的运动器材，如足球、跳绳等，并寻找一块较为平坦宽阔的场地，营造良好的锻炼环境，防止学生在运动锻炼中出现崴脚等受伤情况。最后，学生在学习完当天的内容时，家长及时辅助学生进行录制，学生要按照今日教学目标的要求完成作业。

（四）家长录制上传视频

家长接收作业信息是课后体育作业实施的重要条件，在这个阶段家长的作用应该被重视，家长是孩子最亲近的老师，在实施中家长扮演着重要的角色，承担着对孩子教育的责任。家长在接收作业信息传递给孩子之后并不表示家长所需要承担任务的结束。家长要组织学生明确作业信息，并将体育教师准备的有关作业的所有资料展示给学生，带领学生明确目标。家长为学生提供良好的居家练习环境，保障学生安全，督促学生进行练习，包括练习过程中家长要进行视频录制，拍摄时要求将人物与视频框重合，拍摄结束后点击上传完成并等待反馈。根据作业内容规定，家长严格按照作业要求录制上传。当学生的作业视频内容不符合教师布置的作业要求的情况下，教师通过作业订正的方式要求家长督促学生修改作业内容并重新上传作业。在此过程中家长并不是机械地完成拍摄上传任务，家长需要参与其中，做到辅助学生完成作业，并且监督指导。家长在监督的同时,对学生在自己的知识体系之内出现的错位动作予以纠正,若此作业动作家长不知何为正确动作时,请不要贸然对学生进行指导,避免留下错误的动作概念。家长应查阅资料或询问专业人士了解作业内容,更好地完成作业的监督任务,帮助学生在假期学习体育知识,锻炼身体。

第三节　初中学生体育暑假作业的效果分析

2020年度暑假期间,和平区教育局体美劳科在初中校布置暑假体育作业进行了积极的尝试,以探讨暑期布置体育作业的可行性与锻炼效果,为和平区学校体育教育综合改革提供一些量化的参考依据。

参加暑假体育作业试点的学校分别为天津市第六十一中学、天津市第二十中学、天津市汉阳道中学和天津市第五十五中学四所初中学校。天津市和平区初中暑假体育作业项目应参加学生总人数为765人。其中,天津市第六十一中学七年级应参加学生人数为251人,天津市第六十一中学八年级应参加学生人数为55人,天津市第二十中学七年级应参加学生人数为177人,天津市汉阳道中学八年级应参加学生为135人,天津市第五十五中学七年级应参加学生人数为76人,天津市第五十五中学八年级应参加学生人数为71人。

本次和平区暑期体育作业试点数据上报平台,是利用金数据平台制作的学生作业上报系统,学生每周通过金数据平台进行本周作业完成情况的上报,经过系统与人工双层筛选后对收集的数据进行分析,随后利用金数据平台生成四所学校各年级学生每周完成作业情况图表,并在每周及时反馈给各个学校的负责老师,以便学校负责老师及时掌握本周学生完成情况,查缺补漏,为下周学生更好地完成暑假体育作业打下基础。

天津市和平区初中暑假体育作业完成情况报告,将从学生完成作业人数、完成作业次数、完成作业质量、完成作业时间以及完成作业机体感受五个维度,进行暑假体育作业试点学校总体实施完成情况的数据分析。

一、初中生暑假体育作业完成人数的情况

(一)初中生暑假体育作业完成人数的总体情况

2020年天津市和平区初中暑假体育作业项目应参加学生总人数为765人,实际完成学生人数为688人,占总人数的89.9%;未完成作业人数为77人,占总人数的10.1%。从总体完成暑假体育作业学生的比例看,和平区初中校布置暑假体育作业试点,基本达到预期目标。

从图7-1可以看出,第一周学生完成人数为550人,占总人数的71.9%;第二周学生完成人数为592人,占总人数的77.4%;第三周学生完成人数为590人,占总人数的77.1%;第四周学生完成人数为568人,占总人数的74.2%;第五周学生完成人数为609人,占总人数的79.6%;第六周学生完成人数为626人,占总人数的81.8%。第一周学生参加完成率最低,第六周学生参加完成率最高,暑期六周总体学生参加完成率呈波浪走势,最后一周达到峰顶。第一周学生完成作业人数比例与第六周人数比例存在显著差异,说明学生一开始对完成暑假体育作业自觉性不高,但随着对暑假体育作业的正确认知与学校老师的监督引导,学生完成作业人数逐渐增加,学生逐渐养成自觉完成体育作业的习惯。

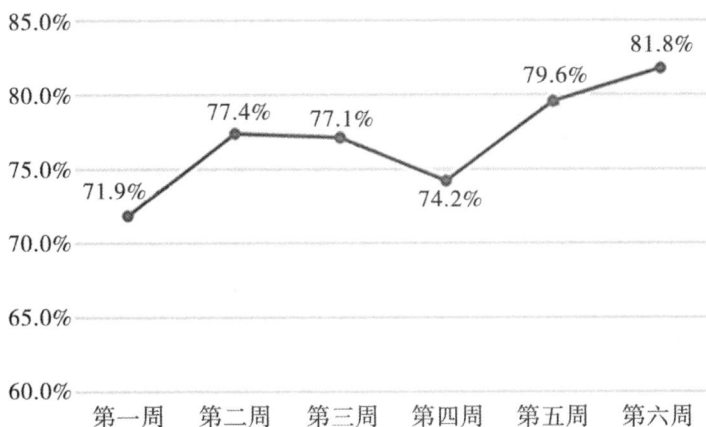

图 7-1　和平区初中暑假体育作业完成人数统计图

(二) 不同年级学生完成作业人数的情况

从图 7-2 可以看出,四所初中校各年级学生完成作业人数依次是五十五中学七年级、六十一中学八年级、二十中学七年级、六十一中学七年级、五十五中学七年级、汉阳道中学八年级。

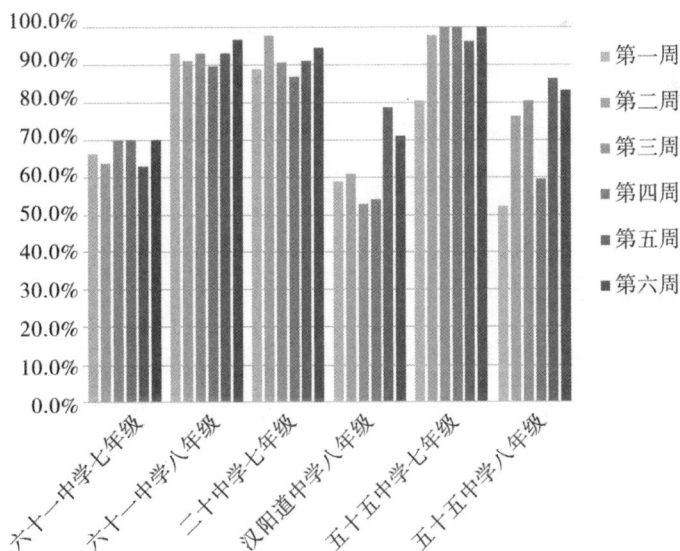

图 7-2　各年级学生完成作业人数统计图

五十五中学七年级学生每周完成人数,占总人数的比例分别为80.3%、97.4%、100%、100%、96.1%和100%,第三周、第四周和第六周学生完成人数比例高达100%,六十一中学八年级学生每周完成人数比例分别为92.7%、90.9%、92.7%、89.1%、92.7%和96.4%,升降趋势不明显但总体完成情况较好。

二十中学七年级在学生每周完成人数方面除第二周完成人数上升趋势明显,比例达到97.7%;第四周完成人数有所下降,比例达到86.4%,其余四周每周完成人数相对稳定。

六十一中学七年级学生每周完成暑假体育作业学生人数比例分别为65.7%、63.3%、69.7%、69.7%、62.5%和70.1%,六周升降趋势不明显与其他年级相比略低。

五十五中学八年级在第一周和第三周完成人数比例仅为52.1%和59.2%均未能达到要求,其余四周学生完成人数比例分别为76.1%、80.3%、85.9%与83.1%。

汉阳道中学八年级学生在第一周、第三周与第五周学生完成作业人数比例分别为58.5%、52.6%和54.1%均未能达到每周作业完成人数要求,其余三周学生完成人数比例分别为60.7%、78.5%与70.4%,相较其他年级在每周完成人数方面表现较差。

二、初中生暑假体育作业完成次数的情况

(一)初中生暑假体育作业完成次数的总体情况

从图7-3可以看出,和平区初中学生暑假体育作业实施的六周,每周完成三次及三次以上的学生比例分别是69.9%、68.9%、66.7%、66.1%、64.8%和64.2%;学生每周完成体育作业三次及以上次数比例连续六周持续下降,但每周60%以上的学生都能达到暑假作业三次及以上的作业次数要求;总体来说和平区暑假体育作业学生每周完成作业次数

方面还有待提高。

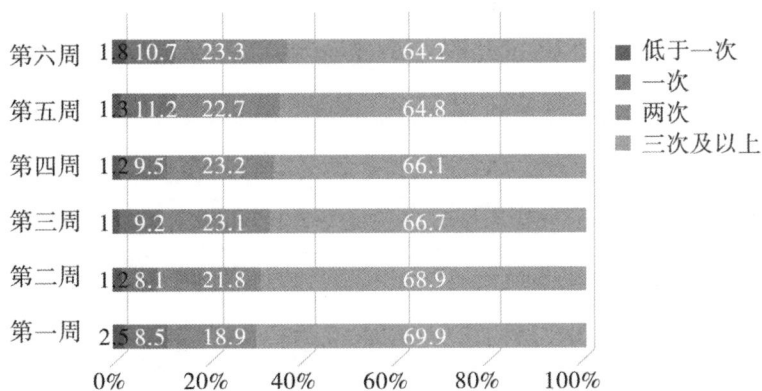

图 7-3 初中暑假体育作业学生完成次数统计图

（二）不同年级学生完成作业人数的情况

从图 7-4 可以看出，四所初中校各年级学生完成作业次数依次是汉阳道中学八年级、五十五中学七年级、五十五中学八年级、六十一中学七年级、二十中学七年级、六十一中学八年级。

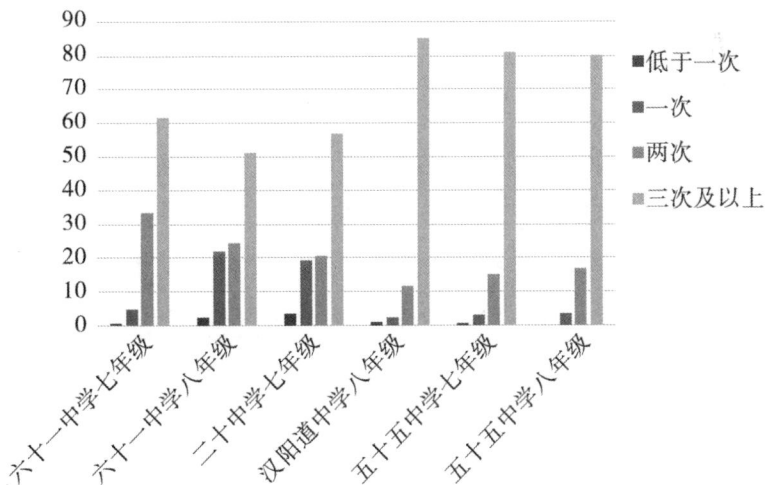

图 7-4 各年级学生完成作业次数统计图

汉阳道中学八年级学生平均完成作业三次及三次以上的比例是84.9%,远远高出其他年级;五十五中学七年级和五十五中学八年级学生平均完成作业三次及三次以上的比例分别是81%和80%,多数学生能达到暑假体育作业完成次数的要求;六十一中学七年级学生平均完成三次及三次以上的比例是61.4%,相较其他学校作业完成次数方面表现一般;二十中学七年级和六十一中学八年级学生平均完成三次及三次以上的比例为56.9%和51.1%,两个年级均未能达到暑假体育作业次数要求。

三、初中生暑假体育作业完成质量的情况

(一)初中生暑假体育作业完成质量的总体情况

2020年天津市和平区初中学生暑假体育作业完成质量情况分别为32.2%的学生能按要求高质量完成,58.9%的学生能按要求完成,8.1%的学生降低难度完成,仅有0.9%的学生不能完成。总体来讲和平区暑假体育作业实施过程中,大部分学生能按质量要求完成作业,在作业完成质量方面表现优异。同时这也充分说明,本次暑期体育作业布置的锻炼内容、锻炼负荷强度以及锻炼内容动作难度的设计,较适宜初中学段七至八年级学生。

从图7-5可以看出,和平区初中学生暑假体育作业实施的六周,每周能按要求高质量及按要求完成学生比例分别是89.8%、88.9%、92.2%、91.6%、91.8%和92%;除第四周学生作业完成质量有略微下降外,其余五周学生完成作业质量总体呈上升趋势,表明暑期体育作业方案的设计较适合于实验对象,和平区初中学生在作业完成质量方面表现较好。

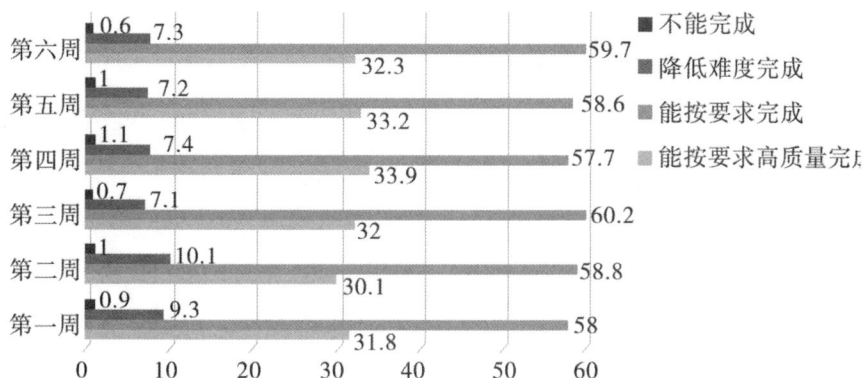

图 7-5 初中暑假体育作业学生完成质量统计图

(二)不同年级学生完成作业质量的情况

从图 7-6 可以看出,四所初中校各年级学生完成作业质量从高到低依次为汉阳道中学八年级、五十五中学七年级、五十五中学八年级、六十一中学七年级、二十中学七年级、六十一中学八年级。

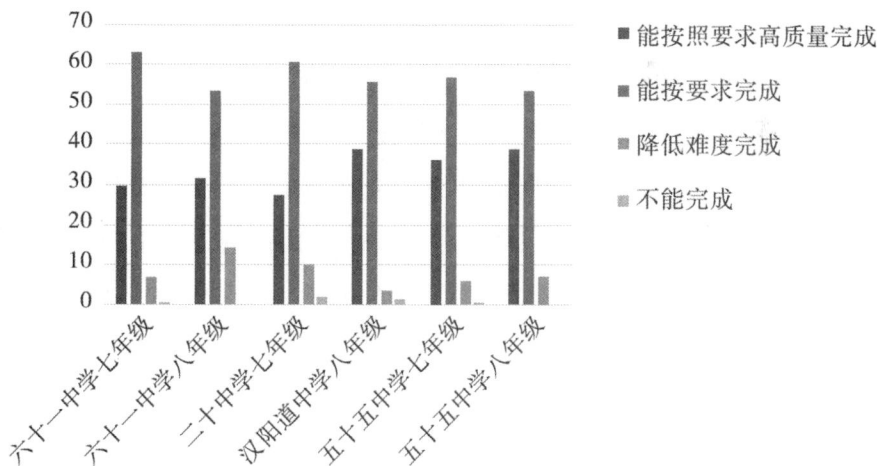

图 7-6 各年级学生完成作业质量统计图

汉阳道中学八年级能按要求高质量以及按要求完成学生比例为94.8%,相较其他年级表现最为优异;五十五中学七年级能按要求高质量以及按要求完成学生比例为93.2%,略低于汉阳道八年级;五十五中学八年级和六十一中学七年级能按要求高质量以及按要求完成学生比例都为 92.6%,但五十五中学八年级不能完成的学生比例为 0,两者相比较,五十五中学八年级学生完成作业质量情况更好;二十中学七年级能按要求高质量以及按要求完成学生比例为 87.9%;六十一中学八年级不能完成的学生比例虽然为 0,但能按要求高质量以及按要求完成学生比例为 85.6%,与其他年级相比完成质量方面表现较差。

四、初中生暑假体育作业完成时间的情况

(一)初中生暑假体育作业完成时间的总体情况

2020 年天津市和平区初中暑假体育作业对学生每次完成作业时间的要求为:40—60 分钟(不低于 40 分钟),从学生上报平台统计得出,和平区初中学生平均每次完成作业时间 40 分钟以上人数比例为 79.8%,总体来说在和平区暑假体育作业实施过程中,大部分学生能按每次锻炼时间的要求完成作业。

1. 初中暑假体育作业学生完成时间情况分析

从图 7-7 可以看出,和平区初中学生暑假体育作业实施的六周,每周每次完成作业 40 分钟以上的学生比例分别是 73.6%、78.7%、82%、82.2%、81.1% 和 81.2%;前四周每次完成作业时间 40 分钟以上的学生人数逐渐增长,第五周和第六周每次完成作业时间 40 分钟以上学生人数有略微下降。

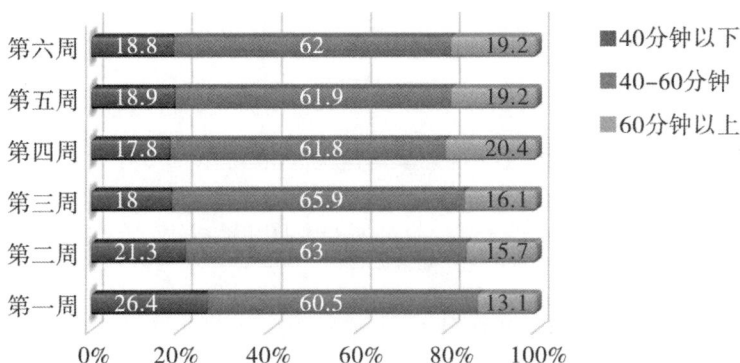

图 7-7　初中暑假体育作业学生完成时间统计图

2. 不同年级学生完成作业时间的情况

从图 7-8 可以看出，四所初中校各年级学生完成作业时间依次为汉阳道中学八年级、五十五中学八年级、六十一中学七年级、五十五中学七年级、二十中学七年级、六十一中学八年级。

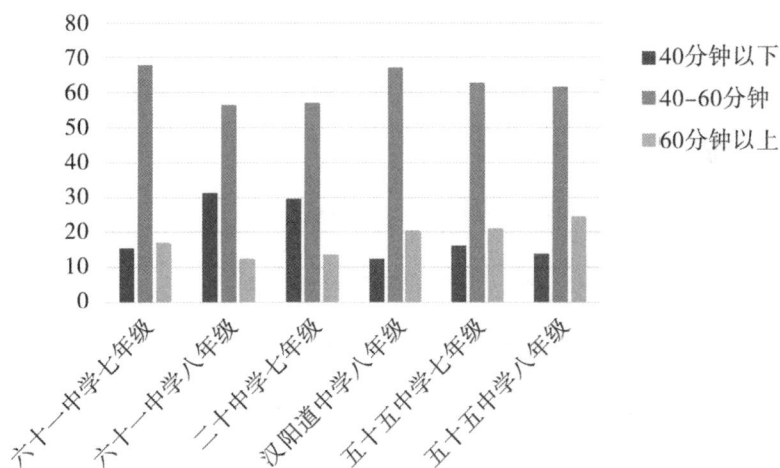

图 7-8　各年级学生完成作业时间统计图

汉阳道中学八年级平均完成作业 40 分钟以上的人数比例为 87.5%，远远高出其他年级；五十五中学八年级平均完成作业 40 分钟以上的人数比例为 86.1%；六十一中学七年级平均完成作业 40 分钟以上的人数比例为84.6%，多数学生能达到暑假体育作业完成时间的要求；五十五中学七年级平均完成作业40分钟以上的人数比例为83.9%；二十中学七年级和六十一中学八年级学生平均完成作业40分钟以上的人数比例为56.9%和51.1%，相较其他年级作业完成时间方面表现一般。

五、初中生暑假体育作业完成机体感受的情况

(一)初中生暑假体育作业完成机体感受的总体情况

2020年天津市和平区初中学生在完成暑假体育作业后机体感受情况为52.5%的学生感到轻度疲劳，29.3%的学生感到中度疲劳，1.5%的学生感到重度疲劳，另外还有16.5%的学生感到不疲劳。总体来说，大部分学生在完成和平区暑假体育作业后机体都会感受到不同程度的疲劳。

从图7-9可以看出，从第一周到第六周完成作业后机体感到不疲劳学生比例分别为12.7%、12.7%、15.3%、16.7%、18.1%和22.7%，呈逐渐上升的状态。锻炼内容相近，锻炼负荷基本相同，经过6周有计划、有目的和有规律的体育锻炼，学生机体呈现出趋优变化；锻炼后机体疲劳感受

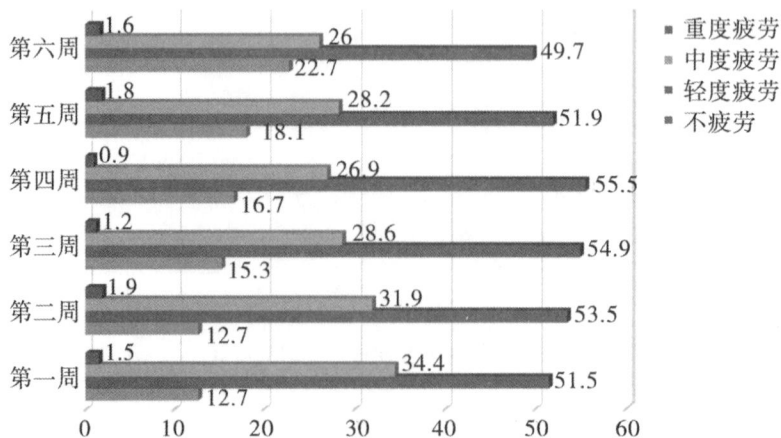

图7-9　初中暑假体育作业学生完成机体感受统计图

程度逐周降低,并明显呈现出坚持锻炼时间越长,机体趋优程度越深。同时这也间接说明,和平区实施暑假体育作业对改善和提高学生身体素质具有一定的促进作用。

(二)不同年级学生完成作业机体感受的情况

从图7-10可以看出,六十一中学七年级完成作业后感到不疲劳、轻度疲劳、中度疲劳以及重度疲劳的学生比例分别为14.9%、55.1%、28.4%、1.6%;六十一中学八年级完成作业后感到不疲劳、轻度疲劳、中度疲劳以及重度疲劳的学生比例分别为21.6%、49.5%、26.9%、2%;二十中学七年级完成作业后感到不疲劳、轻度疲劳、中度疲劳以及重度疲劳的学生比例分别为19.5%、51.4%、28.7%、0.4%;汉阳道中学八年级完成作业后感到不疲劳、轻度疲劳、中度疲劳以及重度疲劳的学生比例分别为9.9%、54.5%、34%、1.6%;五十五中学七年级完成作业后感到不疲劳、轻度疲劳、中度疲劳以及重度疲劳的学生比例分别为17%、51.6%、29.8%、1.6%;五十五中学八年级完成作业后感到不疲劳、轻度疲劳、中度疲劳以及重度疲劳的学生比例分别为17.1%、51.6%、27.7%、3.5%。学生在健

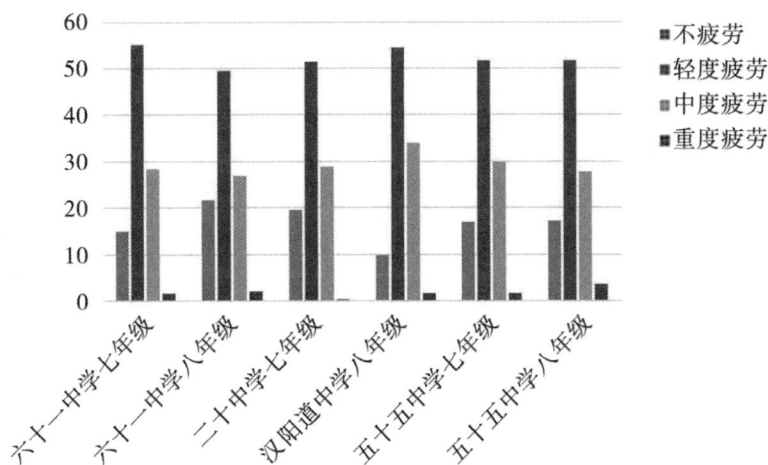

图7-10 各年级学生完成作业机体感受统计图

身运动后感到肌肉、关节酸胀和精神疲乏,主要是因为体内的糖、脂肪、蛋白质被大量分解,在分解过程中产生乳酸、磷酸等酸性物质,这些酸性物质刺激人体组织器官,使学生感到肌肉、关节酸胀和精神疲乏等不同程度的疲劳。这些疲劳感是比较容易消除的,通过补充营养物质以及适宜放松休息,酸性物质很快就会被代谢,不会影响学生的学习以及生活。

第八章　结论、研究不足和后续研究

一、结论

第一,学校体育教育是全面实施素质教育、促进青少年全面发展的重要环节,对全面推进教育现代化、建设健康中国和体育强国,实现中华民族伟大复兴的中国梦具有重要作用。体教融合背景下,提升青少年体质健康水平刻不容缓,学校体育教学改革势在必行。体育教师核心素养的提升、体育课程的设置、体育教学内容的筛选、体育教学模式的设计与选择等直接影响着学校体育教学质量和教学改革的效果。

第二,体育教师作为学校体育教学改革的主体,其综合素养直接关系着教学改革的效果,而培训是提升教师素养的重要路径。以啦啦操为例,探讨体育教师啦啦操培训体系,其培训课程是增强培训效果的关键推动力。以校园啦啦操政策、教师培养目标为依据,从实践性课程、专业性课程和发展性课程的逻辑关系,针对不同级别教练员进行分层设计,提出集中培训、分散培训、线上培训和线上线下混合式培训等方式。

第三,体育课程设置是学校体育教学改革的核心环节。以校园体育舞蹈为例,从优势、劣势、机遇和挑战方面分析小学开展校园体育舞蹈课程的可行性,为校园体育舞蹈进校园提供依据。校园体育舞蹈所具有的健身性、娱乐性和观赏性,及其教育价值和锻炼价值,场地要求较低,投入资金少等,既符合国家"全民健身"及小学生"阳光体育运动"的要求,又符合中小学生健体塑体的需求,同时能推动国家针对青少年体质健康等政策文件精神的落实。

第四,体育教学内容作为承载体育教学理念的载体,是体育教师教学理念的外在表现形式,直接影响着体育教学的效果。以快乐体操为例,设计教学内容并分析其实施效果,为体育教师教学内容的筛选提供参考。依据快乐体操项目的 R 值(依赖指数)得出其开设顺序为自由体操、平衡木(女)、跳跃、单杠、蹦床和双杠(男),并依据学校实际教学条件、不同学段学生身心特点按顺序进行开设,选择合理的教学内容。

第五,体育教学模式的设计和选择直接影响着学生的学习兴趣和体育教学效果。"SPOC+翻转课堂"教学模式作为信息化教学的新模式,以羽毛球课教学为例,从教学前期分析、SPOC 教学平台选择与教学资源、各教学阶段教学活动、教学环境、学习评价等方面,设计高校公共羽毛球课"SPOC+翻转课堂",并在实施中深受学生喜爱,有效促进了教学效果。

第六,体育课后作业的开展具有增强学生体质健康、培养终身体育意识的作用,对体教融合的推进和"双减"政策的有效落实具有重要的现实意义。体育课后作业体系建设应以体育新课标为基准,以体育教材为依托,以学生为主体的原则,从体育课后作业的内容、结构层次、类型、评价方式等方面构建体系,积极落实,引领学生全面发展,助力健康中国建设和全民健身发展。

二、研究不足

本研究在前人研究的基础上,试图从体教融合背景下学校体育教学改革的内涵、现实诉求、案例设计等方面进行探索性的研究,仍存在以下不足。

第一,体教融合背景下学校体育教学改革方面涉及较广,研究从理论与实践两个层面进行了探讨,研究针对不同板块内容选择不同学段进行设计与实证研究,但是如何使理论与实践有机结合,提升教学改革的有效性和针对性仍有待长期的实践研究。

第二,学校体育教学改革涉及面较广,本研究只是针对师资培训、课程设置、教学内容等进行探究式研究,例如,政策制定、教材教法、校本课程建设等方面尚未涉及,以及设计案例在不同地区的推广实施仍有待进一步探讨。

三、后续研究

体教融合背景下学校体育教学改革是一个长期的系统工程,涉及很多方面。本研究仅对某些问题进行了探究性的研究,不足以解决所有问题,在今后的研究中主要围绕体教融合政策与学校体育改革从以下方面展开。

第一,结合体教融合政策,以及当前不同区域、不同层次学校的实际情况,探讨适合学校体育教学改革的路径,加强体教融合背景下学校体育教学改革发展方面的研究。如各地区学校体育的协同发展、体育竞赛的设计与实施、体育资源场馆设施的运用与建设。

第二,注重实践研究,特别是设计案例的实施与推广,如体育课程、体育教师培训案例的验证与运用等。

第三,持续关注体教融合背景下学校体育教学改革研究,探讨改革举措,并结合不同区域、不同年龄段的学校体育实际提出不同的改革路径。

参考文献

[1]中国义务教育质量监测报告[R].北京:教育部基础教育质量监测中心,2018.

[2]国家体育总局,教育部.关于印发深化体教融合促进青少年健康发展意见的通知[EB/OL].[2020－09－21].http://www.gov.cn/zhengceku/2020－09－21/content_5545112.htm.

[3]新华网.习近平主持召开学校思想政治理论课教师座谈会[EB/OL].[2020－05－18].http://www.xinhuanet.com/2019－03/18/c_1124250454_2.htm.

[4]单凤霞,郭修金,陈德旭.让"体教结合"走向"体教共生"[J].体育学刊,2017,24(05):88-92.

[5]刘仲豪,陈健.对"教体结合"理论依据的审思[J].湖北体育科技,2018,37(01):76-78+16.

[6]刘纯献,等.体教结合的难点、痛点、堵点与体教融合价值引领的闪光点[J].北京体育大学学报,2021,44(9):13-23.

[7]孙国友,顾齐洲.我国高校"教体融合"长效机制构建研究[J].山东体育学院学报,2015,31(05):110-113.

[8]初少玲.上海市体教融合的实践探索与理论分析[J].山东体育学院学报,2013,29(03):115-118.

[9]曲鲁平,孙伟,凌波,等.体教融合视域下体育传统特色学校与青

少年业余俱乐部协同发展联动机制的研究[J].天津体育学院学报,2021,36(05):512-519.

[10]王广磊,等.新举国体制背景下"体教融合"建设机制研究[J].合肥师范学院学报,2021,39(03):100-103.

[11]崔佳琦,王文龙,邢金明.我国竞技体育后备人才"体教融合"培养模式研究述评[J].吉林体育学院学报,2022,38(02):64-72.

[12]毛振明,等.体教分离→体教结合→体教融合→体回归教——从中国青少年竞技体育的历史发展看"体教融合"的方向[J].体育教学,2021,41(04):5-7.

[13]毛振明,等.从"体教分离"到"体教融合"再到"体回归教"的中国逻辑[J].体育学研究,2021,35(04):1-8.

[14]王鹏,郝文鑫,郭振.竞技体育后备人才培养的域外实践、共性经验与中国路径分析[J].首都体育学院学报,2022,34(06):620-629.

[15]刘波,毕金泽.近代以来中国大学培养竞技体育后备人才的历程及新时代体教融合路径[J].首都体育学院学报,2022,34(06):611-619+640.

[16]曲鲁平,孙伟,杨凤英等.体教融合视域下体育传统特色学校协同联动组织机制的构建[J].武汉体育学院学报,2021,55(10):63-69+85.

[17]李敏,潘福全,康国祥,等.以学生为中心的多种教学方法融合的教学改革研究[J].科技风,2021(10):63-64.

[18]李金云.课堂教学改革研究30年:回顾与反思[J].当代教育与文化,2009,1(04):46-60.

[19]侯玉莹.课程教学改革过程中的问题与对策研究[D].南京师范大学,2017.

[20]李银晓.专业认证背景下师范专业课堂教学改革现状及影响因

素研究[D].东北师范大学,2021.

　　[21]胡万山.师范类专业认证背景下教师教育改革的意义与路径[J].黑龙江高教研究,2018,36(07):25-28.

　　[22]张剑锋.新课改背景下课堂教学文化:变迁、反思与重建[J].贵州师范学院学报,2010,26(01):75-78.

　　[23]潘懋元.新时代中国高等教育改革与发展:今天、明天与后天[J].高等教育研究,2020,41(09):1-3.

　　[24]Australan Curriculum,Assessment and Reporting Authority. General Capabilities in the Australian Curriculum[EB/OL]. [2017-04-01] (2018-12-13). http://www. australiancurriculum. edh. au/f-10-curriculum/general-capabilities/.

　　[25]Acara The Shape of the Australian Curriculum(Version 4. 0)[EB/OL]. [2018-08-15]. https://acaraweb. blob. core. windows. net/resources/The_Shape_of_the_Australian_Curriculum.

　　[26]Partner For 21stCentury Skills. Assessment:A 21st Century Skills Implemetation Guild[EB/OL]-http://www. 21stCentury Skills. org/documents /21stCentury Skills. Assessment. pdf. 2019.

　　[27]B. H. Zhang,C-K Looi. Developing a sustainable education innovation for seamless learning[J]. Procedia-Social and Behavioral Sciences,Volume 15,2011,Pages 2148-2154.

　　[28]Deirdre McGillicuddy,Dympna Devine. "Turned off" or "ready to fly" - Ability grouping as an act of symbolic violence in primary school[J]. Teaching and Teacher Education,Volume,70,February 2018:88-99.

　　[29]Cindy Paans,Eliane Segers,Inge Molenaar,Ludo Verhoeven. Dyadic executive function effects in children´s collaborative hypermedia learning [J]. Learning and Instruction,Volume 60,April 2019:66-74.

[30]邵伟德,许益芳.学校体育与体育教学两个概念的逻辑学思考[J].天津体育学院学报,2002(03):47-49.

[31]闫士展,傅建,王若光.从"提高体质"到"立德树人":扬州会议的历史回顾与学校体育改革的新转向—熊斗寅、曲宗湖、李习友和施永凡学术访谈录[J].体育与科学,2019,40(04):9-17.

[32]李晓栋,吕夏頔.学校体育改革的文化逻辑[J].体育学刊,2018,25(01):89-92.

[33]张勇平,张武.高等学校体育文化改革与发展趋向[J].湖北师范学院学报(自然科学版),2015,35(04):45-46.

[34]毛振明,邱丽玲,杜晓红.中国学校体育改革与发展若干重大问题解析——从当下学校体育改革5组"热词"说起[J].上海体育学院学报,2021,45(04):1-14.

[35]许弘.以全国教育大会精神推进新时代学校体育的改革与发展[J].首都体育学院学报,2019,31(02):99-102.

[36]刘舒鹏,李延超."健康中国"视角下我国学校体育改革与发展思路研究[J].浙江体育科学,2017,39(04):76-80.

[37]李鸿宜,王岩."互联网+"视域下学校体育改革特征及趋势[J].吉林体育学院学报,2017,33(06):84-87.

[38]杨文轩.课程改革背景下学校体育改革与发展研究[J].体育学刊,2018,25(05):1-4.

[39]刘纯献,刘盼盼.学校体育改革的成就、问题与突破[J].北京体育大学学报,2020,43(02):71-82.

[40]马孝志.学校体育改革与发展学生核心素养[J].河南理工大学学报(社会科学版),2016,17(02):261-264.

[41]周爱光.体教融合背景下我国学校体育改革的思考[J].体育学刊,2021,28(02):1-6.

[42]黄道名,杨群茹,张晓林.“健康中国”战略下我国学校体育的改革困境与发展路径[J].体育文化导刊,2018(03):103-107+123.

[43]白亮,宋宗佩.我国学校体育改革的问题与发展路径[J].体育文化导刊,2018(01):97-100+115.

[44]姜付高.我国体育旅游空间结构演变及其优化[M].北京:人民体育出版社,2024:35-70.

[45]董德朋.公共体育资源配置及居民幸福的健康社会学机制[M].北京:人民体育出版社,2023:156.

[46]廖上兰,刘桂海.“培养什么人”:学校体育改革的理性思考与价值重构——基于我国宏观教育目标演进考察[J].天津体育学院学报,2021,36(02):151-158.

[47]刘舒鹏,李延超.“健康中国”视角下我国学校体育改革与发展思路研究[J].浙江体育科学,2017,39(04):76-80.

[48]毛振明,邱丽玲,杜晓红.中国学校体育改革与发展若干重大问题解析——从当下学校体育改革5组“热词”说起[J].上海体育学院学报,2021,45(04):1-14.

[49]刘纯献,刘盼盼.学校体育改革的成就、问题与突破[J].北京体育大学学报,2020,43(02):71-82.

[50]徐伟,姚蕾,蔺新茂,等.学校体育改革与发展的制约因素——来自基层的调查[J].北京体育大学学报,2016,39(08):74-80.

[51]黄道名,杨群茹,张晓林.“健康中国”战略下我国学校体育的改革困境与发展路径[J].体育文化导刊,2018(03):103-107+123.

[52]颜昶,徐丽平.导入“健康促进”理念之学校体育改革展望[J].成都体育学院学报,2008(07):71-73.

[53]王洪全.中国学校体育的改革与发展趋势[J].长春师范学院学报,2005(09):126-128.

［54］付强.浅议我国学校体育改革的趋势和热点［J］.体育世界(学术版),2010(07):9-10.

［55］曲鲁平.我国青少年体质健康促进模型构建与运动干预研究［M］.北京:人民体育出版社,2021:40-47.

［56］Today sphysical education needs to be standsards-based［EB/OL］.［2017-01-16］.http://www.Educationworld.com/a.ad-min/580.html.

［57］Vuori I M,Lavie C J,Blair S N. Physical activity promotion in the health care system［C］//Mayo Clinic Proceedings. Elsevier,2013,88(12):1446-1461.

［58］Penney D,Chandler T. Physical education:what future (s)? ［J］.Sport,Education and Society,2000,5(1):71-87.

［59］Bailey R,Armour K,Kirk D,et al. The educational benefits claimed for physical education and school sport:an academic review［J］. Research papers in education,2009,24(1):1-27.

［60］姚明.建议推广专项体育课［EB/OL］.(2015-03-09)［2015-12-20］.http://news.sohu.com/20150309/n409498607.html.

［61］司云,苏连勇等.应当科学认识对待专项体育课［J］.中国学校体育,1994(9):65-66.

［62］杨向明,张振华.体育课程目标的界说与构建［J］.安徽师范大学学报(自然科版),2014,37(03):288-291+296.

［63］朱伟强,潘海波.论体育课程目标［J］.山东体育学院学报,2008(06):71-73.

［64］邵伟德,齐静,李启迪.体育课程内容体系的逻辑起点、可行性与建构策略［J］.北京体育大学学报,2020,43(08):58-66.

［65］于素梅.一体化体育课程内容体系的建构［J］.体育学刊,2019,26(04):16-21.

[66]葛青,张秋亚,温杰.我国大学体育课程内容设置现状与对策研究[J].武汉体育学院学报,2012,46(03):87-90+100.

[67]王德慧,龚坚,杨玉茹,宋会君.体育课程评价研究现状及发展趋势[J].首都体育学院学报,2008(05):70-73.

[68]梁汉平.美国中小学体育课程计划的变化及其启示[J].体育学刊,2013(01):75-78.

[69]江广和.快乐体操研究[J].体育文化导刊,2015(08):56-58+71.

[70]谢利民.现代教学基础理论[M].上海:上海教育出版社,2003:68-272.

[71]曲鲁平,王健.大中小学体育与健康课程中体操类项目的教学设计研究[J].首都体育学院学报,2009,21(03):322-325.

[72]樊临虎.体育教学论[M].北京:人民体育出版社,2002.

[73]周林清,于素梅,等.刍议"教学法"与"教学方法"的非等同性[J].北京体育大学学报,2008(02):232-233+241.

[74]张学忠.学校体育教学论[M].北京:人民体育出版社,2002:222.

[75]霍军.创新教育理念下体育教学方法理论与实践研究[D].北京体育大学,2012.

[76]高田.论我国体育教学方法的改革发展与会通[J].当代体育科技,2014,4(26):72+74.

[77]王健.运动技能与体育教学[D].福建师范大学,2004.

[78]樊临虎.我国体育教学方法研究30年:历程与进展[J].体育研究与教育,2017,32(01):1-7+114+113.

[79]王健.运动技能与体育教学[D].福建师范大学,2004.

[80]伍天慧.对高校体育教学过程中的组织形态与体育教学方法的

考察[J].北京体育大学学报,2004(01):99-100.

[81]曲鲁平,李慧,孙伟,等.情境干扰对运动技能学习不同阶段效果的量效关系[J].武汉体育学院学报,2023,57(04):93-100.

[82]《教育大辞典》(第三版)编撰出版启动会召开[J].教育学报,2015,11(06):31.

[83]陆晓旦,魏昌皓,陈文辉.关于学校体育家庭作业的理论思考[J].青少年体育,2018(05):67+83.

[84]尹彬.体育课课后作业探讨[J].新课程教学(电子版),2020(02):81.

[85]卫钱萍.混合式教学中的课后体育作业[J].现代教学,2021(Z1):122-123.

[86]王雷霆,夏锦阳.家庭体育作业管理与实施[J].青少年体育,2020(03):60-61.

[87]李佳川,孙洁,唐金根.对我国青少年学生体育家庭作业相关问题的思考[J].南京体育学院学报(社会科学版),2014,28(05):79-83.

[88]高亚君.体育家庭作业对小学生身体素质影响的实验研究[D].天津师范大学,2019.

[89]居晓林.体育课后作业布置的重要性与必要性[J].考试周刊,2010(50):142-143.

[90]白海珍.新课程背景下小学体育家庭作业的内容初探[J].当代体育科技,2019,9(01):155+157.

[91]李晓丽.精准扶差:中考体育成绩提升策略探析[J].运动精品,2021,40(06):41+44.

[92]健康中国行动(2019—2030年):总体要求、重大行动及主要指标[J].中国循环杂志,2019,34(09):846-858.

[93]毛振明,钱娅艳,程天佐.推进"体育家庭作业"开辟学校体育

"第二战场"[J].体育教学,2020,40(10):20-22.

[94]魏宇.小学生体育家庭作业布置存在问题及对策研究[D].南京体育学院,2019.

[95]刘金玉.运动类 APP 与大学体育课相结合的教学模式探讨[J].长春师范大学学报,2017,36(12):100-102.

[96]杨紫亦.初中体育课后作业质量的影响因素及提升策略[J].教书育人,2021(28):43-45.

[97]刘黎.基于健康体育(HBPE)课程理念的体育课外作业对儿童身体素养影响研究[D].上海体育学院,2021.

[98]任井伦,李晓庆.智能学习平台支撑体育课后作业的设计研究——以"智慧学伴"为例[J].中小学数字化教学,2022(03):20-24.

[99]刘金玉.运动类 APP 与大学体育课相结合的教学模式探讨[J].长春师范大学学报,2017,36(12):100-102.

[100]朱斌,等.我国中小学体育教师专业素质能力之惑与解决之策:对全面深化新时代教师队伍建设改革的建言(3)[J].首都体育学院学报,2019,31(01):12-16.

[101]郭立亚,等.新时代我国高校体育教师队伍建设改革的关键任务与实施路径[J].北京体育大学学报,2021,44(09):105-113.

[102]刘朝辉.加强体育教师队伍建设策略研究[J].内蒙古师范大学学报(教育科学版),2014,27(10):171-172.

[103]柏丹,等.新时代背景下学校体育师资培养的再审视[J].上海教育科研,2021(11):52-58.

[104]潘建芬,等.体育教师培训文化透视[J].首都体育学院学报,2010,22(04):48-50+62.

[105]仇丽琴,等.我国体育院校体育教师培训内容体系构建研究[J].赤峰学院学报(自然科学版),2015,31(17):176-178.

[106]潘建芬,等.新时期体育教师培训观[J].北京教育学院学报(自然科学版),2010,5(01):39-41.

[107]国务院.关于实施健康中国行动的意见(国发[2019]13号)[Z].2019-06-25.

[108]李乐虎,王健,高奎亭,等.深化体教融合背景下我国学校体育治理的现实困境与路径选择[J].天津体育学院学报,2021,36(05):520-527.

[109]徐琳.以"健康第一"为宗旨的学校体育教学改革选择[J].教学与管理,2008(09):115-116.

[110]季浏,马德浩.新时代我国学校体育改革与发展[J].体育科学,2019,39(03):3-12.

[111]钟秉枢.问题与展望:体教融合促进青少年健康发展[J].上海体育学院学报,2020,44(10):5-12.

[112]季浏,尹小俭,吴慧攀,等."体教融合"背景下我国儿童青少年体质健康评价标准的探索性研究[J].体育科学,2021,41(03):42-54.

[113]伍晓艳,陶芳标.加强近视行为风险因素研究弥合应用鸿沟[J].中国学校卫生,2022,43(03):321-324.

[114]董德朋.黄河流域体育文化公园游憩空间构建的生态模式研究[M].北京:经济科学出版社,2023:67.

[115]董德朋,汪毅.助力中国航天:微重力环境运动应对理论与实践探索[J].体育科学,2022,42(09):55-71.

[116]《教育信息化十年发展规划(2011—2020)》印发[DB/OL].中华人民共和国教育部.http://www.moe.gov.cn/s78/A16/moe_789/201203/t20120331_133414.html.

[117]《教育信息化"十三五"规划》印发[DB/OL].中华人民共和国教育部.http://www.moe.gov.cn/srcsite/A16/s3342/201606/t20160622_

269367. html.

[118]《中共教育部党组关于认真学习贯彻全国教育大会精神的通知》[DB/OL]. 中华人民共和国教育部. http://www. moe. gov. cn/srcsite/A27/zhggs_other/201809/t20180914_348818. html.

[119]董德朋. 生命历程视角下居民体育参与打破了健康的阶层不平等吗? —基于 CHNS 追踪调查的纵向分析[J]. 上海体育学院学报, 2021,45(08):73-86.

[120]尚力沛,程传银. 体育学科核心素养导向的课堂教学:目标、过程与策略[J]. 体育文化导刊,2018(02):109-114.

[121]季浏. 对我国 20 年基础教育体育新课改若干认识问题的澄清与分析[J]. 上海体育学院学报,2020,44(01):21-30.

[122]黄燕. 常州市初级中学开展阳光体育运动的 SWOT 分析和对策研究[D]. 苏州大学,2019.

[123]教育部,国家体育总局. 共青团中央关于开展全国亿万学生阳光体育运动的决定[R]. 北京:国家体育总局、教育部,2006:6.

[124]关惠尹. 小学普及体育舞蹈的可行性及必要性探究[J]. 当代体育科技,20l3(3):1-2.

[125]王艳,刘金生. 我国小城镇体育产业发展方略[M]. 北京:人民体育出版社,2023:4-7.

[126]《教学设计的理论基础包括哪些》,百度文库.

[127]刘爱梅,曲鲁平,崔娇娇,等. 小学快乐体操教学内容体系的构建[J]. 山东体育学院学报,2021,37(01):112-118.

[128]王浩然. 我国快乐体操推广模式研究[D]. 武汉体育学院,2019.

[129]崔娇娇. 小学快乐体育教学内容设计与实施效果研究[D]. 天津体育学院,2019.

[130]何克抗.从Blending Learning看教育技术理论的新发展[J].国家教育行政学院学报,2005(09):37-48+79.

[131]吕利婷.基于混合现实的高校泛在学习研究[D].郑州大学,2018.

[132]李兆进.运动休闲新空间[M].北京:人民体育出版社,2021:39-40.

[133]胡钦太,刘丽清,郑凯.工业革命4.0背景下的智慧教育新格局[J].中国电化教育,2019(03):1-8.

[134]教育部关于印发《义务教育课程方案和课程标准》(2022年版)的通知[EB/OL]. http://www.moe.gov.cn/srcsite/A26/s8001/202204/t20220420_619921.html.

[135]黄珊珊.夯实体育健康知识,培养健康行为习惯[J].华夏教师,2021(32):11-12.

[136]人民网.习近平谈青少年健康:要文明其精神,野蛮其体魄[EB/OL].[2020-04-22]. http://sports.people.com.cn/n1/2020/0422/c14820-31683712.html.

[137]潘建芬,韩金明,霍中阳,等.实然与应然视角下的中小学体能锻炼课设计[J].中国学校体育,2021,40(02):15-17.

[138]薛丽影.基于心理适应性的初中化学多媒体教学研究[D].河北师范大学,2014.

[139]孙馨.上海市初中生体育兴趣与身体素质的相关研究[D].上海体育学院,2013.

[140]国家体育总局,教育部.关于印发深化体教融合促进青少年健康发展意见的通知[EB/OL].[2021-06-26]. http://www.gov.cn/zhengce/zhengceku/2020-09/21/content_5545112.html.

[141]李祥林,中国体育竞赛表演产业发展的历程、逻辑与趋势——

基于政府行为变迁视角[J].体育科学,2021,41(03):10-17.

[142]姜付高.山东省滨海全域体育旅游资源评价与优化研究[M].北京:人民体育出版社,2023:193-210.

[143]教育部.关于认真做好寒假期间"双减"工作的通知[2022-01-05].http://www.moe.gov.cn/srcsite/A29/202201/t20220107_592907.html.

[144]李清香.论课外体育活动在学校体育中的活力与设计[J].武汉体育学院学报,1993(03):153-154.

附　件

附件 1　中小学体育教师啦啦操培训体系构建的相关附件

附件 1-1　专家访谈提纲

一、访谈对象

国家啦啦操委员会成员、相关主管领导和有关专家。

二、访谈内容

1.您对啦啦操在中小学推广持什么态度？

2.您认为啦啦操进校园的价值和意义是什么？

3.您认为中小学啦啦操项目开展存在什么问题？

4.您认为中小学啦啦操师资情况如何？ 是否需要进行系统培训、学习？

5.您对中小学体育教师参加啦啦操培训的现状有何了解？

6.您对目前天津市中小学体育教师啦啦操培训课程目标的制定有什么看法？

7.您认为针对中小学体育教师啦啦操培训课程应遵循哪些原则、

依据?

8.您认为对于中小学体育教师啦啦操培训政策、学校应该给予哪些支持(譬如政策、资金等方面)?

9.您对本书中小学体育教师啦啦操培训的课程构建有什么建议?

访谈结束,再次感谢您的大力支持!

附件 1-2　中小学体育教师啦啦操培训课程构建调查问卷

尊敬的老师:

您好!

我是天津体育学院的教师,正在进行中小学体育教师啦啦操培训课程构建的研究。为了充分了解对当前啦啦操培训课程的真实看法和意见,望您真实填写。对您给予的支持和帮助表示感谢!

课题组

2022 年×月×日

一、基本情况

1. 您的单位:＿＿＿＿＿＿＿＿＿＿＿

2. 您的性别:＿＿＿＿＿＿＿＿＿＿＿

3. 您的年龄:

A. 25 岁及以下　B. 26—35 岁　C. 36—45 岁　D. 46 岁及以上

4. 您所在的学校为:

A. 小学　B. 初中

5. 您最后的学历是:

A. 大专及以下　B. 本科　C. 研究生　D. 博士及以上

6. 您是否为啦啦操专项毕业:

A. 是　B. 否

若不是,请填写您的专业项目:

7. 您从事啦啦操教学的时间是:

A. 0—5 年　B. 6—10 年　C. 11—15 年　D. 16—20 年　E. 21 年及以上

8.您是否带队参加过啦啦操比赛：

A.是　B.否

若带队参加过比赛,请填写参加比赛的次数：＿＿＿＿＿＿次。

9.您所在学校目前是否已开展啦啦操的项目：

A.花球啦啦操　B.爵士啦啦操　C.街舞啦啦操

D.自由舞蹈啦啦操　E.技巧啦啦操

10.近三年,您参加过啦啦操培训的次数为：

A.0次　B.1—2次　C.3—4次　D.5次及以上

若参加培训次数为3次以上,培训内容是否有更新?

A.是　B.否

11.您是否了解"一校一球一操"政策?

A.非常了解　B.较了解　C.了解　D.不了解　E.非常不了解

12.您所在学校有没有进行"一校一球一操"相关校本课程?

A.有　B.没有

13.您认为目前啦啦操培训对"一校一球一操"政策的推行有无意义?

A.非常有意义　B.较有意义　C.有意义　D.无意义

E.非常无意义

二、培训情况

14.请问您参加培训的目的是：

A.提高自身专业技能　B.获得教学新理念和方法

C.提高教学水平　D.提高专业知识和技能其他

E.实现自我发展

15.您认为目前啦啦操培训的课程设置能否与校园啦啦操的发展相适应?

A.非常适应　B.较适应　C.适应　D.不适应　E.非常不适应

16.您认为啦啦操教师培训是否有必要按照相应级别进行课程安排：

A.非常有必要　B.较有必要　C.有必要　D.没必要

E.非常没必要

17.您对啦啦操培训课程目标合理性是否满意？

A.非常满意　B.较满意　C.满意　D.不满意　E.非常不满意

18.您对啦啦操培训课程内容的针对性是否满意？

A.非常满意　B.较满意　C.满意　D.不满意　E.非常不满意

19.您对啦啦操培训课程内容的时效性是否满意？

A.非常满意　B.较满意　C.满意　D.不满意　E.非常不满意

20.您对啦啦操培训课程内容的实用性是否满意？

A.非常满意　B.较满意　C.满意　D.不满意　E.非常不满意

21.您对啦啦操培训所安排的课程内容是否满意？

A.非常满意　B.较满意　C.满意　D.不满意　E.非常不满意

22.您对啦啦操培训的实施途径是否满意？

A.非常满意　B.较满意　C.满意　D.不满意　E.非常不满意

23.您对啦啦操培训的考核方式是否满意？

A.非常满意　B.较满意　C.满意　D.不满意　E.非常不满意

24.您认为中小学体育教师啦啦操培训的教学内容应该侧重哪些方面？（可多选）

A.啦啦操套路规则　B.啦啦操的基本理念

C.中小学啦啦操示范课　D.啦啦操游戏的设置

E.中小学啦啦操课程的设计与组织

F.啦啦操团队建设　G.啦啦操技术要领　H.其他

25.认为参加啦啦操培训的形式是：（可多选）

A.集中培训　B.线上培训　C.混合式培训　D.分散培训

E.课堂观摩　F.与专家讨论　G.课题研究　H.其他

26. 您认为啦啦操培训考核方式是哪种：

A. 课堂实习　B. 技术展示　　C. 考勤　D. 分组考核

E. 理论测试　F. 其他

27. 目前啦啦操培训是否能够满足您的学习需求：

A. 非常满足　B. 较满足　C. 满足　D. 不满足　E. 非常不满足

若不满足，请说明原因：＿＿＿＿＿＿＿＿。

28. 您认为您目前急需提高的是：

A. 自身专业技能　B. 相关教学工作或经验　C. 啦啦操专业队知识

D. 对啦啦操基本理念的认识

E. 教学过程中，克服和解决困难的能力　E. 其他

29. 您对啦啦操培训课程有哪些要求和建议？

问卷结束，再次感谢您的大力支持！

附件2　小学校园体育舞蹈课程开设可行性分析的相关附件

附件2-1　专家访谈提纲

一、访谈对象

校园体育舞蹈相关专家、小学校领导。

二、访谈内容

校园体育舞蹈相关专家访谈内容：

1. 目前以您的了解天津市小学校园体育舞蹈的开展现状如何？

2. 您是否支持校园体育舞蹈在小学开展？您认为校园体育舞蹈在小学开展的影响因素有哪些？

3. 请您谈一下校园体育舞蹈项目进入天津市小学的意义与价值。

4. 请问您对校园体育舞蹈项目进入天津市小学有何看法和建议？

5. 您认为校园体育舞蹈项目进入天津市小学应如何推广？

校领导访谈内容：

1. 您对在小学开展校园体育舞蹈的看法是什么？请谈一下具体开展情况？

2. 您是否支持在小学开展校园体育舞蹈？

3. 您对在小学开展校园体育舞蹈的重视程度：

A. 非常重视　B. 比较重视　C. 一般　D. 不重视　E. 非常不重视

4. 您是否支持本校体育教师外出培训校园体育舞蹈课程?

访谈结束,再次感谢您的大力支持!

附件 2-2 小学开展校园体育舞蹈的调查问卷 (体育教师)

尊敬的老师:

您好! 我是天津体育学院的教师,目前正在进行小学开展校园体育舞蹈的 SWOT 分析与对策的研究,为了解小学开展体育舞蹈项目的现状,分析研究适合小学开展校园体育舞蹈项目的改善对策,我们进行这次问卷调查。请您根据实际情况如实进行填写,在此我向您表示衷心的感谢!

课题组

2022 年×月×日

填写说明:

1. 请您在认为正确的答案前选项上画"√",如果选项中没有您满意的答案,可在"其他"选项后的横线上填写。

2. 本问卷中未加特殊说明的问题为单选题,多选题加以注明。

3. 本问卷中所提到的体育舞蹈项目均指拉丁舞和标准舞。

您的基本情况:

您的工作单位名称_____

年龄:_____性别:_____

1. 您的专业是:(可多选)

A. 球类 B. 田径 C. 操类(健美操、啦啦操等)

D. 体育舞蹈 E. 其他

2. 您的学历是:

A. 大专及以下 B. 本科 C. 硕士研究生及以上

3. 您的教龄是:

A. 5 年及以下 B. 6—10 年 C. 11—15 年 D. 16 年及以上

4. 贵校体育教师学历的层次主要集中在：

A. 大专及以下　B. 本科　C. 研究生　D. 博士及以上

5. 您是否喜欢体育舞蹈项目：

A. 非常喜欢　B. 比较喜欢　C. 喜欢　D. 不喜欢　E. 非常不喜欢

6. 您是否学习过体育舞蹈项目：

A. 是　B. 否

7. 您了解体育舞蹈的途径有：(可多选)

A. 大学时的体育舞蹈学习　B. 教材　C. 社会宣传　D. 媒介传播

E. 参加过专业学习和训练

8. 学校是否开设了体育舞蹈项目：(选 B 者跳转到第 19 题)

A. 是　B. 否

9. 学校在体育舞蹈项目方面是否有经费支持：

A. 有　B. 无

10. 学校开设体育舞蹈项目的形式是：(可多选)

A. 体育课　B. 大课间　C. 体育舞蹈社团　D. 体育舞蹈兴趣班

E. 体育舞蹈运动队

11. 学校体育舞蹈教学内容有：(可多选)

A. 伦巴舞　B. 恰恰舞　C. 牛仔舞　D. 桑巴舞　E. 斗牛舞

F. 华尔兹　G. 探戈　H. 快步　I. 狐步　J. 维也纳华尔兹

12. 学校是否有丰富的体育舞蹈教学资料：

A. 非常丰富　B. 比较丰富　C. 不丰富　D. 非常不丰富　E. 不清楚

13. 学校常用的教学方法是：(可多选)

A. 语言法　B. 示范法　C. 完整与分解法　D. 直观法　E. 其他

14. 学校的体育舞蹈教师来源于：(可多选)

A. 专职教师　B. 兼职教师　C. 外聘教师　D. 高校实习老师

E. 其他

15. 外聘教练的来源形式:(可多选)

A. 学校与校外培训机构合作   B. 学校单独联系外聘教练

C. 与高校建立实习基地关系   D. 其他

16. 学校是否参加过体育舞蹈比赛及其他组织活动:

A. 是   B. 否

17. 您每年参加体育舞蹈培训的次数是:

A. 0 次   B. 1—2 次   C. 3—4 次   D. 5 次及以上

18. 根据学校目前开展情况,您认为学校开展体育舞蹈的前景如何:

A. 非常乐观   B. 比较乐观   C. 乐观   D. 不太乐观   E. 非常不乐观

19. 学校舞蹈教学场地、器材设施情况:(可多选)

A. 舞蹈室   B. 标准舞场地   C. 室内场馆   D. 室外操场   E. 镜子把杆   F. 录像机、音响   G. 投影仪   H. 摄像机

20. 您对体育舞蹈运动认可度如何:

A. 非常认可   B. 比较认可   C. 认可   D. 不太认可   E. 非常不认可

21. 您认为贵校开展体育舞蹈项目主要存在哪些影响因素有:(可多选)

A. 场地设施不足   B. 师资力量薄弱   C. 表演竞赛平台少

D. 学校领导缺乏重视   E. 缺少宣传途径   F. 其他

22. 您对目前天津市小学开展体育舞蹈的意见和建议:

问卷结束,再次感谢您的支持和帮助!

附件 2-3　小学开展校园体育舞蹈的调查问卷
（学生）

亲爱的同学：

你好！

我是天津体育学院的教师，目前正在进行小学开展校园体育舞蹈的 SWOT 分析与对策的研究，为了解小学开展体育舞蹈项目的现状，分析研究适合小学开展校园体育舞蹈项目的改善对策，我们进行这次问卷调查。请您根据实际情况如实进行填写，在此我向您表示衷心的感谢！

课题组

2022 年×月×日

填写说明：

1. 请你在认为正确的答案前选项上画"√"，如果选项中没有你满意的答案，可在"其他"选项后的横线上填写。

2. 本问卷中未加特殊说明的问题为单选题，多选题加以注明。

3. 本问卷中所提到的体育舞蹈项目均指拉丁舞和标准舞。

你所在的学校名称＿＿＿＿＿＿＿＿＿＿

年龄：＿＿＿＿性别：＿＿＿＿年级：＿＿＿

1. 你所在学校开展了以下哪些体育项目：（可多选）

A. 篮球　B. 足球　C. 排球　D. 乒乓球　E. 羽毛球　F. 田径

G. 健美操 H. 武术　I. 啦啦操　J. 体育舞蹈　K. 其他

2. 你是否知道体育舞蹈项目：（选 B 者可跳转到第 4 题）

A. 是　B. 否

3. 你了解体育舞蹈项目的途径有：(可多选)

A. 媒体(网络传播、微信、抖音等)　　B. 校外舞蹈培训机构

C. 校内体育舞蹈课　　D. 同学介绍　　E. 其他

4. 你喜欢体育舞蹈项目吗？（选择 D、E 者跳转到第 6 题）

A. 非常喜欢　　B. 比较喜欢　　C. 一般　　D. 不喜欢　　E. 非常不喜欢

5. 你喜欢体育舞蹈项目的主要原因是：(可多选)

A. 强身健体　　B. 塑造形体，培养气质　　C. 个人兴趣爱好　　D. 受周围同学影响　　E. 成为选手　　F. 父母要求　　G. 其他

6. 你不喜欢体育舞蹈项目的主要原因是：(可多选)

A. 不喜欢所有体育运动　　B. 动作难度大，学不会

C. 不喜欢跳舞，放不开　　D. 学习任务重，没时间学　　E. 其他

7. 你所在学校举行的文艺活动中是否有体育舞蹈表演：

A. 是　　B. 否

8. 你希望在学校开设体育舞蹈课程吗？（选择 D、E 者跳转到第 11 题）

A. 非常希望　　B. 比较希望　　C. 希望　　D. 不希望　　E. 非常不希望

9. 你希望学校开展体育舞蹈项目的形式是：(可多选)

A. 体育课　　B. 校内体育舞蹈兴趣班　　C. 体育舞蹈社团

D. 体育舞蹈运动队　　E. 大课间　　F. 其他

10. 如果学校开设了体育舞蹈课程，你最想学的舞种是：(可多选)

A. 恰恰恰　　B. 伦巴　　C. 桑巴　　D. 牛仔　　E. 斗牛　　F. 华尔兹

G. 探戈　　H. 快步　　I. 狐步　　J. 维也纳华尔兹

11. 你的家长是否支持你学习体育舞蹈：

A. 是　　B. 否

12. 你是否学习过体育舞蹈项目：(选择 B 者跳转到最后一题)

A. 是　　B. 否

如果学习过,学习地点是:A. 校内　B. 校外培训班

13. 你学习体育舞蹈的时长是:

A. 1 年以下　B. 2—3 年　C. 4—5 年　D. 6 年及以上

14. 你学习过的舞种是:(可多选)

A. 拉丁舞　B. 摩登舞　C. 两者都学过

15. 你每年参加体育舞蹈比赛的次数是:

A. 0 次　B. 1—2 次　C. 3—4 次　D. 5 次及以上

16. 你每周参加体育舞蹈训练的次数是:

A. 1 次　B. 2 次　C. 3 次　D. 4 次及以上

17. 你认为学习体育舞蹈是否影响到你的文化课学习:

A. 完全不影响　B. 不影响　C. 基本不影响　D. 影响　E. 非常影响

18. 你通过学习体育舞蹈获得的改变是:(可多选)

A. 锻炼身体,改善了身体姿态　B. 培养气质,增强自信心

C. 改善协调性,平衡性　D. 缓解学习压力　E. 提高社交能力

F. 其他

19. 你认为现在影响你学习体育舞蹈的因素是:(可多选)

A. 兴趣不高,不喜欢　B. 性格内向,放不开害羞

C. 学习环境,如场地、设施的影响　D. 教师水平

E. 和教师的关系　F. 其他

20. 你认为此问卷是否有意义:

A. 有　B. 无

问卷结束,再次感谢你的支持和帮助!

附件 2-4　小学开展校园体育舞蹈的调查问卷
（学生家长）

尊敬的家长：

您好！

我是天津体育学院的教师，目前正在进行小学开展校园体育舞蹈的 SWOT 分析与对策的研究，为了解小学开展体育舞蹈项目的现状，分析研究适合小学开展校园体育舞蹈项目的改善对策，我们进行这次问卷调查。请您根据实际情况如实进行填写，在此向您表示衷心的感谢！

课题组

2022 年×月×日

填写说明：

1. 请你在你认为正确的答案前选项上画"√"，如果选项中没有你满意的答案，可在"其他"选项后的横线上填写。

2. 本问卷中未加特殊说明的问题为单选题，多选题加以注明。

3. 本问卷中所提到的体育舞蹈项目均指拉丁舞和标准舞。

1. 您孩子所在学校的名称是：_____

2. 您孩子的性别是：_____

3. 您孩子的年龄是：

A. 6 岁以下　　B. 7—9 岁　　C. 10—12 岁　　D. 13 岁以上

4. 您是否支持孩子学习体育和艺术：

A. 是　　B. 否

5. 您认为孩子学习艺术与体育对他的身心健康发展是否重要：

A 是　　B. 否

6.您的孩子是否学习过体育舞蹈：(选 B 者跳转到第 9 题)

A.是　B.否

7.您觉得孩子学习体育舞蹈的主要目的是：(可多选)

A.孩子感兴趣,尊重孩子选择　B.提升孩子形象气质　C.强身健体

D.能有一技之长　E.其他

8.您觉得孩子学习体育舞蹈后,有哪些变化:(可多选)

A.沟通能力有所改善,善于发言　B.注意力较为集中

C.反应能力较快　D.身体素质得到改善　E.变得自信有气质

F.没有变化　G.其他

9.您认为孩子学习体育舞蹈对文化课学习是否有影响：

A.是　B.否

10.您是否支持孩子在学校体育课中学习体育舞蹈的内容：

A.非常支持　B.比较支持　C.支持　D.不太支持　E.非常不支持

11.体育舞蹈是一个高品位,具有一定消费行为的项目,您愿意为孩子学习体育舞蹈给予一定的经济投入吗?

A.非常愿意　B.比较愿意　C.愿意　D.不太愿意　E.非常不愿意

问卷结束,再次感谢您的支持和帮助!

附件3 高校公体课羽毛球 "SPOC+翻转课堂"设计的相关附件

附件3-1 专家访谈提纲

尊敬的老师：

您好！

我是天津体育学院的教师,为研究"SPOC+翻转课堂"教学模式在普通高校公共体育羽毛球教学中的教学设计及其应用效果,探索教学实验的研究意义,对比传统教学模式找出该教学模式在高校公共体育课的应用中存在的优势和问题,就研究中出现的几个问题特向专家老师请教,感谢您给予宝贵的意见。

您的意见与建议将给予本研究极大的帮助,特此表示衷心的感谢！

1. 您认为"SPOC+翻转课堂"教学模式在普通高校公共体育羽毛球课中运用是否可行？

2. 您认为该教学设计的框架是否合理？

3. 您认为实验过程的设计是否合理？

3. 您认为实验设计拟选取的测试指标是否合理？

4. 您认为实验的设计在哪些方面需要改进？

5. 您认为大学羽毛球公选课教学设计反馈调查问卷的设计是否合理？

6. 您认为大学羽毛球公选课教学设计反馈调查问卷的设计在哪些方面还需要改进？

7. 您认为在实验过程中需要注意的问题有哪些?

8. 您对本研究还有哪些意见或建议呢?

附件 3-2　大学羽毛球公选课教学设计反馈调查问卷

亲爱的同学:

您好!

非常感谢您在百忙之中填写本问卷,促进本研究的顺利进行。本次研究是为了适应高校体育教学改革的时代要求与进步,探讨"SPOC+翻转课堂"教学模式下高校公共羽毛球课的教学设计在教学中的应用效果,特此设计的问卷。

请您认真、仔细地阅读每一个问题,在所设问题中选择出您认为的、最符合您观点的答案。我们承诺严格保密您的信息,本问卷仅用于统计分析。

最后,向您致以最诚挚的谢意!

课题组

2022 年×月×日

一、线上学习环境的评价

1.你在课前进行线上教学资源学习的工具是什么?

A.电脑　B.手机　C.其他

2.你在一周内进行线上教学资源学习的时长大概为?

A.小于 20 分钟　B.20—40 分钟　C.41—60 分钟　D.61—120 分钟

E.120 分钟以上

3.你认为学校的网络条件能否满足你在线学习的需求?

A.能　B.否

4.你认为使用"雨课堂"平台进行羽毛球课前自学是否方便?

A.非常方便　B.较方便　C.一般　D.不方便　E.非常不方便

二、线上教学资源学习感受的评价

5. 你认为教学视频中基本技术学习内容的示范与讲解环节是否清楚？

A. 非常清楚　B. 较清楚　C. 一般　D. 不清楚　E. 非常不清楚

6. 你认为教学视频中基本技术练习方法的讲解是否清楚直观？

A. 非常清楚　B. 较清楚　C. 一般　D. 不清楚　E. 非常不清楚

7. 你认为教学视频中对基本理论与常识内容的讲解是否清楚直观？

A. 非常清楚　B. 较清楚　C. 一般　D. 不清楚　E. 非常不清楚

8. 你认为"雨课堂"平台中教学视频内容的选择是否符合羽毛球技术学习的需求？

A. 非常符合　B. 较符合　C. 一般　D. 不符合　E. 非常不符合

9. 你认为课前对在线教学视频自主进行学习是否对羽毛球基本技术的理解有帮助？

A. 非常有帮助　B. 较有帮助　C. 一般　D. 基本没帮助

E. 完全没帮助

10. 你认为课前对在线教学视频自主进行学习是否对羽毛球基本理论与常识的学习有帮助？

A. 非常有帮助　B. 较有帮助　C. 一般　D. 基本没帮助

E. 完全没帮助

11. 你认为课前对在线教学视频自主进行学习是否对羽毛球技术的学习与练习有帮助？

A. 非常有帮助　B. 较有帮助　C. 一般　D. 基本没帮助

E. 完全没帮助

12. 通过课前对线上教学视频的学习,在正式上课前对教学视频中所讲解的基本技术的理解程度是?

A. 30%以下　B. 30%~50%　C. 51%~70%　D. 71%~90%

E. 90%以上

13. 通过对线上教学视频的学习,在正式上课前对教学视频中所讲解的基本理论与常识的理解程度是?

A. 30%以下　B. 30%~50%　C. 51%~70%　D. 71%~90%

E. 90%以上

14. 你认为在课前对线上视频教学资源进行自主学习的难度是?

A. 太大　B. 偏大　C. 合适　D. 偏小　E. 太小

三、课后练习题设置的评价

15. 你认为"雨课堂"平台课后练习题设置的数量?

A. 太多　B. 偏多　C. 合适　D. 偏少　E. 太少

16. 你认为"雨课堂"平台课后练习题设置的难易程度?

A. 太难　B. 偏难　C. 合适　D. 偏简单　E. 太简单

17. 你认为"雨课堂"平台课后练习题的题目表述是否清楚?

A. 非常清楚　B. 较清楚　C. 一般　D. 不清楚　E. 非常不清楚

四、基于"SPOC+翻转课堂"的教学设计下羽毛球课程学习过程的反馈

18. 课前自主学习线上资源遇到问题时,你的解决方法是?（多选）

A. 反复观看视频　B. 求助同学　C. 在线请教老师

D. 带到课堂解决　E. 上网搜索

19. 在羽毛球课中练习遇到问题时,你的解决方法是?（多选）

A. 课后反复观看视频　B. 求助同学　C. 在线请教老师

D. 课堂解决　E. 上网搜索

五、"SPOC+翻转课堂"教学模式下羽毛球课程教学设计的整体评价

20. 你认为"SPOC+翻转课堂"的教学设计与传统课堂的教学设计相比,是否有利于培养和提高自学能力?

A. 非常有利　B. 较有利　C. 一般　D. 较不利　E. 非常不利

21. 你认为"SPOC+翻转课堂"的教学设计与传统课堂的教学设计相比,是否有利于培养和提高协作探究能力?

A. 非常有利　B. 较有利　C. 一般　D. 较不利　E. 非常不利

22. 你认为在"SPOC+翻转课堂"的教学设计下,羽毛球课中师生、同学之间的互动交流情况是?

A. 太多　B. 较多　C. 适中　D. 较少　E. 太少

23. 你对"SPOC+翻转课堂"教学设计下的羽毛球课学习氛围的评价是?

A. 非常好　B. 较好　C. 一般　D. 较差　E. 非常差

24. 你对采用"SPOC+翻转课堂"的教学设计进行羽毛球教学是否适应?

A. 非常适应　B. 较适应　C. 一般　D. 不适应　E. 非常不适应

25. 你对采用"SPOC+翻转课堂"的教学设计进行羽毛球教学的态度是?

A. 非常喜欢　B. 较喜欢　C. 一般　D. 不喜欢　E. 非常不喜欢

26. 你认为"SPOC+翻转课堂"的教学设计与传统课堂的教学设计相比,是否有利于你对羽毛球技术与知识的掌握?

A. 非常有利　B. 较有利　C. 一般　D. 较不利　E. 非常不利

27. 你认为在"SPOC+翻转课堂"的教学设计下,你的羽毛球课学习效率如何?

A. 非常高　B. 较高　C. 一般　D. 较低　E. 非常低